巅峰对决

股市赢家的买卖指令

宁俊明 / 著

四川人民出版社

图书在版编目（CIP）数据

巅峰对决：股市赢家的买卖指令/宁俊明著．—3版．—成都：四川人民出版社，2016.10
（专家论股系列丛书）
ISBN 978-7-220-09491-0

Ⅰ．①巅… Ⅱ．①宁… Ⅲ．①股票交易-基本知识 Ⅳ．①F830.91

中国版本图书馆CIP数据核字（2015）第098514号

专家论股系列丛书
DIANFENG DUIJUE
巅峰对决
——股市赢家的买卖指令
宁俊明　著

责任编辑	王定宇
装帧设计	杨　潮
责任校对	叶　勇
责任印制	王　俊　许　茜
出版发行	四川人民出版社（成都槐树街2号）
网　　址	http：//www.scpph.com
E-mail	scrmcbs@sina.com
新浪微博	@四川人民出版社官博
发行部业务电话	（028）86259457　86259453
防盗版举报电话	（028）86259457
照　　排	成都华宇电子制印有限公司
印　　刷	四川福润印务有限责任公司
成品尺寸	160mm×240mm
印　　张	18
字　　数	270千
版　　次	2015年6月第3版
印　　次	2016年10月第2次印刷
印　　数	8001—11000册
书　　号	ISBN 978-7-220-09491-0
定　　价	38.00元

编者的话

DIANFENG DUIJUE

面朝股市，“月季”花开

1998年底，我策划出版了“专家论股”系列丛书第一批共六本。当时图书市场上证券图书稀缺，仅有的几本书还都是股评文章的汇集，而股市却异常火暴。“专家论股”系列丛书的出版可谓天时地利，它的系统性、原创性使人耳目一新。特别是1999年唐能通《短线是银》的推出，更是令人眼前一亮：证券图书竟可以这样写！单边上扬的股市每天都在创造新的财富神话，趋利效应使得证券图书一时洛阳纸贵。几年之内，“专家论股”系列丛书共推出了五批三十多种，名声大噪。那时我周围名家云集，虽说不上进出皆鸿儒，却也是往来无白丁。

宁俊明的出现纯属偶然，我们素不相识，他带着他的《黑客点击》闯入了我的视野。老实说，在我所经营的“股市沙龙”中，他并不是特别引人注目：学历没有李志林博士高，专业知识没有严仁明系统，经验没有唐能通丰富，职业背景没有薛敦方深厚，就连他所在的邯郸，虽说是成语典故之城，但也很难和富有证券投资传统的上海相提并论。值得庆幸的是，我没有以“貌”取人，我仔细阅读了《黑客点击》，他的研究的确有独到之处，可以弥补其他图书的不足，再者，丛书也需要输入新鲜血液。于是我接受了《黑客点击》并顺利出版，面市后读者反应良好。去年底我主动向他约稿，厚积薄发的他很快向我提交了《胜者为王》书稿，今年年初出版后好评如潮并很快再版。股市转暖给证券图书的出版带来了新的机遇，他的135战法系列之第三部，也就是您现在看到的这部《巅峰对决》就这样应运而生了。

《黑客点击》《胜者为王》《巅峰对决》三本书自成体系，是一套精确的股价定位系统，135 战法系列对股价运行各个阶段的现象和本质进行了深入分析和研究，对每一个技术形态的形态特征、形成机理、市场意义进行了剖析，并辅之以最新行情的实战案例讲解，有理有据，深入浅出，易于理解和掌握。难能可贵的是，厚道的作者还给出了具体的买进和卖出时机，以及使用这些指标时必须注意的事项。对这些指标的综合运用便可形成适合自己的实战交易系统，无论是买还是卖，只要严格按照系统给出的指令进行操作，胜算的概率会很大，操作起来也很便利。

编辑了那么多证券图书，结识了那么多“股”林高手，自信也算见多识广，具有一定的判断力。在审稿过程中，我常常为作者的智慧拍案叫绝，我甚至想把书中我认为最具价值的东西用黑体字标识出来，以引起读者的重视，但又担心以偏概全，误导了别人，毕竟见仁见智。就该书而言，我不敢说“书中自有颜如玉”，但毫无疑问，“书中自有黄金屋”。

作为该书的策划者和责任编辑，本着对广大读者负责的态度，我有义务对书中所讲的技战术的实用价值进行考察。“五一”长假后，我让作者给我推荐几只他认为可以买进的股票并让他给出具体的买进价位和时机，他提供了三只股票：阿继电器（000922）、宝商集团（000796）和 G 澳柯玛（600336）。我在他的指导下买进了这些股票，并对照书中的指标观察市场的具体表现。结果是，我基本上在临涨点买进，而在相对高位卖出。细心的读者不妨打开电脑看看，的确堪称神奇。我这个上山砍柴的樵夫，“无意带将花数朵，竟挑蝴蝶下山来”。如果这只是一个偶然的话，我相信读者诸君在今后的投资中一定会用无数的偶然来证明它的必然。

诗人海子给我们留下了他生命的绝唱：“面朝大海，春暖花开。”我非常喜欢这两句诗，它是那样的富有场景感，渲染着无比舒畅的情绪，充满了对生命对生活的感激。我套用海子的诗，以“面朝股市，‘月季’花开”为题写下这篇编者的话。衷心地祝愿广大读者诗意地炒股，每月每季都有好的收成！

余其敏

2006 年 7 月于成都

目 录

教战篇

“凡欲兴师，必先教战。”意思是：凡要领兵作战，必须先教习作战的方法。没有战前的严格训练和精心准备，战时就不可能取得预期的胜利。但我敢说，很多人阅读此书会把这一篇跳过去，我真的感到很遗憾。其实，炒股的成功，不仅是技术上的提升，更重要的是理念上的突破和行为上的节制。而且，135战法的全部精髓也都隐藏在它们的字里行间。

技 战 篇

股市是一个产生百万富翁的地方，你现在之所以没有跨进股市赢家的行列，不是因为你没有知识和才华，而是没有找到一套可重复获利的操作方法。方法犹如鞋子，只有穿着合适，才能大步流星地赶路。炒股的最大风险，不是来自危机四伏的股市，也不是来自凶狠刁钻的庄家，而是来自规则不明的操作。

实 战 篇

我们不以精通技术作为前提，而以掌握技术作为结果。因为技术本身并不意味着什么，只有对它加以运用，才能显示它的力量。一个人的实战能力来自他对技术的深刻理解和实战中的灵活运用程度。

前 言

DIANFENG DUIJUE

把握胜律

股市是最难说清，也最让人琢磨不定的东西。它需要技术的支撑，但技术并不能替代人的心态和谋略；它需要艺术的灵感，但又排斥浪漫和温情；它需要数学的精确，但精确有时会使它陷于机械和僵硬；它需要哲学的抽象，但纯粹的思辨无助于把握在瞬息万变的股市中稍纵即逝的战机。

即使你对所有的证券专著都了如指掌，甚至对某些重要章节倒背如流，但依然不能说，你已经是一名成功的投资大师了，甚至连股市高手也称不上。因为股市没有定式，如果不能把相关的知识转化成自己的实际操盘技能，即使不得要领地照抄照搬一百次，也无济于事。

在实战中，从来没有一次胜利是在四平八稳中获得的。所以，在各种版本的“股语”中，才会有轻仓试探，半仓跟进，重仓出击，快速撤离，谨慎加油，随时刹车，拒绝盘整，不抢反弹这样一些战术原则和区分行动主次的术语。这不仅仅是出于“兵不厌诈”的考虑，或是为了合理使用资金，肯定还有别的原因。凭着直觉，所有那些赢得过无数胜利的投资大师抑或无名之辈，都意识到了有一种或许应被称为“胜律”的东西的存在，并千万次地接近过它。然而时至今日，还没有任何人敢说，我找到了它，甚至连对这种规律的命名都不曾完成。其实，它一直隐藏在股市的日常波动中，可以说，每一次经典的战例都验证了它，只是每一次，人们都不敢肯定自己与胜律迎面相遇，而常常把它归结于神秘命运的垂青。许多“马后炮”式的证券专著，也由于把它描绘得过于玄妙而使人最终不得要领。但，胜律的的确确是存在的，它就静静地站在那里，伴随着人们的每一个操作，它的金手指指向谁一边，谁就会踏着失败者的悲伤穿过胜利的凯旋门。

我们承认，股市里没有只赢不输的常胜将军，但这不等于股市没有规律。为数不多的人之所以能够在股市赢家的花名册上签下自己的名字，这是因为他们窥见或部分掌握了股市胜律。

这些人的名字证明了胜律的存在，只是无人去道破堂奥。自从有股市以来，人们都把它看成是划过天才大师脑际的闪电，而很少意识到它就隐藏于K线与均线的上下穿梭之间。

其实，一切规律都不过是窗户纸，就看谁能捅破它。

135战法就是这样的一层纸。它简单又复杂，飘忽又稳定，常常被一些幸运的手指无意间捅穿，胜利之门便訇然向他洞开。正因为如此，我只把135战法看作是股价涨跌的原理，而不是定理。是原理就有它的相对性。相对的东西不能生搬硬套，更无法去精确地测量，只能用心去把握。

经过反复实践，我们已经得出这样一个结论：凡是【黑客点击】出现，股价上涨的概率极大；凡是【一箭穿心】出现，股价必跌无疑。这些散落在不同个股中间的现象，真是不可思议。孤立地看上去，它们太像是一个接一个的偶然了。但如果有太多的偶然都在显示同一种现象，你还能心平气和地把它看作是偶然吗？不，这时候你必须承认，那就是规律。

不过，即或我们在经验、技术和失败积累的基础上发现了股市的运行规律，但如何运用才算正确，仍是有待每个投资者在实战中去把握的问题。这是因为，知道了胜律并不等于就能锁定胜利。但对股市运行规律的发现，可以深化人们对股市胜律的认知，提高投资者的操盘水准。在实战中，能够持续赢利的人，断然不会由于对胜律的破解而增多。关键是看谁真正在本质上掌握了胜律。“六六三十六，数中有术，术中有数。阴阳燮理，机在其中，机不可设，设则不中。”《三十六计》一语道破天机。这就是说，规律只能巧妙利用，不能生吞活剥，重要的是把握精髓。

随着中国证券市场对外资的不断开放，国外的一些投资理念和做市手法，必然给国内传统的理念和操盘手法带来很大的冲击。因此，胜律对赢家的要求将会更加苛刻。虽然历史会重演，但绝不是简单的重复，它除了一如既往地要求投资者通晓在股市角逐胜利的全部机巧，更提出了大多数投资者都准备不足或感到茫然的要求：在股市之内发现股市的内在运行规律，在股市之外培养赢家所必须具备的素质，驱除心灵恶魔的纠缠，去赢得更大的胜利。

从这个意义上说，传统的投资家和现代的投资家之间，已经出现了一条鸿沟。虽然这条鸿沟并非不可跨越，但却需要一次彻底的洗脑，“进退有据，速战急归”，完全彻底地做一个“心随股走，及时跟变”的运动投资者，在运动中不断地发现目标、不断地调整自己的思维和行为模式，使之跟上股市波动的节奏。

《巅峰对决》是135战法系列的第三部，书中的专业术语、技术参数、操作原则及使用方法，在四川人民出版社出版的《黑客点击》《胜者为王》里面有详细解释，请参阅。

宁俊明

2015年4月于北京

教战篇

“凡欲兴师，必先教战。”意思是：凡要领兵作战，必须先教习作战的方法。没有战前的严格训练和精心准备，战时就不可能取得预期的胜利。但我敢说，很多人阅读此书会把这一篇跳过去，我真的感到很遗憾。其实，炒股的成功，不仅是技术上的提升，更重要的是理念上的突破和行为上的节制。而且，135战法的全部精髓也都隐藏在它们的字里行间。

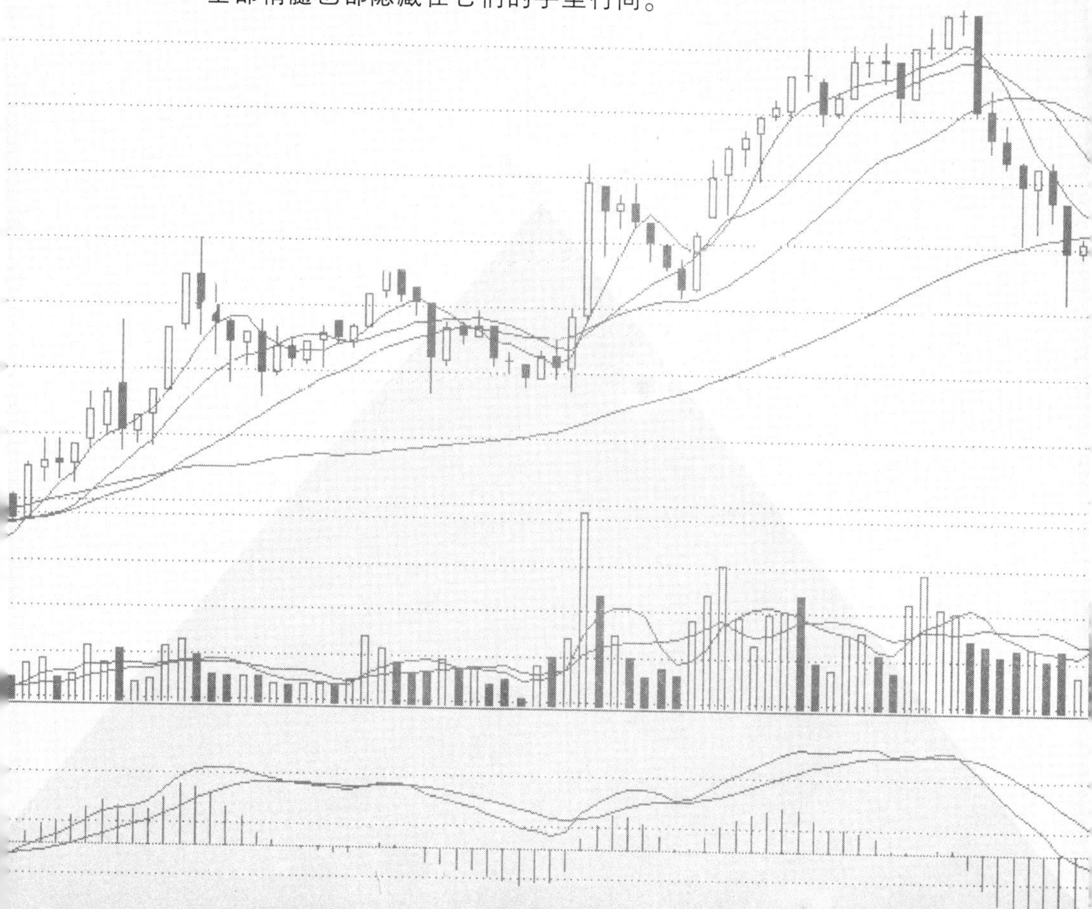

第1节

DIANFENG DUIJUE

股市九段

尽管没有人给股民进行职称评定，但股民的操作水平确实存在着等级，不然的话，为什么有的人赚得盆盈钵满，有的人却输得一塌糊涂？根据观察和经验，我将股民的操作水平划分为九个段位，不一定准确，仅供参考。

股市一段：办完了股东卡就像到银行办完储蓄一样，把条码卡往同事或朋友手里一塞，买卖全由他人代理，自己很少问及，也很少到股市去。尽管资金卡上阴线越拉越长，由于自己不懂，所以也意识不到股市的风险和炒股的艰难，虽然亏钱，倒也活得洒脱。

股市二段：成天泡在股市，虽然脑袋越泡越大，但依然不知道股市是个什么东西，别人的一句话或自己的一闪念就可能促成一笔交易，操作上带有很大的盲目性和随意性，这种人天天盯盘，天天捐钱。

股市三段：对股评情有独钟，每天都看盘到深夜，然后严格按照各种媒体上的荐股进行买卖。股评说有增量资金介入，就立即跟进，说强势整理就持股不动，说庄家出逃就全线清仓，可是几个回合下来，好端端的一个人，却被修理得面目全非，从此变成了高位截瘫。

股市四段：知道一些证券常识，知道金叉死叉什么的，但不知道图形背后隐藏的真正含义，对大势夸夸其谈，对股票品头论足，自以为很了不起，其实很多时候都是凭着自己的主观想象信口开河，赢利时把自己吹得神乎其神，亏损时把股市骂得一塌糊涂。这种人既害人又误己，因而经常与套牢为伍，与亏损相伴。

股市五段：在接踵而来的失败面前恍然醒悟，开始重新审视股市和自己。发现股市不是为自己设计的，于是不再和市场去拼命，也不再奢谈战胜庄家，意识到只有不断地提高技能才能立于不败之地。于是开始学习相关知识和操作技巧，这种人能保持不亏和小赢。

股市六段：实战中认识到自己的理论和技术的不足，于是离群索居、刻苦攻读和钻研，对股市、对股价的运行规律开始有所感悟，在经验、技术和失败积累的基础上，逐渐形成了自己的投资理念和操作方法，这种人开始用技术为自己赚钱了。但由于实战系统不够完善，因而胜率只占七成左右。这种人很容易成为股评家。

股市七段：为了弥补实战中的缺陷，又开始进行专业的残酷训练，对大势和个股都开始有自己的主见，技术上日臻成熟，这种人能根据市场变化及时地实施分散、集中和撤离资金，能胜任大资金运作，特别是当大盘遭遇突发利空时，他们会毫不犹豫地执行市场纪律。

股市八段：采百家花酿一家蜜。在融合各种理论的基础上建立了自己的理论体系，在实战积累的基础上形成了一套独特的、完整的适合自己风格的交易方法、操作体系，并且能够把它运用得得心应手，这种人进入庄家金库如入无人之境，操作上已达到“心随股走，及时跟变”的操盘境界，这种人开始在股市赢家的花名册上庄重地签下自己的名字。

股市九段：这是股市的最高段位，属于大师级水平。他们除了精通股市的十八般武艺，在哲学、艺术等方面也都有着极深的造诣，能把股市与人生有机地融合在一起，在纵情山水，享受生活的同时，股市投资又给他们增添许多乐趣。

第2节

DIANFENG DUIJUE

散户应完成的三个转变

无论是谁，若想在股市获得长期、稳定的收益，必须完成三个转变。这三个转变是：

一是从知识性到使用性的转变。对于崇尚知识的中国人来说，一直把知识的力量看得过于强大了，以为有了知识，就可以拥有想拥有的一切。其实不然，知识本身并没有什么，只有对它加以运用，才能显示它的力量，一个人的实战能力来自他对知识活学活用的程度。学知识易，转化成技能难。了解了某些证券知识，并不意味着已经形成了实战能力。因为，知识解决的只是“是什么和为什么”的问题，而技能解决的才是“怎么办”。

很多人就像一只辛勤的蜜蜂，在证券书籍的花丛中采撷了各种各样的花粉，但最终也没能酿造成一家之蜜，根本原因就是缺乏对知识的加工制作功夫。有的证券书籍，并非作者的实战总结，而是学者们的研究结果，甚至是为了适应市场的需要而精心编撰出来的，能不能把它运用到实战中去，恐怕连他自己也不清楚。因此，在读书时应注意以下四点：

（1）对不同的书采取不同的阅读方法。“书籍好比食品，有些只需试尝，有些可以吞咽，只有少数需要仔细咀嚼，慢慢品味”。有的书只读其中的一部分，有的只需知其梗概，而对于少数好书，则要通读、细读、反复读。

（2）古今中外的证券书籍浩如烟海，种类内容各不相同，要根据自己的需要和知识结构加以选择。

（3）明白读书不是为了做学问、当学者，而是为了运用和提高实战水平。

（4）不读死书。书上怎么说就怎么做，不知道变通和灵活使用，这样的读书只会把你引入死胡同。有的书籍可能会开阔思路，但很难帮你解决实战中的问题。只有那些客观地揭示股价运行规律，并告诉你如何把它正确地运用到实战中去的证券书籍才有一定的参考价值。

怎样把知识转化成实战能力呢？

试一试。毛泽东说："你要知道梨子的滋味，你就得变革梨子，亲口吃一吃。"对于正确的知识和理论一定要敢于大胆地去试，通过试，留下那些有用的，扔掉那些没用的。知识是重要的，但知识本身并没有告诉你怎样运用它，运用的智慧在于书本之外，这是技艺，不体验就学不到。看一种方法是否有用，最好是把它放在实战中去验证，通过验证才能知道哪些东西管用，哪些东西是花拳绣腿。人只有在实战中才能学会实战，不管你读了多少经典著作，如果不把它放到实战中，怎能了解它的奥妙？怎能把它变成实实在在的财富？

想一想。在运用知识的时候，要认真地想一想，透过现象看本质，将感性认识上升到理性认识。只有完成认识上的第二次飞跃后，知识才能变成财富。毛泽东说："要完整地反映整个事物，反映事物的本质，反映事物的内部规律性，就必须经过思考作用，将丰富的感觉材料加以去粗取精，去伪存真，由此及彼，由表及里的改造制作加工，形成概念和理论的系统，就必须从感性认识跃进到理性认识。"

学以致用。读书的目的是为了认识股市的本质，为了寻找股价的运行规律，而不是仅仅记住几个名词和原理，重在启迪心灵和智慧。"读书是学习，使用也是学习，而且是更加重要的学习"。有人把相关证券知识学到了倒背如流的程度，而实战水平却难以让人恭维，根本原因就是没有解决好知识的转化问题。知识转化不成能力，即使学富五车，也没有任何意义。应明白这样一个道理：我们的学习是为了提高实战能力，不是为了当学者。因此，不要漫无边际地积累知识。转化需要过程，过程的长短因人而异。在借鉴别人经验的时候，一定要考虑自己的性格、心理承受能力以及操作风格等因素的制约，盲目或刻意模仿，既达不到预期效果，也容易走火入魔。实践表明，只有把知识正确地运用到实战中，把别人的经验变成自己的智慧的时候，知识才能变成财富，否则，很可能成为一种包袱。

二是从随意性到计划性的转变。即使熟练掌握了一套交易方法，也不能沉湎于技术浪漫主义的幻想，以为操盘从此就会变得像猫捉老鼠那般好玩，即使按照交易系统发出的指令不走样地执行，也同样需要以股价的变化为前提。因为，即使你使出浑身解数，也不足以驯服股价喜怒无常的性格。任何一次操作，无论大小，事先都应该制定一个详细的操盘计划，比如参与理由、切入点位、持仓数量、持仓时间、赢利目标、遇到意外如何处置等等，这一切都应该心知肚明。在执行计划的过程中，密切关注政策和盘口的变化，发现股价走势与计划相悖时，要及时调整或改变原来的计划，耐心等待下一次机会的来临。只有“心随股走，及时跟变”，才能避免许多无谓的牺牲。

三是从预测性到反应性的转变。兵无常势，水无常形，要准确预测股市的点位是很困难的。所谓的预测，很多时候都是一种瞎蒙，因为它带有很大的主观性成分。在股评家眼里，他推荐的每一只股票都是油光锃亮的大黑马，他自己之所以不骑上去，大概是因为这只股票里的庄家不是他自己。很多股评家，与其说是在指导人们投资，不如说是在为咨询机构培养潜在客户。咨询机构，就是为了自己的利益而劝告别人把口袋里的钱掏出来给他的人。有个寓言故事很有意思。说一只狐狸被捕兽器把尾巴夹断了，受了这种耻辱以后，它觉得自己脸上无光，日子很不好过，所以决定劝说其他狐狸也去掉尾巴。于是它召集了所有狐狸，劝说它们割去尾巴。它信口雌黄地说尾巴既不雅观，又使我们拖着一件笨重的东西，是多余的负担。有一只狐狸站起来说：“喂，朋友，如果这不是于你有利，你就不会这样煞费苦心地来劝说我们了。”

凡是按预测进行操作的十之八九会惨遭失败，不要试图让自己比市场更聪明。股市运行有周期，不是谁都能随便改变股市的进程的。人只能在特定的时间和空间去认识和利用股市规律，然后据此建立起自己的实战交易系统，买和卖严格按交易系统发出的指令快速地作出反应。

完成这三个转变，需付出巨大的艰辛，正如托尔斯泰说的：“在烈火里烧三次，在沸水里煮三次，在血水里洗三次。”这是每个股民走向成功无法避免的历程。

第3节
DIANFENG DUIJUE
建立起自己的实战系统

凡是股市高手，几乎无一例外地都有着自己的实战交易系统，无论是买，还是卖，严格按照交易系统给出的指令进行操作。他们从不预测股价能涨多高，也从不预测股价究竟能跌多少，只注重交易系统信号的质量以及指数环境对技术形态的影响，他们恪守规则，却又从不做规则的奴隶，任何时候，他们都能自觉地做到因利而制权。

何谓系统？系统就是根据股价的运行规律和自己的交易风格而建立起来的一套完整的交易方法。一个好的交易系统，必须具备四个要件。

（1）结构合理。股市的不确定因素很多，股价的运行规律往往有着它自己的特定性和时效性。因此，任何实战交易系统都必须把这些动态因素考虑进去。比如，均线的方向，K线的组合，上涨的幅度，成交量的匹配等要素应该相吻合，绝不允许出现顾此失彼的现象。

（2）配置科学。投资理念，操作原则，资金布局，以及战术的运用，必须符合股价的客观走势和自己的交易风格，另辟蹊径但不脱离股市实际，视觉独特但不建立在想当然的基础上。

（3）程序严密。先干什么，后干什么，既不能主次不分，也不能喧宾夺主，更不能眉毛胡子一把抓。在确定主要攻击目标以后，应重点考虑如何布局资金。通常做法是，除了对【一阳穿三线】等几个经典攻击模式采取重仓出击以外，其他均依照“3：5：8”的比例进行，即资金分成16个战斗元素，第一仓仅限3个，因为形态出现后尚不够稳定，所以只能轻仓试探。这样，即使形态失败，也不至于造成太大的损失。形态确定无疑后，再投入5个战斗元素，最后8个元素只允许在股价有效突破后才能投入使用。注意，资金变成股票后，主动权也随之移交给了庄家，这时，必须聚精会神地盯住盘口，一旦发现股价有异常，随时准备减仓或出局，然后等调整结束时，再把股票悉数接回，以此形成复合操作。使自己永远处于进可攻，退可守的境地。

（4）制约有效。当自己的判断与市场或股价的运行方向发生分歧的时候，应无条件地放弃抵抗，充分尊重市场的选择。股市需要能屈能伸的大智大勇，而不是怒发冲冠的鲁莽之勇。具体说，当交易系统发出交易信号时，要坚决做到雷厉风行，令行禁止，绝不允许有丝毫的犹豫和拖延。

在我的学生中，不少人已具有非常扎实的理论功底和一定的实战经验，可就是业绩不稳定，通过查看和分析他们的交易记录，发现他们还没有真正地建立起自己的交易系统，或已经建立但不够完善，特别是在执行的过程中不够坚决。

大家知道，交易是一个过程，绝对不是一次正确的预测或者一次简单的全仓买入。这中间，还包括以下重要因素：

如何辨别和处理虚假的技术信号？

亏损的最大容忍度是多少？

什么时间买入？买多少？是半仓跟进，还是重仓出击？

何时获利了结？上升途中的回调是减仓还是清仓？

市场出现意外情况如何处置？

怎样根据市场变化，及时地调整自己的操盘计划？

每个投资者都希望自己的每一次交易都是正确的，愿望无可厚非，但实际上根本不可能。资料显示，华尔街资深的顶尖高手，在十年交易中的正确率是35%，但这并不影响他们成为投资大师。想一想，我们哪一点比他们聪明，哪一点又比他们优秀？

还有一种现象，很多人在亏损以后，不是认真地从自己身上查找原因，要么把股市骂得一无是处，要么绞尽脑汁地去寻找什么战无不胜的股市秘方。其实，制胜的秘诀就在你自己身上，就在你自己的心灵深处。那就是找到并且建立起适合自己交易风格的实战操作系统，除了对系统的性能有精确的把握，更要对系统的每个细节都了如指掌。这样你的操盘水准

就会有一个质的飞跃。

需要说明的是，建立了交易系统并不意味着已经锁定了胜利，重要的是如何灵活地去运用。因此，实战中应注意把握以下三点：

（1）深刻领悟，把握实质。经过一段时间的严格系统的专业训练以后，许多学员都能轻而易举地判断当天市场的情况，也能根据 135 战法选出一些强势股，他们最大的收获是，知道了什么样的股票应该买，什么样的股票应该卖，但在实战中，也有个别学员总是管不住自己，该买的时候不买，该卖的时候不卖。不是他们不知道，而是心理素质还不过关，说到底还是没有把握 135 战法的实质。135 战法从一定意义上说，它揭示了股价在特定的时间和空间上的运行规律，只要能够严格按照交易系统给出的提示进行适当操作，一般都是大赢小亏的结果，问题在于你必须理解和把握图形背后隐藏的东西，否则，你就永远不敢出手。有时候，我会把自己的这套交易方法毫无保留地送给一些朋友，甚至喜欢股票的陌生人，他们如获至宝，仿佛找到了打开财富大门的钥匙，但究竟该如何使用这些系统，却并不怎么关心。由此可见，很多人只是喜欢做一些能够使自己兴奋的事情，至于如何去做则很少考虑。

（2）遵循原则，恪守纪律。当建立起自己的交易系统以后，重要的已经不仅是技术与资金，而是严格的纪律性。即使股市高手在交易中也经常出现失利，他们之所以能够把每一次的亏损都控制在最低限度，就是因为他们严格执行操作纪律的缘故。当技术形态遭到破坏，交易系统发出卖出信号以后，他们会毫不犹豫地止损出局，而不会像多数人那样，抱着美好的幻想在那里严防死守，因为他们知道，消极防御只会带来更大的损失，主动退却才能保存有生力量。

（3）拒绝诱惑，眼见为实。当别人告诉你买什么股票的时候，他们只是告诉了你他们的判断或者行动，这就是为什么多数股评和机构的推荐都会发生错误的原因。假如你今天向 100 个机构咨询，有 90 个机构认为上升，你该如何打算？其实，他们不一定是有意欺骗你，因为他们今天确实买入了，也许因为看好而买入，或许因为买入而看好，这都不重要，重要的是这仅仅是他们的行动和想法，但这并不构成操作建议。

静下来想一想，就可以发现，市场上 90％以上的都是潜在的空头，那些已经买入，并且告诉你大盘将进一步向上的人，特别是大家都十分看好的时候，市场上的多头已经变成了空头。换言之，市场上的多头已经没有继续买入的力量，多头弹尽粮绝，市场还能维系多久呢？于是必须说服空头部分转变成多头，只有如此，行情才能持续。

如果没有一整套自己的交易系统，你会认为别人说的都对；如果没有一个交易系统提示股价目前所在的位置，你会认为股价会一直涨或跌下去。但是，当你有了自己的交易系统，并且把它运用得得心应手的时候，情况就不一样了，别人让你买的时候，你就会下意识地看看自己的交易系统是否已经发出买进信号，起码你会看一下股价目前所处的位置，不会再像从前那样盲目与轻信。总之，市场会骗你，庄家会骗你，媒体会骗你，只有自己的交易系统不会骗你。但是，你必须清楚自己的交易系统，在什么情况下运转正常，在什么情况下会出现失真，这样你对市场将不再恐惧，你对自己的操作将不再随意。

第4节

DIANFENG DUIJUE

炒股的四个基本功

“凡欲兴师，必先教战”。炒股亦然，没有扎实的理论功底，没有对大势对个股鞭辟入里的分析与研判，没有较强的识图能力和及时跟变能力，实战中不可能稳操胜券。基本训练是枯燥乏味的，需要顽强的意志、坚忍不拔的精神以及对事业的执着才能坚持下来。

基本功之一：识图能力

军队作战离不开军用地图，股民炒股同样离不开K线图。要把股票做好，首先要学会识图。因为庄家所有的意图都是通过一根根K线体现出来的，看不懂K线，就无法洞察庄家意图，操作上必然带有很大的盲目性。135战法客观地反映了股价的运行规律，揭示了庄家在不同阶段的操盘意图，且具有一定的稳定性和可操作性。因此，熟记每个买卖点的图形特征、形成机理、买卖时机和注意事项，是做好股票的前提。对这四部分内容不仅要记死记牢，而且要清楚地知道它们在不同阶段的市场含义。对于那些变形或变种的形态，要作具体分析，实战中尽量选择那些形态完美的去做。

识图是基本功。它不仅训练你的眼力，同时也在训练你的耐力。我要求学员们每天都把沪、深两市所有的股票扫描一遍，把符合形态的股票一个不漏地挑出来。然后根据“量、价、线、形”四个条件从中筛选出形态较为规范的放进自选股，每天对其进行认真观察并跟踪其变化。这样劳动强度势必增大，但眼睛会越来越亮。只要把它当成事业来做，就会其乐无穷。顽强的意志是成功的第一步，一个人最后能不能成功，很大程度上取决于对自己的狠心和残忍程度，对自己越是残忍，庄家就越是不敢伤害你。这样坚持一年，相信你的识图能力会有一个质的飞跃。

在此基础上，还要熟悉不同周期的技术图表及其相互间的关系。比如，【红衣侠女】出现以后，应迅速打开它的周线和月线看看均线是否已经走平或翘头向上，如果不是，就要格外小心，特别在持仓比例上要保持适度。如时间允许，每天还应将两市所有股票的周线和月线浏览一遍，认真体味日线和周线、月线之间的微妙关系。只见树木，不见森林是要吃亏的。

基本功之二：辨别能力

由于股价是发展变化的，所以有的技术形态会出现变形与变种，这很正常。如果机械地照搬，就可能事与愿违。我们知道，【黑客点击】是股价的缩量止跌点，但有的【黑客点击】出现以后，股价不仅没有止跌，反而有加速下挫之势。这是为什么呢？一是股价前期整理得不够充分，均线的穿越纯粹是股价的强行提带，并非瓜熟蒂落。二是个别庄家开始进行反向操作。《黑客点击》出版以后，由于它的实战性很强，很受股民欢迎，湖南高手赖小江先生把135战法编成口诀发表在“创幻证券网”上，国内各大证券网纷纷转贴，流传甚广。一家省级电视台以“《黑客点击》证券市场”辟了一个栏目，专门讲授135战法。其实，对付庄家的反操作并不困难。具体说，就是当【黑客点击】的技术形态出现以后，且不忙介入，仔细观察股价在这个点位上的进退反应，直到股价形成“阳克阴”以后才考虑跟进。在《黑客点击》这本书里，之所以有轻仓试探、半仓跟进、重仓出击这样一些术语，并不仅仅是为了合理使用资金，主要还是出于“兵不厌诈”的考虑。就【黑客点击】形态而言，它又分为“温和型”、“打压型”和“逼仓型”，投资者应反复揣摩，灵活运用。辨别形态真假就四个字，即“量、价、线、形”，只要有一个条件不具备，绝不贸然进场。宁可放弃，绝不随意。对股价或股指的运行规律及其经典个股波动现象应重点搞清楚，力争做到了然于心，熟记不同个股的攻击态势和K线组合模式，这是提高辨别能力的关键。

基本功之三：反应能力

有人理论功底不薄，有关常识性问题张口就来，然一进入实战，却显得笨手笨脚，活像八十老翁跳恰恰舞，费了九牛二虎之力，总也踏不准舞曲的节拍，不是踩别人脚，就是被别人踹。这种现象在股市里可谓司空见惯，别人高抛低吸，他却低抛高吸，与市场背道而驰。买进就跌，卖出就涨，除了识图不过关，还有反应能力差的问题，说到底还是基本功不扎实，对股市、对知识和技巧仅仅停留在理解的层面上，还没有把它真正地转化为自己的实际操盘能力，比如说，他也知道高抛低吸的道理，但哪里是高，哪里是低，心里根本不清楚，所以总是和庄家对着干。当然，在没有熟练掌握一种操作方法以前，谈反应能力只是一种奢望，只有在一套操作方法烂熟于心以后，实战中才有可能形成条件反射。待识图能力和辨别能力提高以后，投资者应把时间和精力转移到反应能力的训练上来。从视觉，到知觉，再到感觉，把每个环节都练得炉火纯青，到那时，你的操盘水准就会进入一个随心所欲，进退自如的境地。

坚持每天把大盘、市场热点的技术特征写成操盘日记，要有分析、有观点、有归纳，正确率要达到80%以上。坚持模拟训练，每次操作都必须制定一份完整的计划。从大盘研判到个股分析，从切入点位到持仓数量，从持仓时间到突发事件的处置等等，都要做到周密细致，无懈可击。持之以恒地进行模拟训练，当胜率达到80%以上时，方可用小单展开实盘同步训练。需要注意的是，开始时先用小单进场，可适当增加交易次数，但须严格控制交易额度。通过这些基本训练，全面掌握135战法的实战精华，在此基础上可根据自身不同的特点，建立起符合自己操作风格的实战交易系统。同时要养成写操盘日记的习惯，每天收盘后，坚持进行对照研究。考察自己对大势、对个股的研判是否正确，正确，很好，继续发扬；若大相径庭，应仔细查找原因，看问题究竟出在哪里，然后制定纠错措施，如此坚持数年，反应能力不提高那才是咄咄怪事。

基本功之四：执行能力

学知识，学技巧，进行识图和反应能力训练，目的都是为了更好的实战。但有这样一种情况，有的人已经建立了自己的操作系统，但在实战中不能自觉地按交易系统给出的提示进行操作；有的人发现目标以后，也能像猛虎一样扑上前去，问题是，当猛虎朝他扑来时，自己却显得束手无策。比如，当股价出现【一枝独秀】、【独上高楼】或【一剑封喉】以后，不是主动撤离，而是抱着严防死守的拼命态度和庄家对抗，明知道吃亏，却偏偏没有任何止损行动，说到底，还是执行能力太差的缘故。想到了，也看到了，就是无法做到。

无论是牛市还是熊市，总有一些个股不甘寂寞地在那里搔首弄姿，如果没有一双鹰的眼睛，就很难识别出真假，识别不出真假，就无法抵御它的诱惑，然后落入铺满鲜花的陷阱。有时，即使相同形态的个股，也会因股价的位置、量、价、线、形的差异而产生不同的结果。如果说完美的技术形态是进场的前提，那么，鉴别力的高低就是制胜的关键。另外，股价的上攻或下跌，很多时候都是在瞬间完成的，无论是买进，还是卖出，动作必须干净利落，倘若基本功不扎实，要在较短的时间内完成这一系列动作是不可能的。因此，在高风险的市场上行走，不仅要有猴子般的灵活，更需要具备动如脱兔的本领。

“老鹰的眼睛老虎的嘴，猴子的脑袋兔子的腿”是炒股的四个基本功。基本功的好坏，直接关系到操作的成败。

第5节

DIANFENG DUIJUE

形态的共性与个性

据传，宋朝宰相王安石有一首没写完的《吟菊》诗，开头两句是："西风昨夜过园林，吹落黄花满地金。"苏东坡看后，不以为然，他想：菊花与秋霜鏖战，至死焦干枯烂，并不落瓣，王安石诗中说"吹落黄花满地金"岂非"乱道"！于是，苏东坡依韵续诗两句："秋花不比春花落，说与诗人仔细吟。"王安石见到此诗，心中不快，但想到苏东坡不晓得黄州菊花落瓣，也怪不得他。于是密报天子，调他到黄州当团练副使。苏东坡在黄州为官一年，重阳节后一日，到后园赏花，不禁大吃一惊：只见菊花棚下，满地铺金，枝上全无一朵。至此方知，同为菊花，竟也有落瓣与不落瓣之分！

不同的股票表现出相同的形态，而结果又有着惊人的相似，这是股价涨跌的一般规律，也可把它称为形态的共性。但相同的形态也有着不同的个性，这一点很重要，要认真揣摩，反复比较。

其实，技术形态的种类是很多的，即使相同的形态，也有着很大的差异。比如【红衣侠女】就可大致分为四种类型：就阳线的大小来说，有的大，有的小；就成交量来说，有的缩量，有的适量，有的巨量；就均线穿越的角度来说，有的呈四十五度，有的呈六十度，有的呈七十五度；就整体形态来说，有的规范，有的不够规范。【红衣侠女】指的是形形色色的【红衣侠女】中共同的一般属性，而没有包括它们的一切属性。这就是有的形态成功，有的形态失败的原因。在实战中，对任何一个技术形态，我们要求的是"量、价、线、形"的完美统一，倘若有一个条件不具备，宁可放弃，也不要委曲求全。

18世纪的德国哲学家莱布尼茨，一次在宫廷中讲学，说“凡物莫不相异”，天地间没有两个彼此相同的东西。宫女们不相信，便纷纷走入御花园，去寻找两片完全没有区别的树叶，想以此推翻这位哲学家的论断。结果，她们大失所望，谁也没有能找到这样的树叶。因为粗粗看来，树上的叶子好像完全一样，可是仔细一比较，却是大小不等，厚薄不同，色调不一，形态各异，都具有其特点。偌大的世界，竟真找不出两片相同的树叶。俗话说：“山中树木有长短，十指不能一般齐。”这句话形象地说明了各种形态都存在差别。这种千差万别的原因究竟在哪里？原因就在于每一形态内部的特殊性，构成了一个形态区别于另一个形态的特殊本质。因此，深入地研究各种形态的特殊性，乃是科学地认识形态的本质及其发展规律的基础，也是正确利用形态，取得投资成功的前提。

在分析股价的技术形态时，要注意形态与结构的关系。因为，有的形态看似美如冠玉，实则貌合神离。若不把二者结合起来进行考察，就容易犯“只见树木，不见森林”的错误。我们知道，形态是股价在运行过程中庄家思维和行动的轨迹，通常有一个先发散后聚合，由模糊到清晰，从复杂到有序的过程。而结构则是形态的骨架。一般来说，好的形态，自然会有好的结构，好的结构，必须符合“量、价、线、形”之条件，必须达到多要素的和谐共振。比如，当【红衣侠女】发出买进信号以后，应依次按下列程序进行：

看量比是否达到1%以上；

看涨幅是否达到3%以上；

看均线、量线、指标线是否方向一致；

看形态整体结构有无缺陷；

看目前股价所处的具体位置；

看大盘是否提供了充分做多的条件；

看该股是否属于当前市场热点。

如是，接着打开周线图，看该股目前所处的位置，看均线系统是否已形成多头排列，或主均线已开始走平。

如是，再打开月线图，看均线的方向，看是否已成月阳线。

如是，打开分时系统，寻找技术低点，分批介入。在资金布局上力求合理，留有余地，注意相互保护。

总之，对每个技术形态，应当多方面进行研究。既要分析不同形态的特殊性，区别一个形态与另一个形态的不同本质，还要注意每个形态在其发展的不同阶段上的特殊性。比如，同样的形态，出现在不同的位置，其市场意义是不一样的，“抓住尾巴便是牛”混淆了形态的共性与个性，因此，在实战中必须具体问题具体分析。

第6节

DIANFENG DUIJUE

心随股走，及时跟变

“心随股走，及时跟变”，无论是作为一种理念，还是作为一个原则，它在实战中的意义是显而易见的。坚持并且活用这个原则，一般都能跟上庄家的节奏，明智地放弃与庄家面对面的对抗，无条件地尊重和服从庄家的选择。这是所有原则中唯一的一条鼓励人们按打破原则的方法去运用原则的原则，也是根治僵化思维痼疾的良方。

所谓心随股走，就是跟着庄家走，不以自己的意志为转移。庄家是一只股票里面的老大，他想怎么着就怎么着，我们根本无法改变它，所以只能下决心去控制自己。控制自己的情感，控制自己的思维，控制自己的行为，从而使自己的思想和行为无条件地与庄家保持一致。

所谓及时跟变，就是跟着股价的具体情况变。比如说，股价开始发力上攻了，即使你再不看好它，也要跟着它行动。同样，当股价开始下跌时，即使你再看好它，也要先把它扔掉。

如果你总也断不准大势，那就死心塌地跟着庄家走好了。和庄家保持一致要比和大盘保持一致容易些。我们应该把自己的研究对象搞清楚，我们的研究对象是庄家，任何庄家行为都是我们研究的范围。对庄家做盘的每个细节不仅要研究透彻，同时还要训练自己与庄家的协调性，只要庄家口令一出，必须做出相应的动作。庄家的研究对象是大盘，那是一块硬骨头，不是一般人能啃得动的，还是留给庄家去啃吧。这就叫犬夜鸡鸣，各司其职。

使用一切可以使用的手段实现目标，是我们的最终目的。但不是毫无

节制地使用手段，更不是绝对使用手段，或使用绝对手段。

手段不能脱离目标。手段的无限是指为实现某个特定目标，可以打破限制地选择各种手段，并不是说手段可以摆脱目标的限制而为所欲为。孔子说："随心所欲而不逾矩。"这个"矩"，在这里就是交易指令。

尔虞我诈、巧取豪夺是庄家的本质。他们从不遵守任何规则，为了实现自己的终极目标，他们会不择手段地，甚至残忍地清除道路上的一切障碍。但这并不意味着散户注定要失败，只要遵循"心随股走，及时跟变"的原则，适时地集中和分散资金，那么，实力强大的庄家就像硕大无比的恐龙，体态臃肿，动作迟缓，而我们就像灵敏的羚羊，可以靠快速反应打庄家的时间差，所谓船小好调头是也。

武松打虎为什么能够成功？不仅仅是武松"艺高胆大"，而是他非常熟悉老虎的习性、规律和制服老虎的方法，他深知老虎这个兽中之王虽然力猛势凶，威震山林，但只要它在使完"一扑、一掀、一剪"三大绝招之后，气力就消耗了一半，所以才能在虎有伤人意，人有打虎心之时，奋力打死猛虎，成为备受世人赞颂的打虎英雄。

在股市，我们面对的不是生活中的自然人，而是由形形色色的自然人组成的抽象人。若想捕捉它们的心理和将要采取的行动，你只能顺着它，而不是改造它，或者消灭它。

"心随股走"，解决的是思维方式问题；"及时跟变"，解决的则是行为模式问题，把这两个问题解决好了，也就一好百好了。

"心随股走，及时跟变"，是理念中的理念，方法中的方法，原则中的原则，它是135战法中最高的行动准则。

认识股价的运行规律不易，运用这个规律更难。能否取得每一次实战的胜利，第一是目标的选择；第二是资金的配置；第三是战术的应用；第四是应变能力。

在目标和实现目标的手段都变得空前多样化的今天，运用单一手段去获利，已明显表现出力不从心。摆脱困境的唯一办法，就是在熟练掌握135战法的基础上，把理念、方法、原则和纪律融为一体，形成一种新的战法，那就是"心随股走，及时跟变"。

要做到目标有限，不在于主观上是否克制，而在于是否超越了手段的限制，手段是确立目标不可逾越的“限”。

每天，人们都在一如既往地争夺和厮杀，在这个不见硝烟的战场上，人们虽然嗅不到血腥，但都深刻地意识到了它的残酷。于是，有的人转而求助于技术，希望能从技术的发展中找到一条成功的捷径，遗憾的是，几年过去了，技术在不断地更新，股市却依旧是我行我素、自由撒欢儿的野马。

面对桀骜不驯的股市，除了“心随股走，及时跟变”，我想不出还有什么更好的制服它的办法。

炒股不能没有方法，就像打仗不能没有战法一样。但所有的战法都是针对具体目标而定，目标消失了，战法也就失去了存在的价值，真正有生命力的战法，就是“心随股走，及时跟变”。无论是股评家、理论家还是实战家，没有谁能给未来的股市开出一张只盈不亏的药方。凭其思路和原则规范自己的行为，最终把自己和股市融合在一起。只有在“心随股走，及时跟变”的前提下，目标与技术才开始有了指向性和针对性。一次操作能否成功的关键，在于你能在多大程度上做到“心随股走，及时跟变”。民族英雄岳飞在谈到战法如何运用时说：“运用之妙，存乎一心”。这话听上去很玄，但却是对正确使用战法的唯一准确的解释。只有理解了这一点，才能获得一种超越于众多战法之上的战法。这就是万法归一，这就是无招胜有招的最好注释。

在股价没有任何攻击迹象的情况下，毫无根据地进入一只股票里面设伏，就如同为不知谁来赴约的盛宴准备菜肴，客人究竟来不来？什么时候来？当你对这些还一无所知的时候，就早早地站在门前迎接，是不是太愚蠢了呢？于是，问题出来了，在操作模式上，究竟是等股价涨起来追着买，还是买了以后等着涨？很多人会毫不犹豫地选择前者，但他的思维却陷在后者的泥潭里而不能自拔。摆脱困境的唯一办法，就是狠下猛药，对自己的思维方式进行脱胎换骨式的彻底改变。

有个朋友不愿意为改变付出艰辛，但他想赚钱，于是，就交了九千块钱成为某咨询机构的高级会员，但这种付出不但没有给他带来福祉，反而引来了灾难。

朋友按照他们的指令，买入一只股票，可股价没有像他们所说的那样飙升起来，先是趴在均线附近苟延残喘，后来索性来了个高台跳水，股价走势活生生地印证了吉卜林的一句诗：“帝国的灭亡，不是轰隆一响，而是扑哧一声。”他花了九千块钱，为自己买了一副沉重的镣铐。

我花了将近两年的时间，进行知识与能力的对接。在对接的过程中吃尽了苦头，付出了常人难以想象的代价。说来又很简单，就是主观与客观的对接，理念与行动的对接。完成这两个对接，就会驶入“心随股走，及时跟变”的投资之道。

看到股市里那么多出色的人和出色的头脑，彼此牵制，彼此抵消，以致使每个看上去都十分优秀的人，一旦进入实战，个个都变得呆若木鸡。平日里那些商业气息非常浓重的人，在股市里却变得不知钱为何物，他们依然在不计成本地投入，可他们始终看不到产出，他们不得不体验着高消费所带给他们的痛苦。

别把投资弄成马拉松赛跑，应着重训练自己的突击能力。把“速战急归”作为今后的主战方式。

我们提倡在技术上要精益求精，但又反对在具体操作中斤斤计较。炒股是一门令人遗憾的艺术，只要能在交易指令发出后及时采取行动就可以了，过于追求完美，反而会适得其反。

股价的运行，与其说是沿着波浪理论的预设模式在递进，不如说它是一场不断改变方向、具有多重不确定因素的球赛，即使穿上艾略特的服装和江恩的球鞋，也并不能保证你能够赢得每一次实战的胜利。

“进退有据，速战急归”，已经相当逼近“心随股走，及时跟变”的投资真谛。可以说，它已经来到了崎岖山路的最后一块悬崖之下，距离大彻大悟的巅峰仅有一步之遥，但就在这里，很多人又停了下来，并且在这里发出沉重的喘息。因为他们在实战中摆脱不了旧有的操作模式的纠缠。要改变操作模式，首先要改变操作理念。理念未必是决胜实战的灵丹，但却是蜕去思维茧壳的妙药。改变是痛苦的，但却是必需的。

第7节

DIANFENG DUIJUE

写好操盘日记

操盘日记既是无形的，也是有形的。有形的是操盘的每一个过程；无形的是你对悲喜的记忆，它是投资路上碾的辙，它是心灵深处留的音，它是岁月利刃刻的痕。

对于职业操盘手来说，每天的操盘日记必不可少，不仅详细记录自己的每笔交易和股市当天动态，也记录自己认为有用的相关信息。有人认为自己的资金量太小，没有这个必要，其实，投资无大小，重要的是看成功率。

证券投资，表面看来只是简单的一买一卖，但其中所牵涉的却是极其复杂的市场现象和极其复杂的心理演变过程，真实地记录下一切，然后认真分析每一笔交易的成败，这对提高自己的操作水准肯定会有帮助。

专业的操盘日记由三部分组成。即盘前准备、盘中调控和盘后总结。

盘前准备。包括大盘研判、个股分析和当天计划。把握大盘走向是做好个股的前提，“抛开大盘炒个股”不值得提倡和效仿，覆巢之下岂有完卵。当大盘转势向下时，任何个股都不会独善其身，对锁定的个股，在正确判定目前股价所处位置的基础上，力争把该股的基本面和技术面弄通吃透，然后据此制定出具体的操盘计划，比如切入点位，持仓数量，持仓时间和应变措施等，只有把这一切都准备完毕之后才可考虑攻击行动的展开。

盘中调控。通常情况下，在买入某股票之前，就已经在脑子里对股价的走势进行了一番预演，如果买进以后，股价并没有按照自己的预期发展，应及时调整自己的操盘计划，是增仓、减仓还是清仓，心里一定要有数。“心随股走，及时跟变”不是轻浮，而是一种成熟的表现。你想啊，股价已经发生了变化，你还按既定方针办，显然要吃亏的。投资过程，说到底就是一个否定之否定过程，没有否定就没有新的肯定。市场的最大特性就是它的不确定性。无论是落井下石还是锦上添花，不管是趁火打劫还是袖手旁观，它都是正确的，我们只能尊重和顺应它，而绝不能凭借匹夫之勇和它对着干。对抗的结果只能以自己的惨败告终，不管是过去、现在还是将来都是如此。我们的设想和投资行为必须在大盘所能容忍的范围内进行，绝不能越雷池一步。

盘后总结。坚持每日盘后小结，看收盘结果与开盘前的预测是否一致，看个股走势是否与事先的预演相吻合，如果不是，应详查原因，看问题究竟出在哪里，盘中采取的措施是否及时果断，然后诉诸文字，以起警钟长鸣之效，但切忌把操盘日记搞成流水账，没分析、无总结地机械罗列对今后的实战并无好处。把写操盘日记持之以恒地坚持下去，相信你的操盘就会有一种行云流水般的感觉。

第8节

DIANFENG DUIJUE

讲程序、守纪律

常言道：万物有理，四时有序。这里的“序”，是顺序、次序、程序的意思。自然界是这样，股市的发展变化是这样，股票的买卖也是这样。序，就是事物发生发展、运动变化的过程和步骤，是客观规律的体现，反映到实战中，就是先买哪个，后买哪个，是轻仓试探，半仓跟进还是重仓出击，它要求投资者在具体操作中必须讲程序。

对于操作程序及其在实战中的意义，许多人并不以为然，认为这是可有可无的东西，因此在实战中不讲程序、违反程序的现象屡见不鲜，结果既影响操作的质量和资金的运作效率，又容易把自己的心态搞坏，给自己的投资带来不必要的损失。

在具体操作中，为什么要讲程序呢？我们不妨从程序的客观性来作一些分析。大家知道，事物存在的形式是空间和时间，事物的发展变化都是在一定的时间和空间上展开的。从空间方面看，可以分解为若干个组成部分，从时间方面看，各个部分都要占用一定的时间并具有一定的次序。拿庄家行为来说，就可以分解为建仓、洗盘、拉升、派发四个阶段，这些阶段均需要占用一定的时间，并且有相应的先后次序。如果不在一定的时间进行吸筹，或者把派发和拉升的次序颠倒，那么庄家行为就无法达到预期的目的。所以，顺时而动，不违股时，是庄家必须遵守的程序。尊重程序，实质上是尊重规律。这就是买卖股票需要讲程序的道理所在。

投资者或许存在这样的疑虑：讲程序会不会影响效率？再说啦，区区几万资金，也用不着去讲什么程序。其实，投资无大小，不能因为资金量小就草率行事。当准备买进某只股票时，首先看它的“量、价、线、形”是否符合进场条件，制定一份详细的操作计划，从切入点位到持仓数量，从预期目标到意外情况处置等等，必须严谨且切合实际；其次，按比例进行资金布局，比如，当【黑客点击】出现以后，其操作步骤依次是，轻仓试探，半仓跟进，重仓出击。第一步之所以轻仓试探，是因为形态形成之初稳定性较差，需要量的确认。故在进货比例上应保持适度。第二步之所以半仓跟进，是因为股价形成了“阳克阴”之势，表明庄家做多坚决，不然，庄家就不会去收复失地。第三步之所以要重仓出击，是因为股价突破了整理平台或前期高点，庄家解放别人，肯定不是为了拴住自己，而是为了深化行情。第四步根据股价运行情况，适时地调整仓位，譬如，在技术高点减仓，然后在技术低点再把抛出的股票捡回来，形成复合滚动式操作以提高资金的使用效率。第五步，当股价出现明显的见顶信号时，果断地清仓离场。第六步，实战小结，认真查找操作中存在的问题。如果没有一套严密的操作程序，要完成这一系列动作是不可想象的。讲程序就是讲胜率。俗话说，没有规矩不成方圆。不讲程序，缺乏制度、机制、纪律的规范和约束，就容易导致不该买的买了，不该卖的卖了，使自己的操作陷入一片混乱之中，哪里还谈得上获利。譬如，一台功能强大的电脑，如果失去与之匹配的程序设计，其作用就难以发挥出来。从实战角度看，科学、严谨、切实的程序有利于保护资金的安全和操作的胜率。

讲程序是规避市场风险的需要。利润与风险是紧密相连的，只有规避了风险，才谈得上利润，要实现利润，必须讲程序，守纪律。程序是对股市风险的防范和遏制。从而避免随意操作带来的不良后果。在实战中，程序和纪律是不可或缺，不能偏废的。由此可以看出，程序绝不仅仅是简单的操作步骤，它包含着深刻的实质内容。正因为程序的这种重要性，投资者应把程序问题看得比实战中的具体问题还重要。

讲程序，重程序，一要建立健全自己的操作程序，二要尊重、遵守和严格执行程序。由于种种原因，投资者在这两方面都还存在不小差距。一方面，许多人迄今还没有建立起自己的操作程序，不讲程序、随意买卖的现象十分严重。另一方面，一部分人虽然建立了自己的操作程序，但不够完善，而且在执行过程中时好时坏不够严格。事实证明，建立健全操作程序，培养讲程序、守纪律的良好习惯，不仅十分必要，而且十分迫切。

第9节

DIANFENG DUIJUE

投资必须全力以赴

江恩在谈到证券投资时曾说过这样一段话：“一般人以业余的心态从事投资，往往根据一些未经批判的想法，或市场传闻，便将大量金钱投入市场，难免损失，投资虽然简单得只是一买一卖，但其中所牵涉的，却是极其复杂的市场现象，非下苦功，不能掌握投资这门专业的学问。”人们只知道股市能挣钱，而且能挣大钱，但究竟怎样才能挣钱，通过什么途径和手段才能挣到钱，并不是每个人心里都清楚的。股市入口的门槛很低，谁都可以进来，但股市出口的门槛却很高，不是谁都能够随随便便出得去的。从某种意义上说，股市就像一座大熔炉，要么百炼成钢，要么被烧成灰烬。因此，必须下苦功，学习相关知识，力求学懂弄通，并在实战中运用自如，不然的话，只能以自己的遍体鳞伤来证明庄家的强悍。

投资要下苦功，首要的是“下”，即下定锲而不舍的决心，拿出“不达目的不罢休，不到黄河不死心”的劲头全力以赴。

美国前国务卿鲍威尔在西点军校演讲时，曾以“凡事要悉力以赴”为题，对学员们讲述了一个颇具哲理的故事：在建筑工地上，有3个工人在挖沟。第一个心高气傲，每挖一阵就拄着铲子说：“我将来一定会做房地产老板!”；第二个嫌辛苦，不断地埋怨说干这下等活儿时间长，报酬低；第三个不声不响挥汗如雨地埋头苦干，脑子里不停地琢磨着如何挖好沟，使地基牢实……若干年后，第一个仍无奈地拿着铲子干着挖地沟的辛苦活儿；第二个虚报工伤，找个借口提前病退，每月领取仅可糊口的微薄退休金；第三个成了一家建筑公司的老板。

下定学习的决心就得减少应酬，减少娱乐，甚至放弃正常人的七情六欲，一门心思学炒股。同时，还要耐得住寂寞，“不以物喜，不以己悲”，挣脱成败得失的束缚，才能在股市的海洋里遨游，潜入深海擒蛟龙。在学习上浅尝辄止，捞得几条小鱼小虾就自满自足起来，是成不了投资大家的。

学习要下苦功，还要舍得吃“苦”。成功是苦根上长出来的甜果。吃得苦中苦，方得甜中甜。赢家与输家的差别，很重要的就是看舍不舍得吃苦。股市里所有的赢家，莫不具有超出常人的刻苦勤奋的毅力。有人看盘看得两眼冒金星，有人能将1000多只股票的K线图背下来，有人做梦嘴里还在念叨着股市里发生的一切，达不到这种如痴如醉的忘我境界，很难获得投资的成功。鲁迅有一句肺腑之言：“哪里有天才，我是把别人喝咖啡的时间都用在工作上。”股市无边，人生苦短，即使花费毕生精力，也不过是从股市的海洋里采撷到几朵浪花。以有限的时间和精力掌握投资这门学问，不下苦功不行。只有在学习上不畏劳苦勇于攀登的人，才有可能到达光辉的顶点。

学习要下苦功，还在于“功”。“只要功夫深，铁杵磨成针。”学习是一个渐进的积累过程，需要下长功夫，细功夫，慢功夫。这种“功”，主要体现在两个方面，一个是“吃透书本上的”，既要把“厚书读薄”，把握其精髓，又要善于把“薄书读厚”，举一反三，融会贯通；第二个是要“变成自己的”，把别人的经验变成自己的智慧，把学来的东西用于指导实战，实现认识的第二次飞跃，这才是学习的根本目的。学得满腹经纶却束之高阁并不实践，就失去了学习的意义，我们的目的是要成为出手就赢的实战家，而不是出口成章的理论家或学问家。这一点必须搞清楚。

所有的股市赢家，都经历过种种磨砺和挣扎，只有蹚过无数失败河流的人，才能最终踏上铺满鲜花的黄金海岸。一定要善待失败，磨砺中的压力和焦虑是一种不可多得的心灵财富。也可以这样说，资金严重被套时，是一个人最痛苦的时候，但也是成熟最快的时候。因为追求成功，所以才会遭遇这么多的阵痛。

选择股市，就等于选择了承受。尽管承受痛苦，却依然要保持积极进取的心态。对一个投资者来说，重要的是积极储备，耐心寻找机会。只要

不断地总结教训，不断地充实自己，不断地提高自身的综合素质，就一定能够叩开成功的大门。每个人都有自己的优势，只要全力以赴，肯下苦功，谁都会有走进赢家行列的那一天。

第10节

DIANFENG DUIJUE

正确运用 135 战法

绝大部分学员在学过 135 战法以后，基本知道了哪里该买，哪里该卖，心里变得豁然起来。由于时间短的缘故，个别学员对形态的理解还仅仅停留在表面的认识上，只知其形，不知其义。所以在具体操作中往往不是那么得心应手，于是有人提出，这究竟是战法固有的缺陷，还是我们使用不当？这个问题提得好，说明他开动思想机器了。只有先改变思想，才能改变操作模式。别管什么事情，只有思想上想通了，做起来才会有板有眼。

135 战法客观地揭示了股价的运行规律，只要严格按照它给出的提示进行适当操作，一般都能够获利和规避市场风险。由于每个人的操作水准参差不齐，在认识和理解上也往往存在着很大的差异，因而操盘的结果出现异样也就不奇怪了。正确运用 135 战法，重点需要把握以下几个方面：

（1）完整地把握形态的结构。任何形态都有着自己的结构，结构是否合理直接关系到形态的成败。一个完美的形态必须满足“量、价、线、形”四个条件。否则就是结构上存在缺陷，失败的概率就相对大一些。比如，经典的【黑客点击】需要具备五个条件：一是 13 日均线必须成功穿越 55 日均线，既不能提前，也不能滞后；二是股价一定要缩量收阴，成交量只能缩小，不能放大；三是回落的股价必须不偏不倚地落在 13 日均线与 55 日均线的结点上，既不能悬在结点之上，也不可落在结点之下；四是在【黑客点击】出现以前，股价先有一波放量拉升然后顺势回落的过程，回落时成交量须呈萎缩之势，否则就是量价关系不健康；五是形态必须得到成交量的最后确认，即股价必须携量吞掉形态的最后一根阴线，呈“阳克阴”之势。只有满足这些条件以后，轻仓试探，半仓跟进，重仓出击等一系列战术动作才能够陆续展开。有人发现某种形态就激动，不管其他几个条件是否具备，就心急火燎地追进去，被套也就是预料中的事。

有一首题为《眼睛》的小诗，对认识股价的技术形态很有启发，现抄录于下：

我几乎倾倒了，
看着你的眼睛，
像一泓湖水，
深邃、晶莹、含情。
但理智给我一根竹竿，
控制了我的神经。
要我探测湖底，
是否有淤泥的混凝。

诗中的“我”用理智去探测姑娘的思想、心灵的美丑，而不为迷人的眼睛所倾倒，所俘虏。这理智，是富有哲理的，它洞晓内容和形式，内在形式和外在形式的区别。因此，在实战中，不能仅仅“以貌取人”，既要考虑到形态结构的完整性，又要注意形态所处的具体环境，任何形态只要没有出现在适当环境中，其可靠性将会大打折扣。所谓“适当”，是指指数环境的配合，同时还应注意形态的位置，或高或低，其市场意义是不一样的。

（2）认真揣摩反复演练。认识股市需要过程，熟悉和掌握“135”战法需要一个磨合期。任何一个买卖点没有数十次的训练，是根本无法真正把握它的。只有不断地苦思冥想，不厌其烦地反复训练，才能最终达到心随股走的操盘境界。股市里人才济济，而僧多粥少的局面将会愈演愈烈，你不对自己狠点，别人就会对你大开杀戒，只有忍受别人所不能忍受的痛苦，把基本功夯实，才能尽快地形成实战能力。台上一分钟，台下十年功。模特儿为了纠正形体与动作，每天都要对着镜子练。想想看，一个人整天对着镜子里的自己，个中滋味恐怕只有他自己知道。每天上午三个小时，下午三个小时，晚上一个小时，日复一日，在枯燥乏味的训练中既要用脑，还要用心。记得当兵时，头顶炎炎烈日，进行正步训练，踢腿甩臂必须符合动作要领，一个动作要经过上万次的训练才能定型，一天下来，腰酸腿疼不说，腿肚子还常抽筋，那种阵痛现在想起来还使人不寒而栗。训练那会儿，军装上经常印满碱花，脸上也说不清楚是汗水还是泪水，身上长满了痱子，全身出现浮肿，甚至连上床都需要别人去拖。但我硬是咬紧牙关挺过了疲劳关。

看盘同样面临这样的问题，每天复盘，从一千多只股票里挑选出符合技术形态的股票是一项非常艰辛的工作，特别是长期坚持下去更需要坚忍的毅力，既要把符合形态的一个不漏地挑出来，又要从中筛选出最具攻击力的个股，的确不是一件容易和轻松的事，很多人都是在这个环节败下阵来的。为了逃避艰辛，于是有人滋生出一种不正常的心态，花钱买消息，想借助别人的智慧达到致富的目的。可是，如果基本功不扎实，恐怕只能事与愿违。别人可以告诉你何时买，但不一定能够及时告诉你何时卖。因为信息传输需要过程，而股价是不会等你都准备好了才开始上涨或者下跌的。如果掌握了一套方法，情景就不一样了，因为主动权始终牢牢地控制在自己手中。我们就可以随时根据股价的变化，说打就打，说走就走，不用等着别人来发号施令。

第11节
DIANFENG DUIJUE
把握股价涨跌的临界点

很多人喜欢抄底，比如，当看到一些股票从高位跌下来以后就迫不及待地买入。结果不是不涨，就是继续下跌，因此说抄底一定要慢。不少股票经过长期下跌以后，虽然风险已得到释放，但这并不意味着股价马上要涨。因为股价的筑底是一个过程，这个过程有时是非常漫长的，而且非常折磨人，特别是看到别的股票你追我赶地向上蹿，自己的股票趴在地上一动不动，心里更是窝火，所以当股价刚刚从底部启动时就会心急火燎地卖出，从而错失了后面的大段行情。

总想抄底的人，却经常吃大亏。在股价下跌途中，如果没有【日月合璧】、【红杏出墙】等技术形态出现，就根本没有底部可言。因此，盲目抄底是非常危险的。我们应该把底部那段利润留给别人。因为，在你转让利润的同时也转嫁了风险。

【黑客点击】和【一箭穿心】是135战法的精华，从某种意义上讲，它们就是股价涨跌的临界点。把握住了这个临界点，就等于基本锁定了胜利，不仅可以使资金快速增值，也能够使自己少犯错误。

根据股价的运行规律，个股的上涨行情一般可分为四个阶段。即初涨段，回抽确认段，主升段和上涨末段。比如，初涨段有【日月合璧】、【金屋藏娇】、【红杏出墙】、【投石问路】、【蚂蚁上树】等；回抽确认段有【黑客点击】、【浪子回头】、【走四方】、【三剑客】、【一石两鸟】、【双飞燕】等；主升段有【红衣侠女】、【揭竿而起】、【一阳穿三线】、【海底捞月】等；上涨末段有【一枝独秀】、【一剑封喉】、【一箭穿心】、【分道扬镳】、

【金蝉脱壳】等。换言之，135战法是一套股价定位系统，它对股价运行过程都作了明确的定位，明确了股价所在的具体位置，无疑就把握了整个行情的始末。

【黑客点击】既是对上涨行情的回抽确认，也是股价主升浪的临界点。从这个点位介入实际上采取的是一种低吸战术。我们之所以放弃股价的初涨段，主要还是为了最大限度地规避风险。从庄家角度讲，如果在拉抬伊始，就引来大批跟风盘，势必增加拉抬阻力，给未来派发造成困难。因此，庄家经常会采取一些反追涨策略。在股价上涨初期，如果庄家发现跟风盘较多，就会立即停止拉抬，反手做空，用手中获利筹码凶狠砸盘，制造恐慌，迫使短线客出局。个别庄家甚至放弃先前的拉抬成果推倒重来，把股价砸到启动点之下，以此来摧毁持股者的信心，这就是股价的回抽确认段。这个阶段最残酷、最难熬。从波浪理论讲，就是股价的二浪调整，调整时间根据盘面情况而定，如果场内浮动筹码多，时间就会长一些；浮动筹码少，时间就相对短一些。【黑客点击】是缩量止跌点，一般可视为回抽段的结束，从这个点位介入，既可缩短参与调整的时间，又能提高资金的运作效率，何乐而不为呢！

由于回抽确认段庄家气势汹汹的砸盘，无论是滞留场内的，还是场外观望的，都会产生一种恐惧心理，所以，当股价再次上升时，投资者特别是先前出局的投资者由于心有余悸而不敢返兵追赶，场内持筹者由于惊吓，故当股价再次拉升时，就会匆匆忙忙把筹码抛出。庄家正是利用了人们的这种恐惧心理，才敢有恃无恐地发动一轮轰轰烈烈的行情。这时候，多数人都认为股价已经涨高不敢再追涨了，实际上，这恰恰是难得的获利时机。主升浪行将结束时，在媒体的鼓噪或在赢利示范效应下，原来出局的或原来那些不敢追涨的纷纷加入做多的行列时，意味着股价上涨末期已悄悄来临。

由此可见，在股价初涨段匆忙介入，不是一种好的投资策略。因为，在这个时候进场，很容易遭到庄家的迎头痛击，遭遇游资袭击也是常有的事。稳妥的策略是，在个股完成初涨段并回抽确认后，也就是在【黑客点击】出现以后再考虑介入，换言之，只有当股价走出【动感地带】以后，才能重新确认股价的底部。为了安全起见，当股价形成【一阳穿三线】或

【揭竿而起】时，积极介入，往往能握住主升浪的机会。

【红衣侠女】是股价起涨的临界点，从这里切入，采取的就是一种追涨战术。13日均线上穿55日均线，股价收阳，而不是收阴，意味着庄家做多坚决，应该大胆追涨。遗憾的是，多数人都患有恐高症，其根本原因就是混淆了追涨与追高的界限。所以，很多人宁肯去追那些涨幅不大的股票，而对那些突飞猛进的股票望而生畏。这是一种思维上的误区。事实上股价涨幅多少，并不能决定该股的未来上涨动力。对于是否追涨，关键看它的起涨形态是否完美、看该股后市是否还有继续上涨的动力和空间。假如一只股票从10元涨到20元，但经过仔细研判，认为后市仍有上涨空间，那就不能因为该股升幅已大而放弃它。比如西山煤电，经过大波拉升后，庄家依然没有出局的意思，所以，当股价重新上攻时，依然可以跟进。简单说，只要股价在拉升途中没有出现明确的离场或减仓信号，就应该一路大胆持有。相反，如果该股从10元涨到12元，但上攻动能开始减弱，或出现明显的卖出信号，我们不能因为它涨幅不大而去追它。投资者要努力去做“采花大盗”，而不要让自己变成股票收藏家。需要提醒投资者注意的是，不要问股价已涨了多少，而是要真正弄明白该股以后还能涨多少，这才是做股票的关键所在。

很多人追涨是建立在确切的消息上，假如你有这个条件固然好，不过，消息属于高级商业机密，不是谁都可以得到的。其实，一只股票能不能涨，图表上已写得清清楚楚，根本用不着到处打探或者花重金买消息。

追涨的原则是：敢为天下先。也就是说，别人不敢做的你敢做。越是消息不明朗，越是别人不敢追涨的股票，就越容易通过追涨获利。多数人都敢买的股票，获利的机会就相对少一些。道理很简单，大家都想坐轿子，可谁来当轿夫？“6·24”行情就因为有重大利好的支持，致使很多人误认为大牛市来临，即使面对大盘涨停也敢追，结果至今还误套其中。

炒股讲究跟风，关键在于跟什么风，什么时候跟。许多人不愿意追涨那些启动早、上涨时间长、涨幅惊人的领头羊，而是热衷于追涨那些跟风类个股。他们总以为领头羊启动得早，所以回落得也早。实际上，领头羊之所以是领头羊，是因为它具有许多个股不具备的号召力。领头羊就是市场主力在炒作某一板块时刻意树起的一面旗帜，以此来激发人气，带动板块效应，然后自己借机出货。领头羊具有先板块启动而动，后板块回落而落的特性。正因为如此，追涨领头羊的安全系数与投资收益往往大于那些跟风类个股。而具备【红衣侠女】、【一阳穿三线】、【揭竿而起】等技术形态的个股，恰恰是孕育领头羊的摇篮。

【一箭穿心】是股价暴跌的临界点。13日均线一旦下穿55日均线，股价的跌幅一般都在20%以上。作为一个成熟的投资者，在【一箭穿心】出现的时候，都会本能地表现出恐惧和惊慌，因为，这是最后的离场机会，他们不愿意拿自己的资金去赌明天。

【一箭穿心】是牛熊转折的分水岭，道氏理论已对此作过精辟的论述，只是没有给出具体的点位，所以未能引起人们的高度重视，135战法揭开了这个谜，希望投资者在津津乐道时不要冷落了它。

人生分四季，但在股市往往可以并作两步走，从【黑客点击】到【一箭穿心】，从【一箭穿心】再到【黑客点击】，循环往复，以至无穷。

第12节

DIANFENG DUIJUE

投资大师的操盘境界

境界是一种对世俗平庸观念的超越，是一种冲破自我约束后的解放，是一种心灵深处的哲学思考，是一种支配和控制内心世界的力量。

境界源于心态，却又不完全等同于心态，它属于更高的精神层面，股市里高手如云，然能称上大师的却屈指可数，其根本原因就是一个境界问题。

投资的成功离不开学识、才干和境界这三块基石的支撑。学识可以学来，无论来自书本还是来自经历；才干可以练就，无论来自探索还是来自实践；唯有境界是悟出来的，它是心灵在净化和升华之后的一种超凡脱俗的内在表现，需要蹚过无数失败的河流之后方能练达。与三块基石相匹配的，是投资事业演进的三种境界："昨夜西风凋碧树，独上高楼，望尽天涯路。"学习是一件十分枯燥的事情，首先应耐得住寂寞。股市又是一个布满荆棘和富有挑战的地方，需要顽强的拼搏精神，实现目标的坚定信念，临危不惧的气概，坚忍不拔的耐力，沉着冷静的品格等等，这是一个职业操盘手不可或缺的基本素质。"衣带渐宽终不悔，为伊消得人憔悴。"证券投资是一门非常专业的学问，需要专业的知识，专业的战法，敬业的精神。然而，竞争的加剧使得不少投资者越来越倾向于：在最短的时间内，就能看到一切梦想的实现。其实，投资是一个过程，过程由无数细节组成，如果把庄家做盘的每一个细节都分析得入木三分，把操作上的每一个环节都练得炉火纯青，相信结果也坏不到哪儿去。只是这个过程需要循序渐进。急功近利往往欲速则不达。"众里寻她千百度，蓦然回首，那人却在灯火阑珊处。”探索股市，研究战法，需要经验、技术和失败的积累，需要日复一日的残酷训练，需要千百次的寻寻觅觅，需要真枪实弹地到股市里搏杀。代价总是要付出的，想不付出而索取你想要的东西，这是痴人说梦。

境界的达成离不开良好的心态。成与败的最大差异就在于心态是否积极，拥有积极的心态，会愈挫愈奋，能把失败当财富；而消极的心态，在失败面前则变得一蹶不振，从此套牢一生。一个人即使用毕生精力也不见得能有所成，但他永远都不会放弃努力，因为他们知道，可以没有辉煌的结果，但却不能没有闪光的过程。女作家田芬曾说过这样一段话：“一个人的价值，不在于他有多大的成就，而在于不论在艰难困苦和精神压力之下都有一颗热爱生活，致力事业的赤子童心。”当然，这种境界不是每个人都能够具备的，所以股市里的赢家总是少数。

“长捂资金短捂股，强做弱休常空仓。”是一种境界，它要求投资者耐住寂寞，拒绝诱惑，严格按照自己的交易系统给出的提示进行适当操作，聚精会神地捕捉每一次属于自己的机会。对自己无法控制的东西不屑一顾，这固然会失去很多机会，但却规避了风险。

“心随股走，及时跟变”也是一种境界，它要求投资者忘掉自我，忘掉成本，对庄家唯命是从，股价涨我就买，股价跌我就卖，一心跟着股价走。股市里谁对谁错并不重要，关键是要保住资金并增值。

境界需要不断修炼。在投资过程中，应有意识地对自己的感觉、知觉、注意、表象、记忆、思维等心理素质进行训练，在各种复杂的情况下，始终保持头脑的清醒和感觉器官的灵敏，并且能够适时地根据股价的变化作出快速的反应。每当遇到压力、委屈或困惑的时候，每当遇到挫折、失败甚至绝望的时候，冥冥之中总有一种力量在默默地支撑着我，我说不清楚这究竟是一股什么力量，经过艰难的生长以后，我终于释然：这就是境界的力量。

“心若止水，气定神闲。”是投资大师的操盘境界，虽不能至，但却心向往之。

技 战 篇

股市是一个产生百万富翁的地方，你现在之所以没有跨进股市赢家的行列，不是因为你没有知识和才华，而是没有找到一套可重复获利的操作方法。方法犹如鞋子，只有穿着合适，才能大步流星地赶路。炒股的最大风险，不是来自危机四伏的股市，也不是来自凶狠刁钻的庄家，而是来自规则不明的操作。

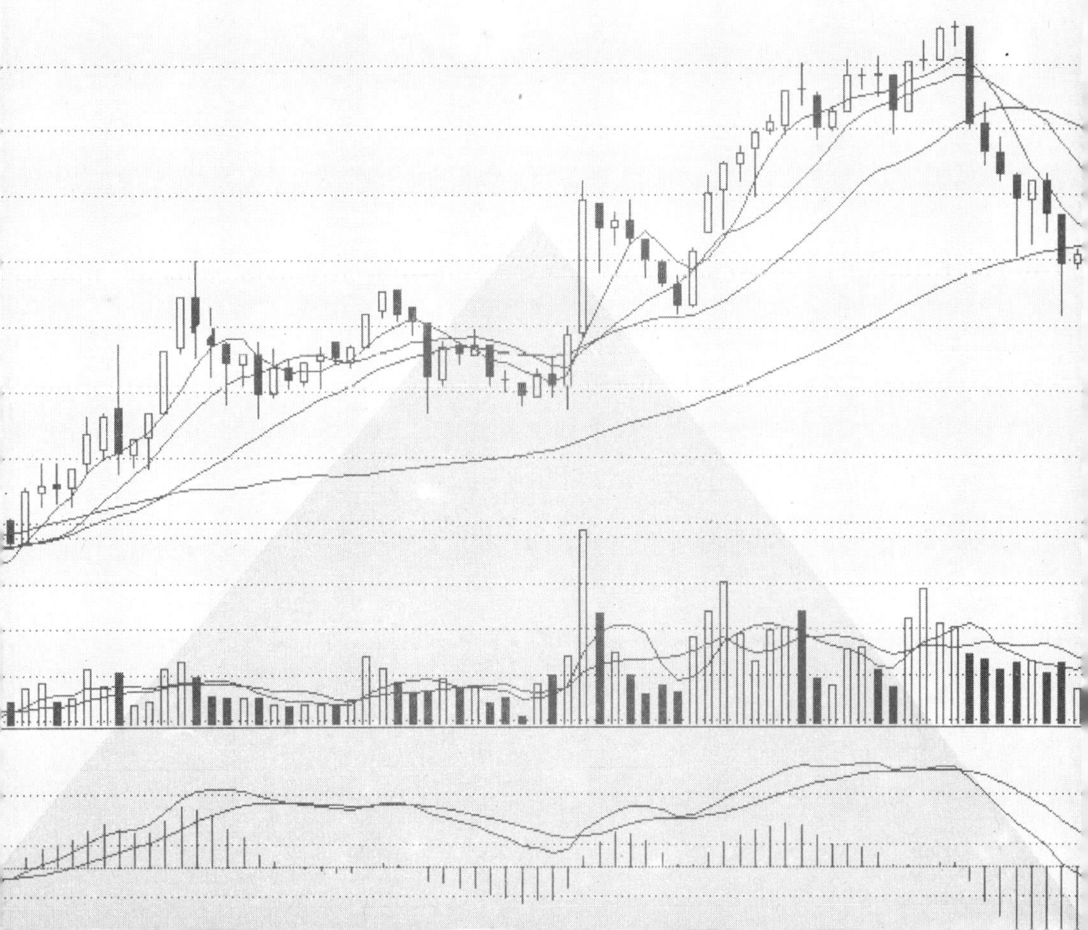

DIANFENG DUIJUE

步步高

古为今用　《司马法》用众篇："凡战，众寡以观其变，进退以观其固。危而观其惧，静而观其怠，动而观其疑，袭而观其治。"意思是说，应使用或多或少的兵力去试探敌人，以观察他的变化。用忽进忽退的行动，以观察他的阵势是否稳固；迫近威胁敌人，看他是否恐惧；按兵不动，看他是否懈怠；进行佯动，看他是否疑惑；突然袭击，看他阵容是否整齐。

形态特征　股价经过长期下跌，成交量逐渐减少或极度萎缩，但从某一天起，成交量突然放大到尚未引人关注的程度，并且一连数天与日俱增，量区里的红柱体拾级而上，表明有增量资金正在不露声色地悄然吸纳，预示股价即将走强，是较好的进场机会。我们把量区里这几根拾级而上的红柱体称之为【步步高】。见图一。

形成机理　庄家吸货时，一般先要打破某个重要的技术支撑位，制造恐慌，诱人出局。然后借着低迷的市场气氛和散户的失望心理悄然吸纳。在吸货尾段，由于浮筹稀少，而庄家还想吸得更多，于是，庄家一般会采取【蚂蚁上树】把股价慢慢推高，量区里的红柱体是呈台阶式上升，但成交量的放大并不怎么使人注意。【步步高】的出现，预示着股价的大幅拉升已指日可待了。

经典记忆

（1）**山西汾酒**（600809）。自从【黑客点击】出现以后，股价一直在13日均线附近低空飞行，随着均线互换的完成，股价已演绎成【三线推

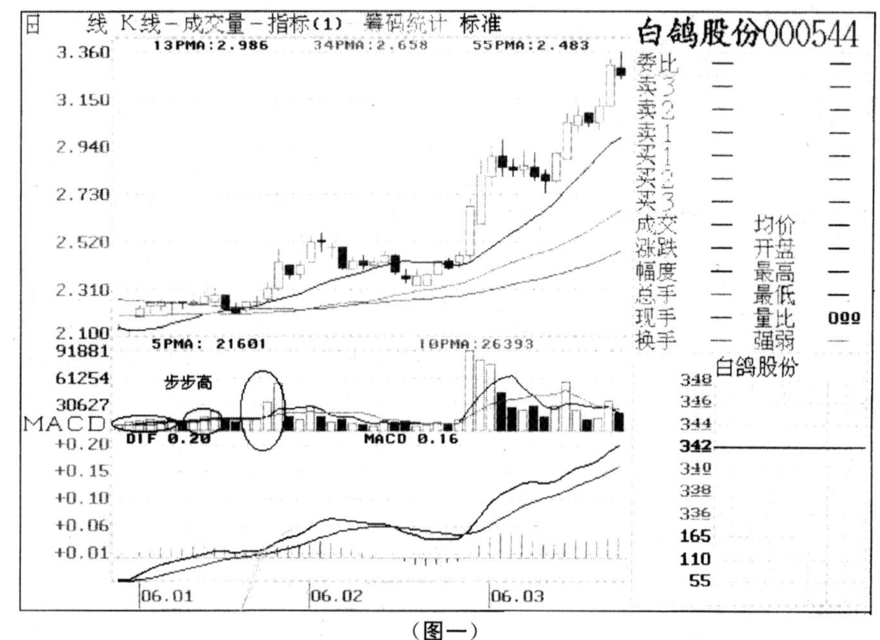

（图一）

进】的技术走势，股价没什么起色，但自进入2006年以来，成交量一直在间歇放量，量区里的【步步高】表明主动性买盘正在加大收集力度，但为了不过早地引起市场的注意，庄家一直压制着股价不许抬头，但经验丰富的人已经知道，股价的拉升已经不远了。现在缺少的就是一根导火索。

2006年2月21日，庄家先是用了一组【蚂蚁上树】把股价送到55日均线以上，不等回抽确认就紧锣密鼓地从均线上方【揭竿而起】，均线系统正式向上发散之后，股价发疯似的向上猛蹿，而这一切都是因为有了【步步高】。没有【步步高】提供量能支持，再好的股票也飞不起来。在量区里发现【步步高】以后，就应开始密切关注该股的动向，如果有完美的技术形态相配合，要敢于大胆进场参与分红。见图二。

（2）**金牛能源**（000937）。该股经过长期下跌以后，成交量已变得极度萎缩，说明做空力量已被收拾得服服帖帖。然而，突然从某一天起，股价开始间歇放量，并且持续拉出5根阳线，【蚂蚁上树】之所以能把股价轻松地送上了55日均线，全凭量区里那些一根高过一根的红柱体的大力支持。【步步高】的出现，表明主动性买盘加大了收集的力度，预示股价离拉升已经不远了。股价站上55日均线以后，庄家采取【一石两鸟】轻度震仓，而【黑客点击】的出现，标志着股价已走出【动感地带】，新升浪随时可能展开。此后股价一路震荡攀升。见图三。

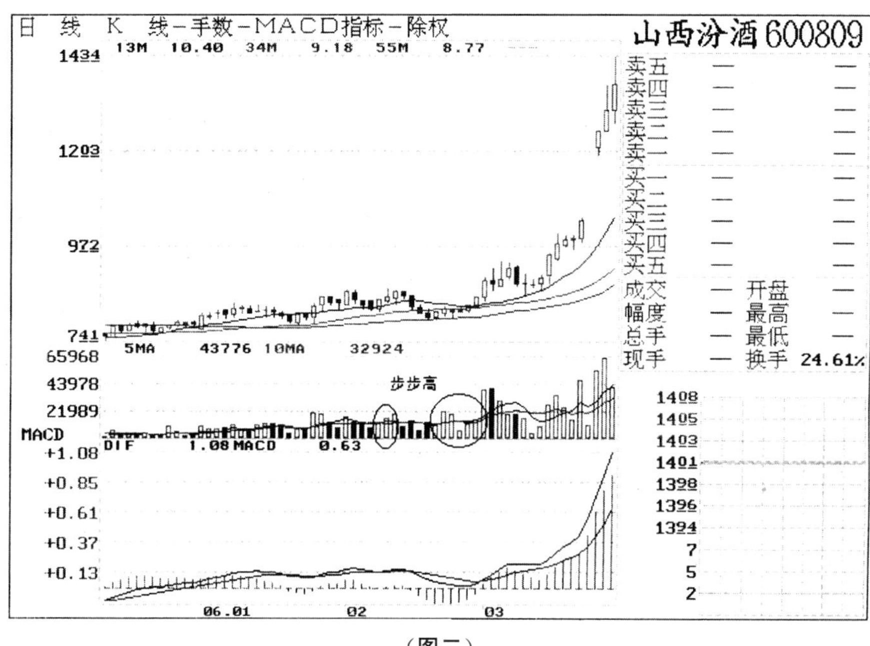

（图二）

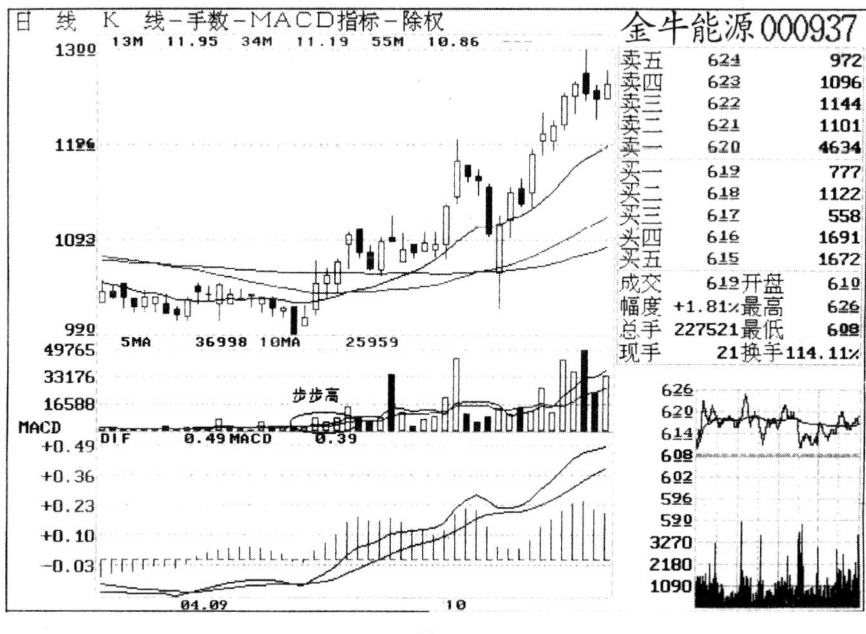

（图三）

【步步高】是增量资金进场的明显标志，通常与【蚂蚁上树】形影不离，但它与【蚂蚁上树】有着严格的区别。【蚂蚁上树】只要在形态上具备就可以了，对成交量的要求不是太严格。【步步高】就不同了，它要求成交量的红柱体必须一根比一根高，唯有如此，才能表明庄家坚决做多的决心。【步步高】由 3 根或多根红柱体组成，但不能少于 3 根，否则形态便不成立。使用方法和【蚂蚁上树】基本一样，都是在股价回抽的第一根阴线（阴柱）或第二根阴线（阴柱）时跟进，在阳量柱覆盖阴量柱之后开始加仓。

（3）G **冠城**（600067）。股价经过长期下跌和充分整理以后，成交量开始温和放大。股价在缓步上升的过程中，突然莫名其妙地拉出一根上影线，这是庄家的试盘信号，旨在观察股价的阻力和跟风情况。量区里的【步步高】表明增量资金加大了收集力度。那根莫名其妙的上影线则成了庄家即将打压的标志。不久，庄家使用【暗度陈仓】这个杀手锏压价逼仓。翌日股价企稳回升，但随之又用【浪子回头】继续清洗获利盘，缩量阴线表明庄家已不再大量抛出，而是引导散户在卖。当股价形成“阳克阴”之后，可以轻仓试探。随后，股价跳上 13 日均线，说明庄家开始行动了，所以依然可以适量跟进。

第二天股价开盘即涨停，如果前几天没有按指令进场，今天就很难挤进去了。指令就是命令，在指令面前绝不能有丝毫的动摇和犹豫，否则就会失去战机。第三天又是开盘封涨停，再次失去进场机会。这时候难免会有一种踏空心理，但不必懊悔，只要今后能够严格按指令进行交易就是了。第四天，股价以涨停板开盘，随后涨停板被打开，成交量蜂拥而出，说明庄家在利用热烈的市场气氛进行派发，后来股价虽然又被封停，但 K 线图上的【拖泥带水】表明庄家今后的主要任务是派发，再追进的风险很大，为安全起见，应主动放弃。对于实战经验丰富的投资者来说，亦可适量参与，但必须坚持快进快出的原则，因为，股价虽然还会惯性上扬，但庄家随时都有可能反手做空。这一天，股价以涨停板开盘，然后逐波走低，急剧放大的成交量表明庄家正在清仓大甩卖，【独上高楼】发出离场信号，不管你何时进场，这时必须清仓出局。见图四。

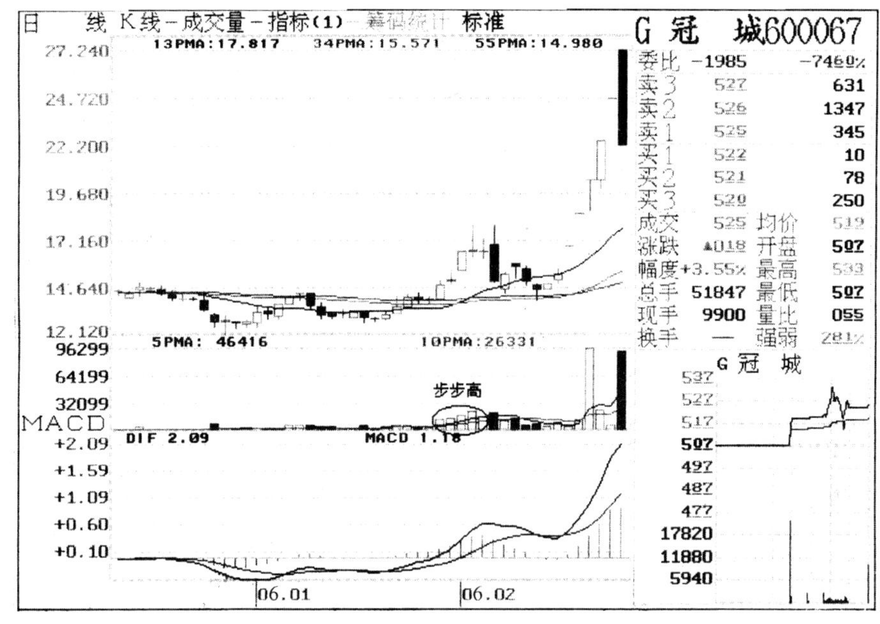

（图四）

（4）G **宜化**（000422）。客观地说，量区里的这个【步步高】不够规范，但后来的【投石问路】弥补了这个缺陷。我们都知道庄家很狡猾，但是，再狡猾的庄家要想把股价拉上去，也必须先实实在在地买进。庄家低吸时可能不易发现，但拉高建仓时却是秃子头上的虱子，明摆着的事，量区里的【步步高】已经站起来了，庄家的意图还能隐瞒多久呢？

有的个股在【步步高】出现以后，股价的拉升速度不是很快，这是因为庄家的建仓量不够所致，往往会通过横盘整理或压价逼仓获取更多筹码，庄家控制大部分筹码以后，股价就会重拾升势。G 宜化就属于这种情况。【步步高】出现以后，股价有了一波拉升，然后在均线系统上方缩量整理，直到第二组【步步高】出现以后，股价才开始震荡攀升。别管【步步高】以后能不能把股价托起来，但它的出现都标志着有主力资金在进场。既然庄家进来了，拉升只是一个时间问题。在实战中我们还要结合其他技术手段，寻找更加精确的点位进场，尽量不去参与调整。见图五。

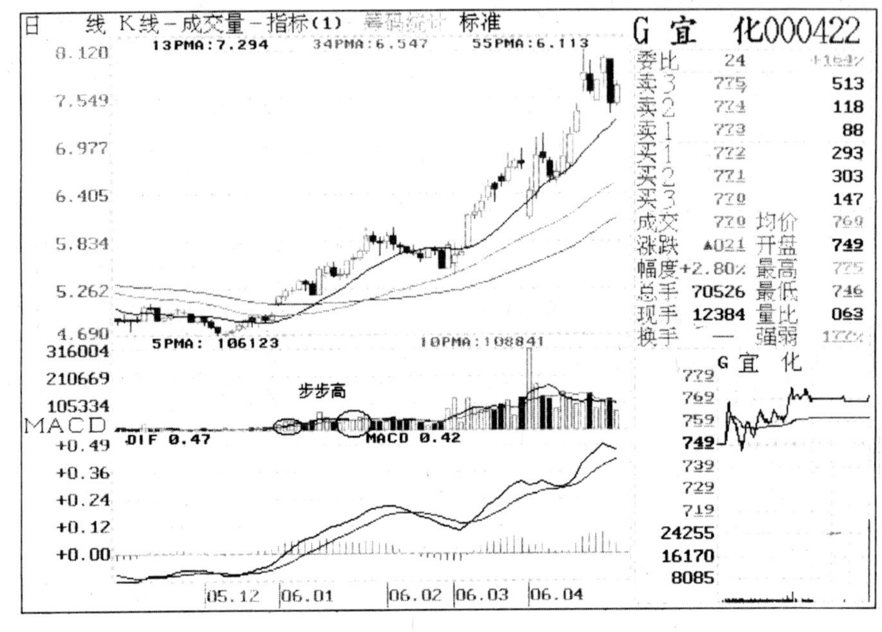

（图五）

（5）**煤气化**（000968）。股价先有一波拉升，然后缩量整理。自从不规则的【日月合璧】出现以后，成交量开始温和放大，量区里的【步步高】与图表上的【蚂蚁上树】相映成趣，表明庄家将结束整理转入升势。在成交量的配合下，股价步步高升。一般情况下，股价在拉升之前，成交量都遵循着“放量—缩量—再放量”这么一个规律。只是有的明显，有的不太明显罢了。判断主力资金是否进场，用【蚂蚁上树】和【步步高】这两个技术形态一对照就十分清楚了，用不着去瞎猜。但是，【步步高】必须出现在股价的相对底部区域，出现在长期下跌以后，出现在成交量极度萎缩以后才有实战意义。出现在大幅拉升后或相对高位，则是庄家攻击性放量出货。股价的位置很重要，无论采用什么技术手段，一定要搞清楚目前股价所处的位置，然后再作出相应的决策。见图六。

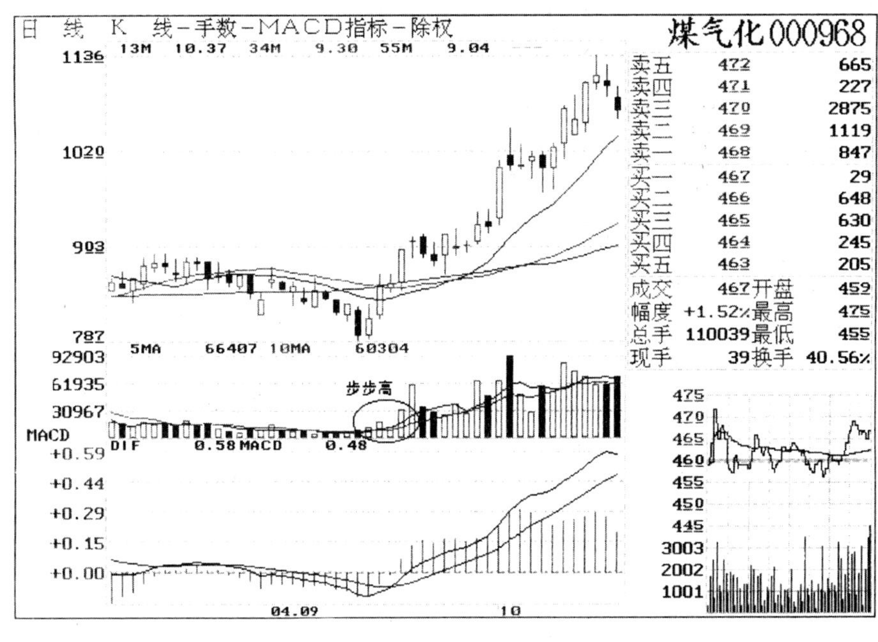

（图六）

（6）**王府井**（600859）。图表上的【金屋藏娇】图，在不经意间泄露了股价见底的秘密，虽然庄家继续施放烟幕弹，量区里的【步步高】不露声色地戳穿了庄家的意图。股价在55日均线上窄幅整理两周以后，【破镜重圆】发出进场信号，翌日，股价从【动感地带】尾部【揭竿而起】，拉开了反攻的序幕。股价经过一段拉升，【一枝独秀】宣告阶段行情的结束。

股价经过长期下跌和充分整理以后，并不意味着股价马上要涨，甚至反其道而行之，继续探底，这种事情在股市里司空见惯，俯拾皆是，所以说，在股价形态没有出现以前，盲目抄底是非常危险的。有的人不怕套牢，却总是怕踏空。这是一种不健康的心理，说到底还是没有悟出投资的真谛。人生病了，都知道去看医生，操作上出了问题，即使不找名家咨询，起码也要先停下来，冷静地想一想，查查问题究竟出在哪里。

人们说炒股难，其实就是难在进出点的把握上。如果根据股价的运行规律，按照交易系统发出的指令严格进出，再炒起来就不觉得难了，甚至会有一种惬意与享受。但是，在没有学会识图之前，在不具备辨别真假图形之前，在没有建立起自己的实战交易系统之前，股市留给你的恐怕还是一些残缺的故事和痛苦的记忆。见图七。

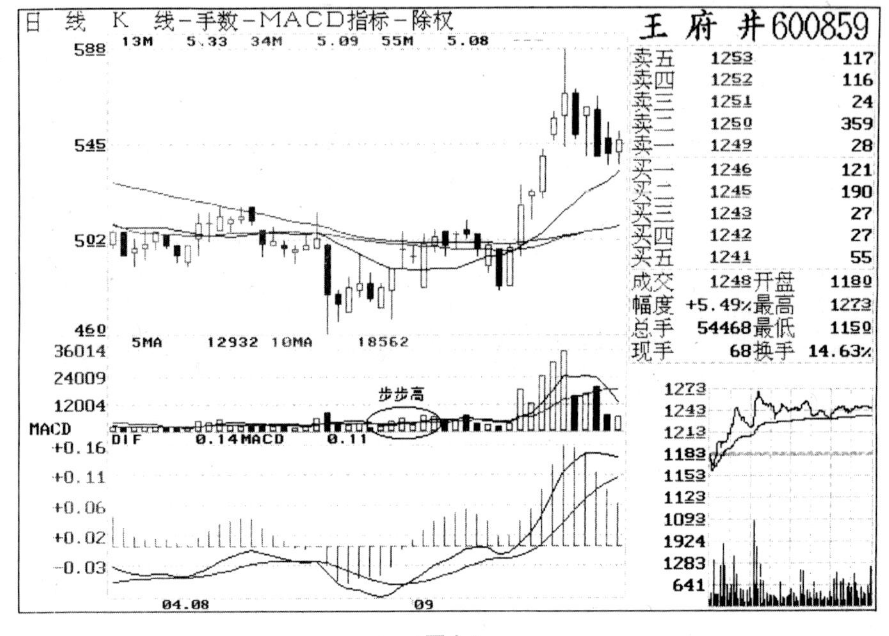

（图七）

（7）**信雅达**（600571）。【红杏出墙】的出现，着实让股价好好地风光了一番，这应该归功于【步步高】的无私奉献，没有【步步高】的鼎力相助，任何丑小鸭都变不成白天鹅。一只股票拉到什么时候进行回调，图表上都会及时发出信息；庄家什么时候出货，图表上也会及时地传递出信息，无论是调整还是见顶，都要按交易系统发出的指令及时退场，起码要进行相应的减仓操作，待股价整理完毕后再把筹码悉数捡回。这样做不仅仅是为了差价，重要的是为了规避市场风险。同样，股价在上攻之前也会及时地向我们发出信息，从图表上可以看出，【一阳穿三线】的出现，标志着整理的结束和新升浪的开始。什么是精确的进场点位？完美的技术形态就是精确的进场点位。当系统发出进场指令后，必须坚决果断地执行，绝不能前怕狼后怕虎。优柔寡断，往往会丧失战机。至于，股价明天会不会开盘就跌停？有可能，但那是明天的事，而今天必须按信号进场，前面纵然是刀山火海，也要勇敢地向前冲。军令如山，身不由己。一个人若想在股市长期立于不败之地就要时刻听从“庄”召唤，一切按着指令办。庄家向上发起冲击时，我们紧随其后，庄家开始撤退时，我们冲锋在前。见图八。

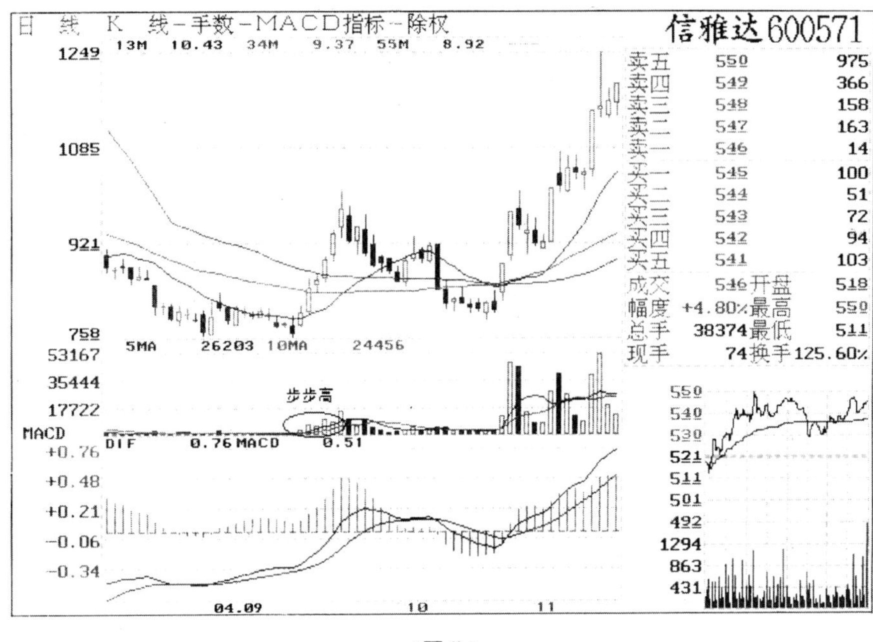

（图八）

买进时机

（1）【步步高】出现后应密切关注，在回调的第一根或第二根阴柱轻仓试探。

（2）股价收复回调阴线，阳柱覆盖阴柱时，半仓跟进。

（3）股价突破前期高点，重仓出击。

（4）连续 3 根以上红柱仍无回调迹象，大胆跟进。

友情提示

（1）【步步高】一般由 3 根或 3 根以上红柱体组成，红柱体越多，上攻能量越强，少于 3 根形态则不成立。

（2）【步步高】必须出现在股价长期下跌之后的低价区，出现在不易被人察觉的角落，如出现在高价区则是骗人的把戏。

（3）【步步高】必须出现在成交量极度萎缩之后，如量区里的红柱体不断增高，K 线图上又有【蚂蚁上树】遥相呼应，说明庄家正在加大收集力度，股价的大幅拉升已为时不远了。

（4）【步步高】通常与【蚂蚁上树】结伴而行，而且买点都需小阴线（阴柱）来加以确认。所不同的是，【蚂蚁上树】的持续阳线可以有量也可以无量，而【步步高】的红柱原则上应该一根比一根高。

炒股不是一门科学，所以不能以科学手段去精确地测量它，而只能以艺术眼光去审视和把握它。是艺术就会有缺憾，因此，不要斤斤计较价位的高低，甚至对自己的操作失误求全责备，只要能够把握住股价运行的大方向，然后严格按交易指令进出就行了。

第2节

DIANFENG DUIJUE

双飞燕

古为今用 《司马法》天子之义篇曰："逐奔不远，纵绥不及，不远则难诱，不及则难陷。"意思是，追击败逃的敌人不过远，追踪主动退却的敌人不迫近。不过远就不容易被敌人诱骗，不迫近就不易陷入敌人的圈套。

当股价一路扬尘而去的时候，如果启动时没有来得及进场，此时就不要再去追高了，因为，股价已进入派发区域，倘若跟风盘鱼贯而入，庄家就会在高位将股票轻松易手。盘面特征是：股价高开低走收阴线，庄家先用此招锁定场内筹码，然后在高位放量滞涨，慢慢出货。当股价经过一波拉升，开始进行调整的时候，不要急于介入。庄家洗盘完全取决于盘口的变化，如果庄家在洗盘时发现有较大资金进场，就会加大洗盘的力度，他不希望别人在低位与他抢筹码，更担心这些资金是进来捣乱的。所以，庄家会不择手段地去对付它。因此，在庄家洗盘时应静观其变，当成交量极度萎缩的时候，就是庄家判断浮码已被清洗的时候，此时如果发现庄家开始放量上攻，又有相应的技术形态相匹配，应果断介入，助庄家一臂之力。

在苍茫的大海上，狂风卷积着乌云。在乌云和大海之间，海燕像黑色的闪电，在高傲地飞翔。一会翅膀碰着波浪，一会箭一般地直冲云霄，它叫喊着——就在这鸟儿勇敢的叫喊声里，乌云听出了欢乐。海鸥在暴风雨来临之前呻吟着——呻吟着，它们在大海上飞蹿，想把自己对暴风雨的恐惧，掩藏到大海深处。

海鸥还在呻吟着——它们这些海鸥啊，享受不了生活的战斗欢乐，轰隆隆的雷声就把它们吓坏了。

蠢笨的企鹅，胆怯地把肥胖的身体躲藏在悬崖底下……

只有那高傲的海燕，勇敢的，自由自在地，在泛起白沫的大海上飞翔……

股海弄棹，那海上不会只见蔚蓝色的风光而不遇上翻卷的浊浪，愿你像不屈的海燕一样，勇敢地在泛起白沫的股海上快乐地飞翔。

形态特征 均线系统通常以完美的多头排列列示，股价沿着13日均线强劲攀升，在股价的持续拉升过程中，出现两根并排跳空上扬的阴线或阳线，这是拉升途中的洗盘换手，是股价加速上涨的信号，投资者不必惊慌，股价仍将持续原来的升势上扬。我们把股价拉升过程中出现的这两根并排跳空阴线或阳线称之为【双飞燕】。见图一。

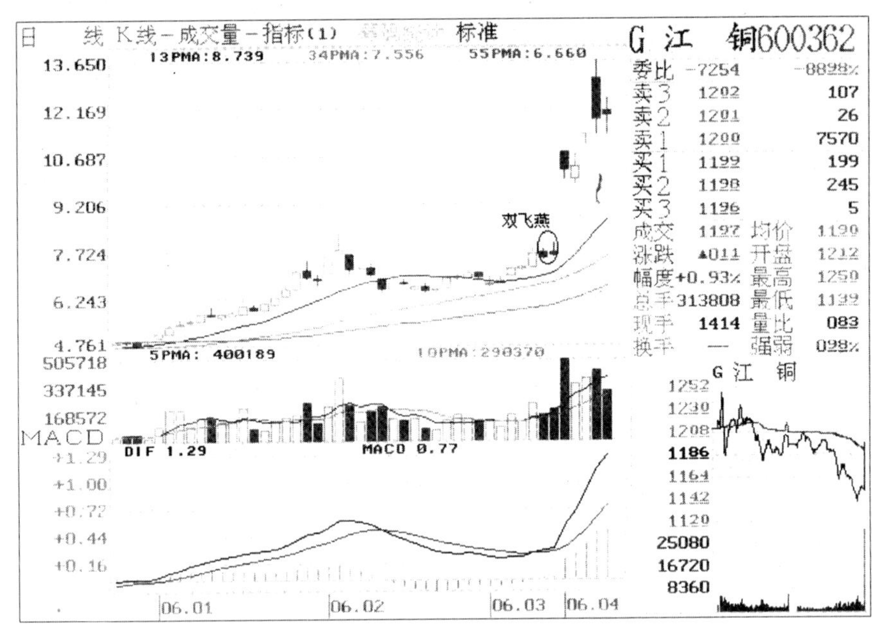

（图一）

形成机理 制造良好的技术形态是庄家的拿手好戏，为了吸引散户跟风，所有的庄家都会努力维持良好的技术形态，为了来之不易的拉抬成果，庄家一般都不采取激进的洗盘方式，但为了消化获利盘，垫高市场的平均持股成本，庄家控制着股价洗而不跌，这是典型的向上洗盘，【双飞燕】出现以后，股价将进入急拉阶段，同时也预示着股价已进入顶部区域。

● **经典记忆**

（1）**中油化建**（600546）。任何股价的涨跌都会事先在图表上显示出来。就说该股吧，在【海底捞月】没有出现以前，该股一直没有出色的表现，直到2006年3月3日的【海底捞月】形成以后，股价走势才开始出现转机，我们研究个股，分析形态，就是为了寻找可靠的进退依据，更好地把握买卖时机。从而避免参与无谓的整理，提高资金的安全性和运作效率。

【海底捞月】出现以后，股价开始试探性地上摸前期高点，然后用【双飞燕】轻微震仓，萎缩的成交量表明市场的抛压不是很重，于是股价开始发力上攻。也许庄家不想过早地引起市场的注意，放慢了进攻节奏，然后用一周时间进行横盘整理，直到人们慢慢把它忘记，庄家才开始悄悄地小幅推高，然后突然发起攻击。股价的突然袭击和意外调整常常把人们搞得神魂颠倒，举止无措，然后让你作出错误的判断，再进行错误的交易。而对于一个掌握了135战法的人来说，这种被动挨打的局面将会从根本上有一个大的改观。因为135战法的首要原则就是："进退有据，速战急归。"从而大大减少了操作上的盲目性和随意性。

股市是很难改变的，庄家也是很难调教的，为了不受伤害或少受伤害，只有彻底地否定自己，顺应股市的发展，才能从根本上改善自己的生存环境。见图＿。

（2）＊ST**科苑**（000979）。不知投资者发现没有，学会识图以后，就能轻而易举地看穿庄家玩弄的把戏。比如说，当【海底捞月】的技术形态浮出水面以后，就意味着股价拉升前的技术准备业已就绪，然庄家却用"小浪子"轻微震仓，借以掩饰自己的上攻意图。当股价有了一定升幅以后，庄家为清洗获利盘，又采用【双飞燕】、【一石两鸟】等手段进行震仓，给人一种攻击乏力的假象，如果无法识破庄家意图，就可能被庄家诱骗出局。谁知刚刚抛出，股价转身就向上拉，在惊呼上当的时候，肯定不

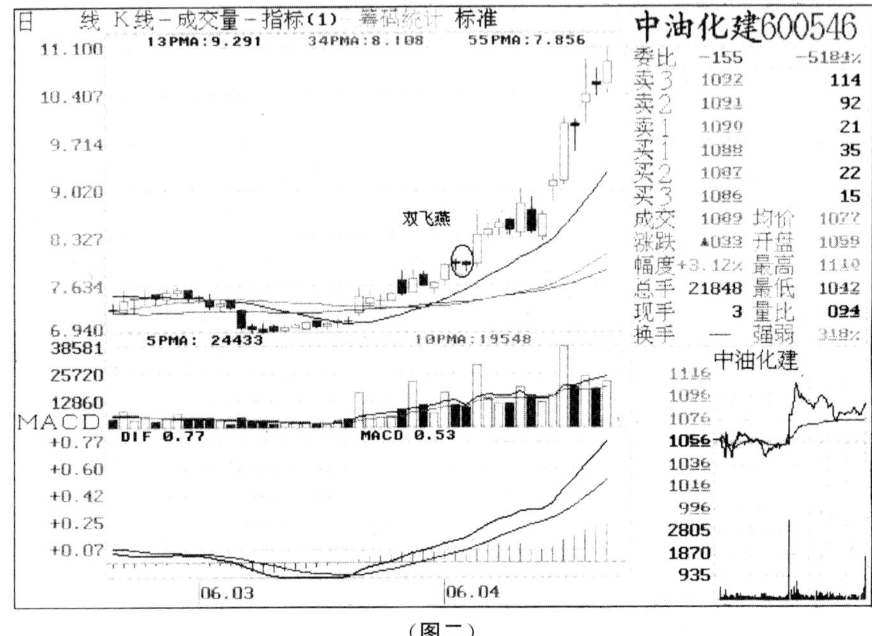

（图二）

会立即返兵追赶，但一定会密切关注，观察了几天，发现股价确实走稳了，于是就鼓起勇气奋力直追。然而很不幸，股价已到了阶段性顶部，结果又接了最后一棒。这时候如果不立即改正错误，尽快止损出局，庄家就套你没商量。在股市，庄家主要靠坑蒙拐骗致富，只要有钱赚，他才不管什么绩优股垃圾股，甚至把一只死蛤蟆也能给说出尿来。克劳塞维茨说：“使用诡诈的人要被欺骗的人自己在理智上犯错误，这种错误在最后造成一种结果，使他看不到事物的真相。”庄家不是军事家，却深谙“兵不厌诈”之道，有时候用的怪招，往往比军事家有过之而无不及。好在，庄家的一切意图都会在盘面上留下痕迹，在实战中，如果发现庄家利用【双飞燕】玩弄“此地无银三百两”的把戏，请不要戳穿他，适量跟进后，再悄悄地对他说：“隔壁张二不曾偷。”见图三。

（3）**大同水泥**（000673）。该股的起涨点是【一阳穿三线】，虽然后来股价没有进入急拉状态，但却告诉我们，主力资金已经开始大规模进场了，上涨只是早晚的事。当然，对于激进的投资者来说，当股价没有按着自己的预期发展，特别是股价出现调整信号时，他们会先退出来，等股价重新走强后，再寻找合适的点位进场。对于稳健的投资者来说，按某种形

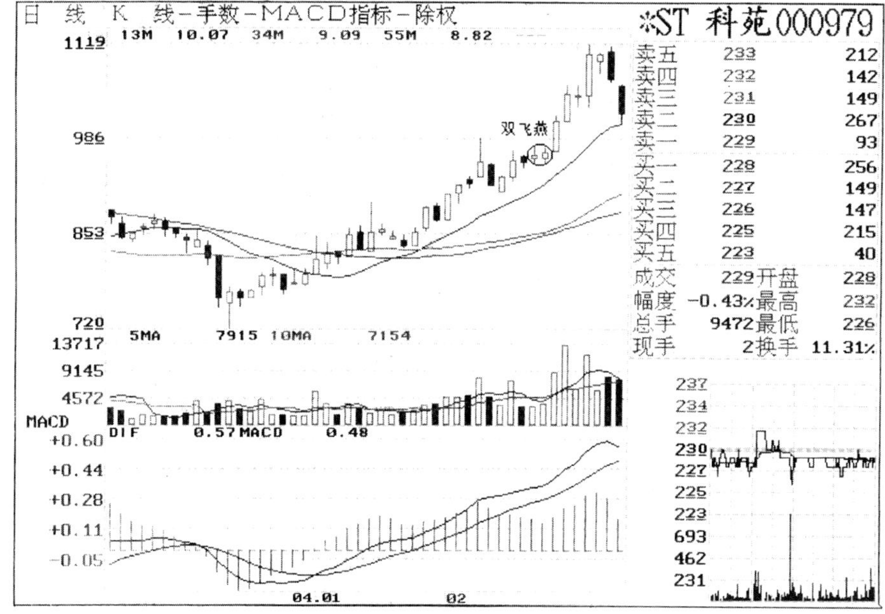

（图三）

态介入以后，只要交易系统没有发出明确的出局指令，就不妨多一分耐心。

【均线互换】完成以后，股价围着13日均线窄幅整理，庄家采取小阴小阳软磨硬泡，很多人都败在庄家的这种“麻缠功”之下。从图表上可以看出，庄家先用【浪子回头】慢慢地把股价打下来，然后再用变形的【蚂蚁上树】缓缓地把股价拉上去，等你开始关注了，它突然趴在地上装死。当你决定不再理它转身离去的时候，它又旱地拔葱似的腾空而起。你疑惑地望着它，它就在你的疑惑中大言不惭地往上挪，你越是疑惑，它就越是上涨，等你不疑惑了，看明白了，敢于买进了，它却突然变脸，冲着你就是当头一棒，等你缓过神来，它已下到半山腰了。这就是庄家，这就是凶神恶煞而又温情脉脉的庄家。坏吗？简直坏透了。打又打不过，离又离不了。那就先顺从他，再慢慢地研究他，总会找到他的气门。像【双飞燕】、【三剑客】、【一石两鸟】等等，这些都是庄家的气门，就看你用不用心去找，找到了庄家的气门就不用再恐惧了，实在打不过他，就给他放气！

【双飞燕】出现以后，股价一般都有15%以上的涨幅，从这个意义上说，【双飞燕】还有着预测顶部之功能。在实战中，要注意【双飞燕】出

现的位置，位置低，期望值可大些，位置高，期望值就要小些，而且随时准备清仓离场。见图四。

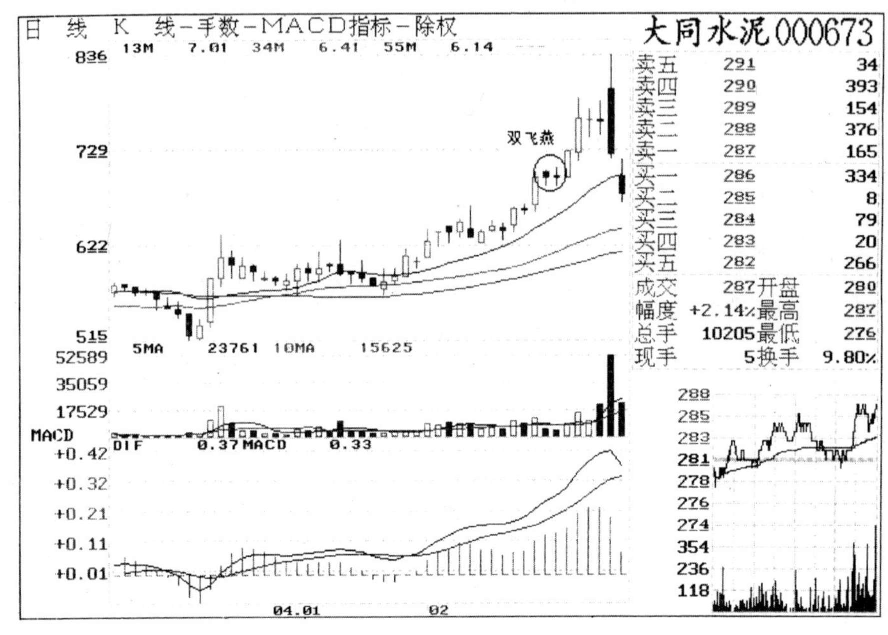

（图四）

（4）**南天信息**（000948）。该股在【双飞燕】出现以前，曾经有过一波拉升，从成交量的递减情况上看，庄家并无全身而退之意。如果在【一枝独秀】出现时没有及时退出，或者只进行了减仓操作，那么，当股价在34日均线处获得支撑以后，就需要考虑回补，最好是等某种形态出来以后再动手，这样把握更大一些。此后，图表上依次出现了【三剑客】、【梅开二度】和【双飞燕】，这些形态都给出了进场信号。当然，这里面还有一个识图问题，看不懂图表，在股市里就是一个睁眼瞎，庄家坑的就是这些人。比如说，当股价经过缩量整理以后，你判定它还会涨，可是什么时候涨，就需要借助技术形态了。如果不了解形态的基本特征和它所代表的市场意义，买卖股票就属瞎子摸象，它与“盲人骑瞎马，夜半临深池”一样危险。

现在再接着看这张小图，在股价的前高点附近，庄家利用【双飞燕】震仓，如果不认识这对可爱的燕子，持股者可能被震仓出局，持币者不敢贸然跟进，那么，机会就会在观望中消失。识图是炒股的基本功，基本功的好坏，直接关系着操作的成败。见图五。

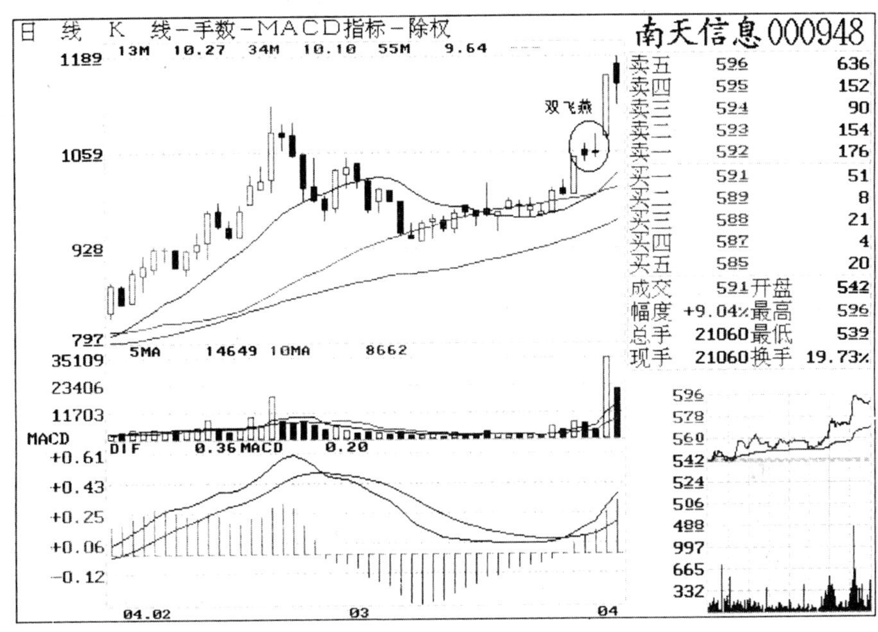

（图五）

（5）G **天方**（600253）。股价是以【海底捞月】的形式走出【动感地带】的，此后，股价的命运才开始有了转机。通常情况下，股价在拉升时，庄家希望有跟风盘不断涌入。这样可以节省拉升成本，激活市场人气。但庄家又不希望你赚得太多，所以庄家经常利用意外的调整来清洗获利盘，只有垫高市场的平均持股成本，股价的上涨才会变得轻盈，庄家深谙此道，只是散户不识庐山真面目，所以总是扮演猪八戒背媳妇的角色。

当股价进行到前高点附近时，股价连续两天跳空高开，收并排阳十字星，给人一种冲高受阻，上攻乏力的表象。其实，这是庄家利用【双飞燕】在震仓，和【一石两鸟】不同的是，【一石两鸟】是向下震，【双飞燕】是向上震。向上震，更有利于维护市场人气；向下震，旨在制造恐慌。但目的都是为了清洗。【双飞燕】的成交量应小于前个交易日的成交量，并且【双飞燕】的两根量柱应该一根比一根小。缩量，表明只是散户在抛，这样更容易燃起庄家的上攻激情。

按【双飞燕】进场，要注意目前股价所处的位置，如均线系统刚刚开始向上发散，仓位可大些。倘若位置已高，入货比例就要保持适度。在实战中，股价的位置很重要，要注意观察，防止误入。在持股期间只要不出现明显的见顶形态，无论盘中如何震荡，切不可轻易将股票易手，力争把这一段行情做足。见图六。

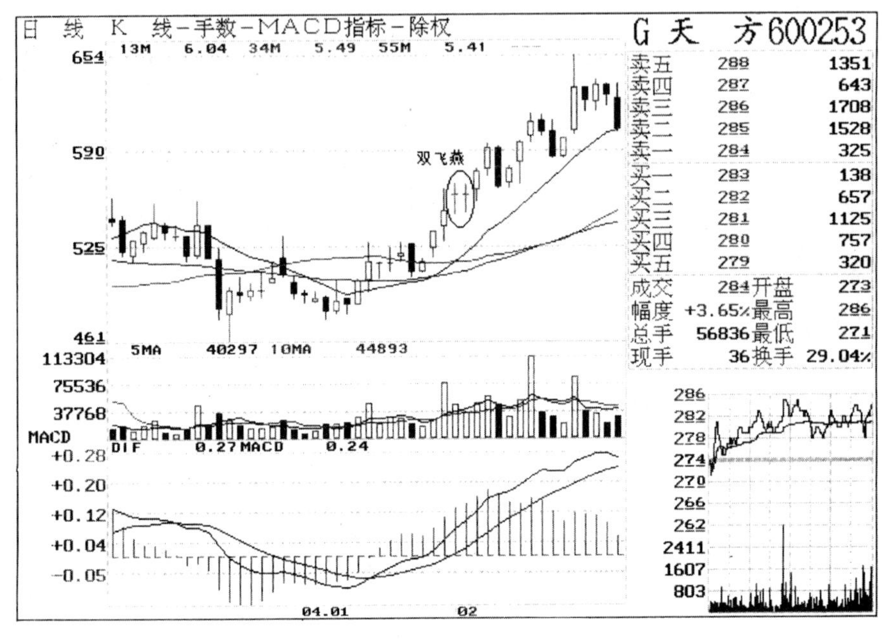

（图六）

（6）G**汇源**（000586）。股价经过长期下跌和充分整理以后，或许庄家感到压抑太久，没等走完【动感地带】，一枝红杏便脱颖而出，接着就是一排火箭炮速射，打得“空军司令”抱头鼠窜，面对获利盘的反扑，庄家略施【一石两鸟】小计便平息了骚动，然后挥师北上，连拉两个涨停板以后，又用【双飞燕】震仓，庄家进攻显得有板有眼，有节奏，更有韵味。爽！见图七。

学会了识图，就像学会了识字一样，心里会一下子变得豁然开朗起来，许多过去看不清、道不明的问题，瞅瞅图表就都迎刃而解了。过去我们吃够了不识图的亏，如今，有了135战法，就再也不怕庄家招摇撞骗，横行撒野了，因为，我们已经有了足够的方法去对付他。虽然不能说，掌握了135战法就可以扫除一切害人虫，全无敌，但起码能够保障资金的安全，不再受庄家的奴役苦和窝囊气。任何一只股票，从底部到顶部，只要把它放在135战法这个坐标上一看，就可以清楚地知道目前股价所在的具体位置，然后再根据不同的形态采取相应的策略就可以了，不用成天疑神疑鬼的。

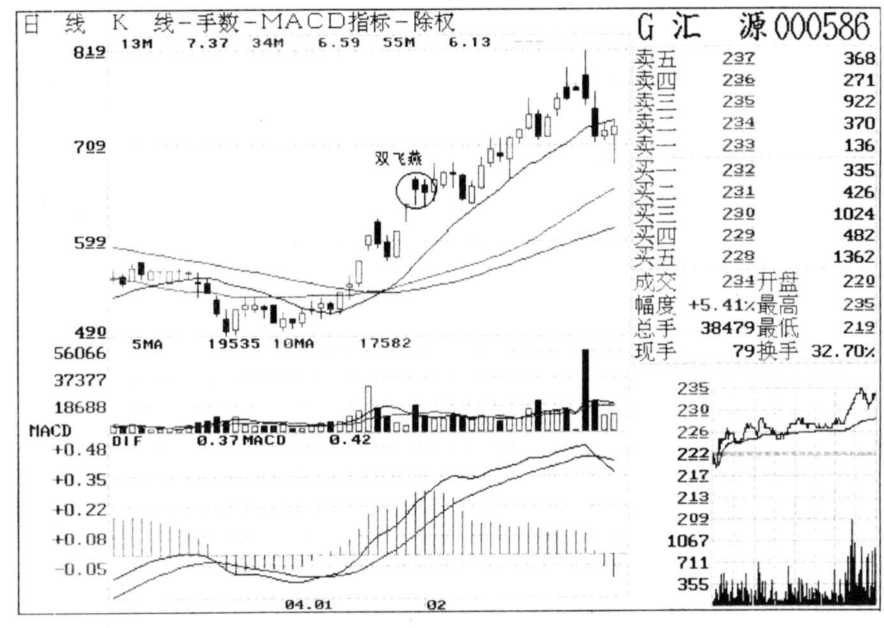

（图七）

（7）**深国商**（000056）。看着下面这张小图，你发现美了吗？

【蚂蚁上树】真可爱，【一石两鸟】更精彩；

【揭竿而起】举义旗，【星星点灯】送关怀；

【海底捞月】不是梦，【海燕双飞】财运来；

【拖泥带水】要警惕，【一枝独秀】无可奈。

多美的一幅画，似奔腾澎湃的江河，如舒缓宁静的湖泊。在如此诗情画意的股市里炒股，岂不美哉，乐哉！当股价奔腾澎湃时，勇敢地到中流击水，在股价舒缓宁静时，默默地独钓寒江雪。股市里并不是缺少获利的机会，而是缺少具有把握机会能力的人。见图八。

买进时机

（1）【双飞燕】出现当天，有筹的适量加仓，无筹的半仓跟进。

（2）翌日，若高开高走，重仓出击，但随时准备快速撤离。

友情提示

（1）【双飞燕】一般出现在强势牛股中，是上升途中的小憩，属于经

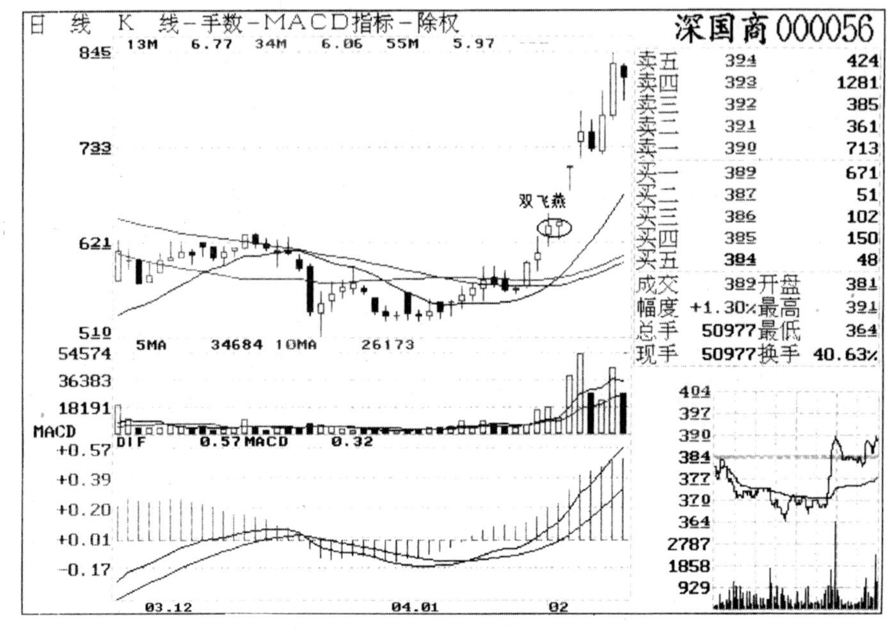

（图八）

典强势震仓。

（2）均线系统自然流畅，股价在13日均线上方强劲攀升，回调一般不破13日均线。

（3）对于正在强劲上涨的股票，一定要牢牢地捂住它，不出现明显的出局信号，就赖着不走。

第3节

DIANFENG DUIJUE

三 剑 客

● **古为今用** 《武韬》文伐篇："上察天，下察地，征已见，乃伐之。"意思是，上察天时，下察地利，等到各种有利的征候都已显露时，就可举兵征伐了。在股市，天时是指大盘，地利是指个股形态，当天时地利都具备的时候，就可以重兵出击了。

● **形态特征** 股价经过一波拉升，然后在一个狭小的股价平台里上蹿下跳，持续拉出三根高开低走的阴线，市场气氛极其恐怖，但股价一般都能在13日均线附近止跌企稳。这是庄家为驱逐获利盘而进行的刻意震仓，股价很快就会重拾升势。我们把股价平台上这三根持续阴线称之为【三剑客】。见图一。

● **形成机理** 股价经过长期下跌或充分整理以后，庄家引领【日月合璧】或【红杏出墙】穿过【动感地带】后，小幅把股价温和推高。为消化获利盘，积蓄再度上升能量，庄家控制着股价在一个狭窄的整理平台上，刻意制造持续阴线，恐吓获利盘出局。这样既不丧失原先的拉抬成果，又能达到清洗浮动筹码的目的。省时，省力，又省钱，在拉升途中，【三剑客】经常被庄家作为一种震仓手段反复使用。

● **经典记忆**

（1）**九芝堂**（000989）。该股在【一阳穿三线】出现以后，股价开始向上攻击，几天以后，【一剑封喉】挡住了去路。庄家发现明修栈道不成，就改用【暗度陈仓】。那根阴森森的大黑棒一下子击碎了人们的美好憧憬，不过，看看脚下递减的成交量就会发现，这不是"天灾"，而是"人祸"。

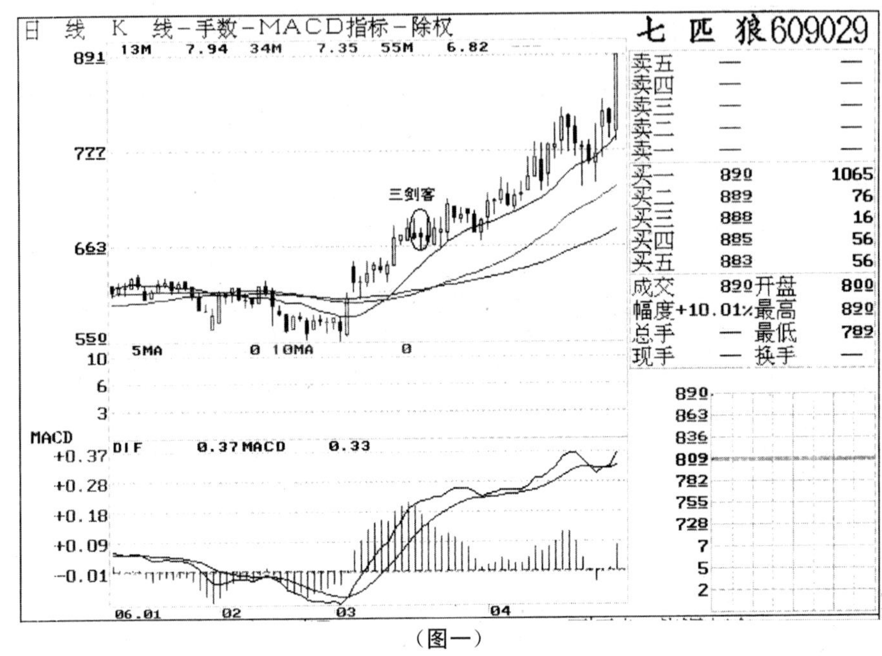

（图一）

它是庄家精心炮制的“人造阴线”，是驱逐获利盘的杀手锏。第二天，股价在 34 日均线处止跌企稳，但没有成交量的支持，想上也难。由此断定，股价还会有反复，接下来，股价连续三天上蹿下跳，弄得人们心烦意乱。其实，这是庄家采用【三剑客】进行震仓，不明真相者，十之八九会落入庄家设置的圈套。庄家让【三剑客】扫荡一番之后，股价又开始一路震荡攀升。

【三剑客】是庄家震仓手段的一种，它时间短，见效快，故在拉升途中经常被庄家使用，与常规洗盘不同的是，【三剑客】旨在震。庄家虚张声势，股价上蹿下跳，刻意制造恐怖气氛，庄家并不想套住你，只想给你制造心理压力让你出局，在震仓过程中，庄家一般都会给人留下出局通道。可等抛出后却发现，股价只是在一个很小的价格区间波动，实际上并没有下跌多少。

洗盘就不同了，它时间长，波动大，手段残忍，庄家不把你折腾得肠胃倒置决不罢休，上下使劲地搓，左右拼命地拽，直到让你精神崩溃，割肉出局为止。“震”，主要以精神刺激为主，迫使胆小的束手就范。【三剑客】一般都出现在拉升途中，震仓底线一般以 34 日均线为界。也有在【动感地带】附近出现的，但无论【三剑客】在什么地方出现，只要知道这是庄家在震仓，而不是在出货就行了，当然，高位的【三剑客】应另当别论。见图二。

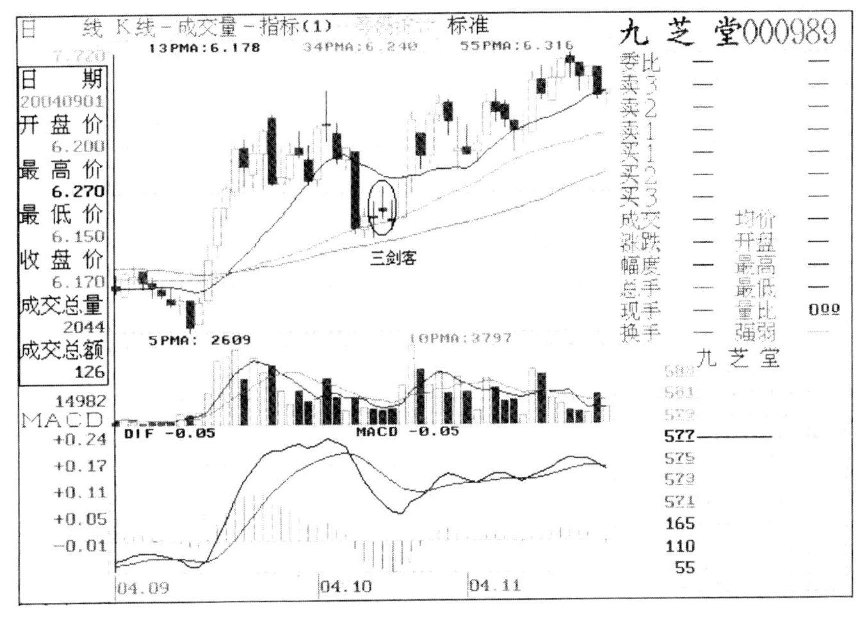

（图二）

（2）**马应龙**（600993）。该股的起涨点是【一阳穿三线】，由于股价穿越均线时的量能不够，所以在此后的上涨过程中，股价的爆发力明显不足。随后的【梅开二度】虽然给它补给了能量，但股价不但没有立竿见影，反而用【三剑客】进行震仓。庄家为什么在这个位置展开震仓呢？因为股价离均线已远，技术上有靠拢的要求。孤军深入乃兵家大忌，庄家也深谙此道。于是，庄家就在这里养精蓄锐，让市场自然换手，叫技术指标各就各位。【三剑客】出现的第二天，庄家卷土重来。这一次的进攻节奏明显加快，但好景不长，【一剑封喉】很快就挡住了去路，人们只是短暂的欢呼了一下，庄家就打道回府了。

部队行军打仗讲究速度和时机，能胜则动于九天之上，不能胜则藏于九天之下。做股票也要如此，发现完美的技术形态，且确认无误后，就应果敢地展开攻击，力争扩大战果。在没有接到交易指令之前，就好好休息，少安毋躁。不打无准备之仗，不打无把握之仗，不仅是战术思想，更是行动的准则。见图三。

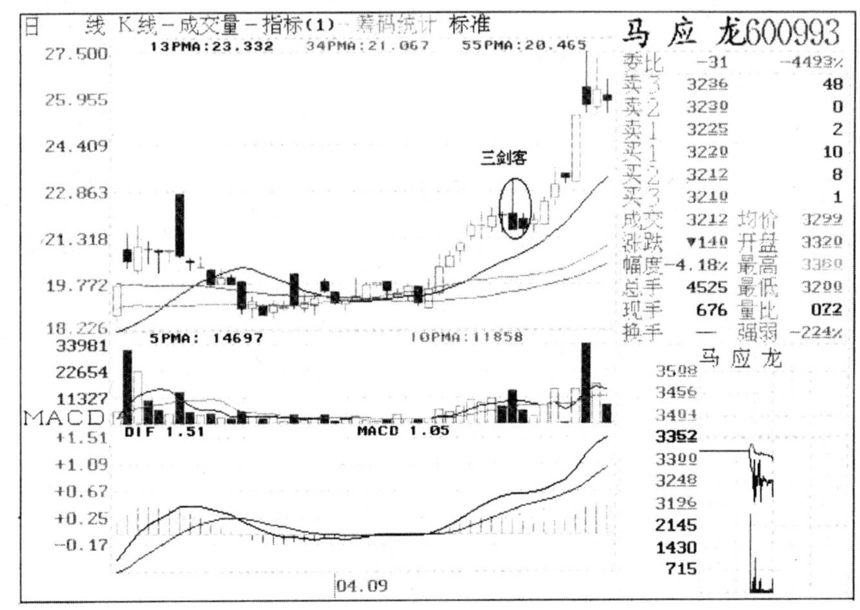

（图三）

(3) **亿城股份**（000616）。股价在【动感地带】的接合部出现了【黑客点击】，由于股价离均线的结点太远，所以只能观望不能靠上，耐心地在13日均线附近守候它。此时此刻【三剑客】出现了，如何处置？第一，观望。股价离均线位置已高，技术上股价有向均线靠拢的要求；第二，准备在13日均线附近狙击它。在实战中，发现【三剑客】的技术形态以后，且不忙进场，等到随后出现的阳线把【三剑客】的最后一根阴线干掉，再考虑是否进场。我们看到，【三剑客】出现后的第二天，股价没有预期上涨，而是低开低走，这样一来，【三剑客】就演变成了【走四方】，说明庄家震仓的力度加大了。发现【走四方】以后，可在【走四方】的最后一根阴线处轻仓试探（详见2015年版《黑客点击》，四川人民出版社出版）。这时，股价正好落在13日均线上，符合狙击要求，至于明天是否依然受阻，且不管它，既然目标进入有效射程，就必须开枪射击，即使击不中，也要吓唬吓唬它。这种战术意识在实战中非常重要，有了这种意识就能抓住很多机会，没有这种意识，就会失去很多机会。平时一定要注意训练和要求自己严格按交易指令进行操作的习惯。习惯的养成，自非一日。时间长了，就会形成一种意识，然后形成一种条件反射能力。随后，股价携量上攻，一举吞掉【走四方】最后一根阴线，表明【三剑客】和【走四方】形态的成立，该考虑如何布局资金了。此后，股价一路震荡攀升，然后【一剑封喉】结束了行情。见图四。

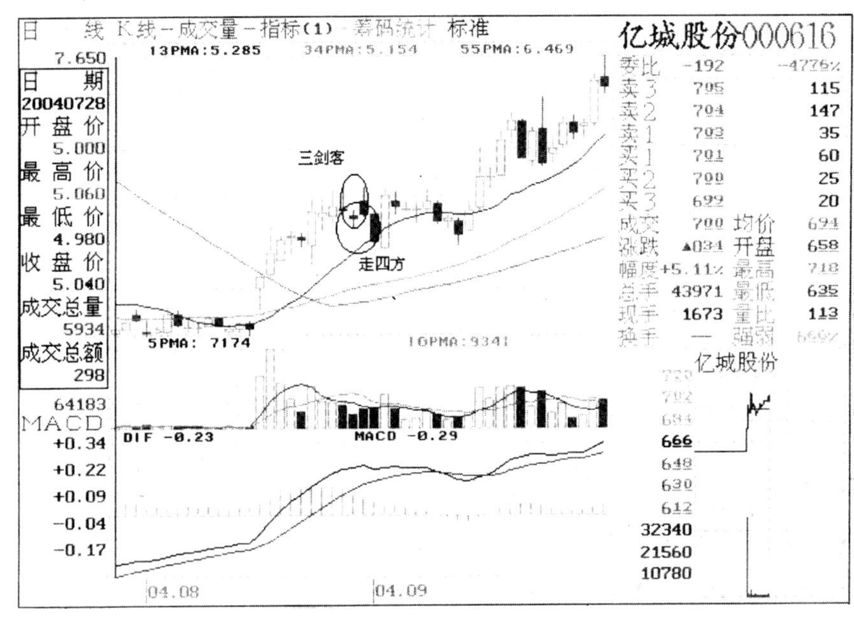

（图四）

（4）G **北大荒**（600598）。该股在走出【动感地带】以后，庄家为什么不直接进入拉升，而是采用【一石两鸟】和【三剑客】在55日均线上方震仓呢？一是该股不是当前市场热点；二是【动感地带】的形成时间不够。我们知道，股价穿越【动感地带】大约需要30个交易日左右，而该股只用了17个交易日，所以该股在穿过【动感地带】以后，依然延续原来的走势，直到【均线互换】完成，补上【动感地带】所需的时间以后，股价才开始向上攻击。

【三剑客】一般出现在股价的拉升途中，是庄家为减轻拉升阻力，垫高市场平均持股成本而采取的一种震仓手段。但有时也出现在【动感地带】附近，但震仓就是震仓，没有特别的市场意义，只是进攻节奏有所调整罢了。【三剑客】出现在底部区域或【动感地带】附近，说明股价有待进一步整理，出现在拉升途中，表明股价只是短暂的休整。在识别【三剑客】时，除了对量进行分析，更要注意目前股价的位置，然后再采取相应的操作策略。见图五。

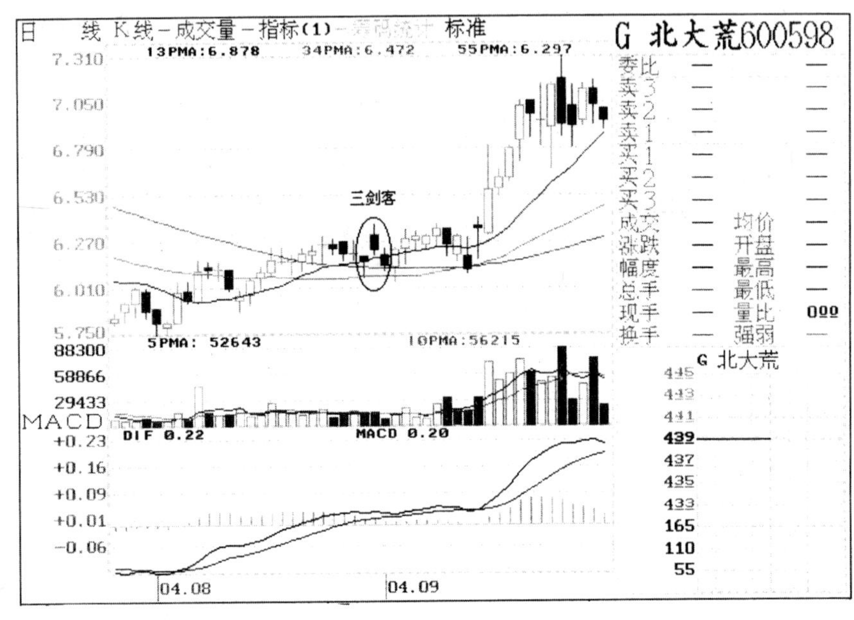

（图五）

（5）DRG 康美（600518）。当时该股正在底部区域进行整理，而且没有一点要结束的意思，但大盘的突然转向，迫使庄家改变了原来的操作计划，并且很快以【红杏出墙】的方式作出积极反应。当确认大盘会进一步走强后，庄家加大了攻击的力度和速度。当大盘出现调整迹象时，该股又匆匆加入到做空行列，总之，庄家任何风险都不想承担，但一点蝇头小利都不想放过。庄家这种随风倒的特性和明哲保身的做法，从某种意义上揭示了股市的本质。庄家看得透彻，想得明白，所以行动起来干脆利落，从不拖泥带水。庄家为我们作出了表率，我们没有理由不向庄家看齐。

在股价的行进过程中，庄家用不规则的【一剑封喉】实施减仓，然后让股价在【动感地带】自由折腾，从而达到充分换手的目的。在拉升之前庄家又用【三剑客】作最后的震仓。见图六。

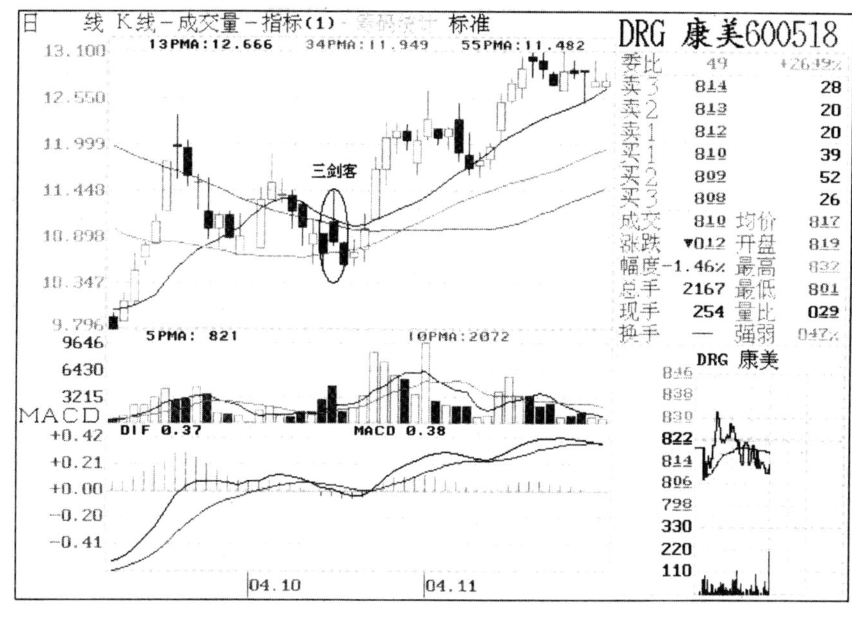

（图六）

(6) **法拉电子**（600563）。这个【三剑客】出现在【动感地带】的中部，由于股价处于相对低位，获利盘已经所剩无几，所以庄家也就没有再震仓的必要了。但它的见底意义不容忽视。庄家从来不做没有来由的事，无论股价在什么位置，只要庄家刻意制造一种形态，就一定有着自己的目的。因为散户制造不出任何具备经典意义的形态，只有庄家具备这个条件和能力。我们必须尊重庄家的这种首创精神，同时也要学会与时俱进。【三剑客】出现以后，股价只是稍微颤抖了一下，便立即转过身子，头也不回地扬长而去。

任何一个股价形态都是一个单一的技术元素，所以，把单一的技术形态作为操作依据是不可靠的。因此，对任何技术形态都要进行技术合成。首先是“量、价、线、形”的完美无缺，其次是股价位置和指数背景的和谐共振。所有的股价形态，只有经过技术合成以后，才是值得信赖的。在此基础上，再去考虑资金布局，再去考虑战术运用，赢的概率也就自然大了。经常听股市高手说，不是机会不出手。所谓机会，就是完美的技术形态，就是位置和背景的和谐共振，就是交易指令的无懈可击。135 战法把看起来特别抽象的东西形象化和具体化了，相信大家在今后的实战中，就不会再去捕风捉影了。见图七。

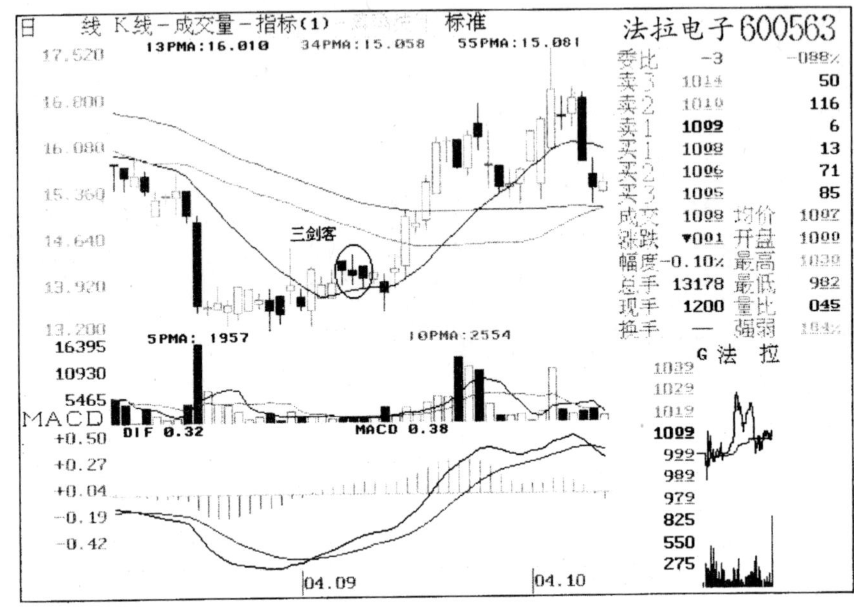

（图七）

（7）**上海能源**（600508）。从图上可以看出，股价在13日均线上还立足未稳，庄家就在【动感地带】的中部让【三剑客】大打出手，可见庄家的吸筹心理是多么迫切。大盘的持续走低，更给庄家吸货创造了得天独厚的条件，庄家控制着股价在55日均线附近扭起秧歌舞，望着满地散落的筹码，庄家眉开眼笑，吃得津津有味。【金屋藏娇】宣告了庄家吸筹的结束。吃饱喝足的庄家果然出手不凡，一招【一阳穿三线】揭开了战略大反攻的序幕。成交量比前个交易日放大了3倍多，庄家做多欲望可见一斑。在为庄家喝彩的同时，我们也要抓紧时间上车，顺便让庄家带一程。注意，这张图是两年前的，之所以使用它，旨在说明规律具有一定的稳定性。

识图是认识庄家、做好股票的前提。很难想象一个两眼一抹黑的人能在股市里看到光明。只有学会识图，庄家的一举一动才会尽收眼底。以该股为例，从【红杏出墙】到【一剑封喉】，依次出现了11个买卖点。它们是：【红杏出墙】、【三剑客】、【红衣侠女】、【破镜重圆】、【均线互换】、【金屋藏娇】、【一阳穿三线】、【黑客点击】、【海底捞月】、【一石两鸟】、【一剑封喉】。庄家的每一个意图都在图表上写得清清楚楚，我们无须瞎猜，只需按着庄家的意思做就行了。

通过以上战例的分析，庄家的神秘色彩也在渐渐地淡去。我们发现，无论股价是涨还是跌，事先都会出现某些异动，股价有异动，就说明有人在倒腾它，有人倒腾它，就应该密切关注它。至于庄家是向上动，还是向下动，看看股价目前所处的位置也就胸中有数了。我们不能放弃那些异动和行将异动的股票。见图八。

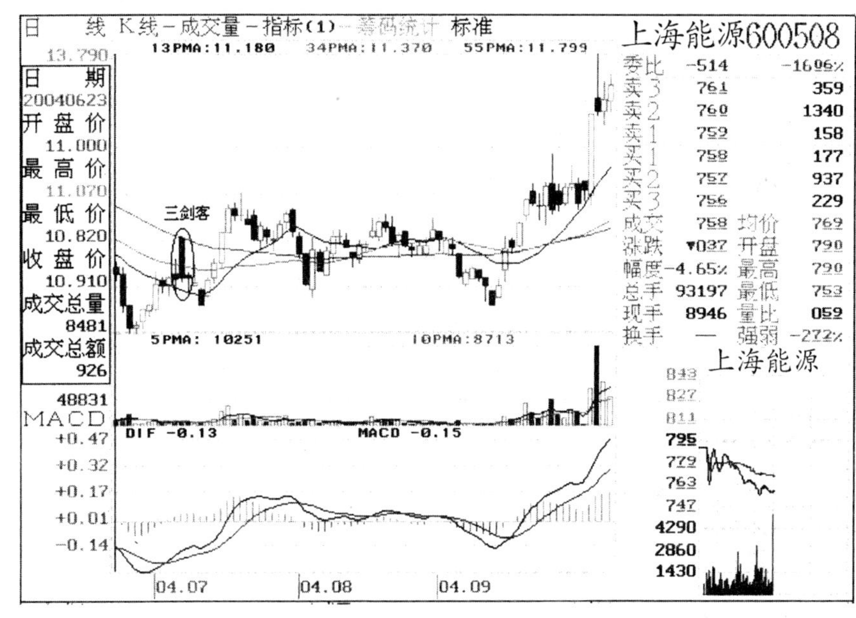

（图八）

● **买进时机**

（1）在【三剑客】的最后一根阴线处，轻仓试探。

（2）翌日，股价形成“阳克阴”，半仓跟进。

（3）股价突破前期高点，重仓出击。

● **友情提示**

（1）无论如何憎恨庄家，也要虚心向庄家学习，不仅学他的思维方式，更要学他的操盘技巧。只有和庄家交朋友，才能彼此沟通，从而达到心理上的相容和步调上的一致。

（2）【三剑客】由三根错落有致的阴线或阳线组成。成交量自然萎缩，K线人造痕迹明显。

（3）【三剑客】一般出现在股价的拉升途中，如果出现在低价区或【动感地带】，可视为见底信号。【三剑客】是否成立，需得到翌日的量价确认。

（4）人类社会的生存和发展始终受一条无形规律的制约，这就是弱肉强食和物竞天择的法则。不管你是否愿意承认，这个法则始终在一切有人群的地方起着支配作用，在股市里显得尤为突出。你不强大，就会经常遭到庄家的暗算；你不进击，就难逃被市场淘汰出局的厄运。

第4节

DIANFENG DUIJUE

四 星 望 月

● **古为今用** 《孙膑兵法》:“兵之胜在于篡卒,其勇在于制,其巧在于势,其利在于信,其德在于道,其富在于亟归,其强在于休民,其伤在于数战。”

操作的成败,很大程度上取决于对个股的选择和时机的选择上。选对了主流板块的强势股,又选对了切入时机,然后又选对了抛出时机,获利就是必然的。从这个意义上说,选择比努力重要。如果没有深厚的理论功底和丰富的实战经验,我们凭什么作出正确的选择呢?能否在机会出现时牢牢地抓住它,取决于对交易系统的认知程度和熟练程度,取决于在交易指令出现时的断然一击。

所有的高手,都会在实战中表现出极大的灵活性。注意,是灵活性,而不是创造性。他们遵守原则,但不当原则的奴隶。因为原则只是一个大的操作框架,当情况突出这个框架时,他们会毫不犹豫地改变原来的计划,及时地集中和分散资金,使之符合客观情况的变化。忘掉自己,否定自己,不仅仅是为了把盘做好,也是为了更好地生存下去。

能否赢利,不取决于资金大小,而是取决于所采取的战术和对资金的掌控。股市有四季,不是哪天都有获利的机会,学会进退有据,让持仓不再是一年四季。频繁交易不但会把自己拖得疲惫不堪,也容易降低资金的安全性。

● **形态特征** 股价经过长期下跌或横盘整理以后,均线系统由空头排列逐渐向一起收拢。此时,在13日均线附近,持续出现4根带有很小实体的阳星线，这是股价行将结束筑底，开始转势的强烈信号。从这里介入，一般都能抄到大底，但需要足够的勇气和胆量。我们把在股价底部区域连续出现的 4 根带有很小实体的阳星线，称之为【四星望月】。见图一。

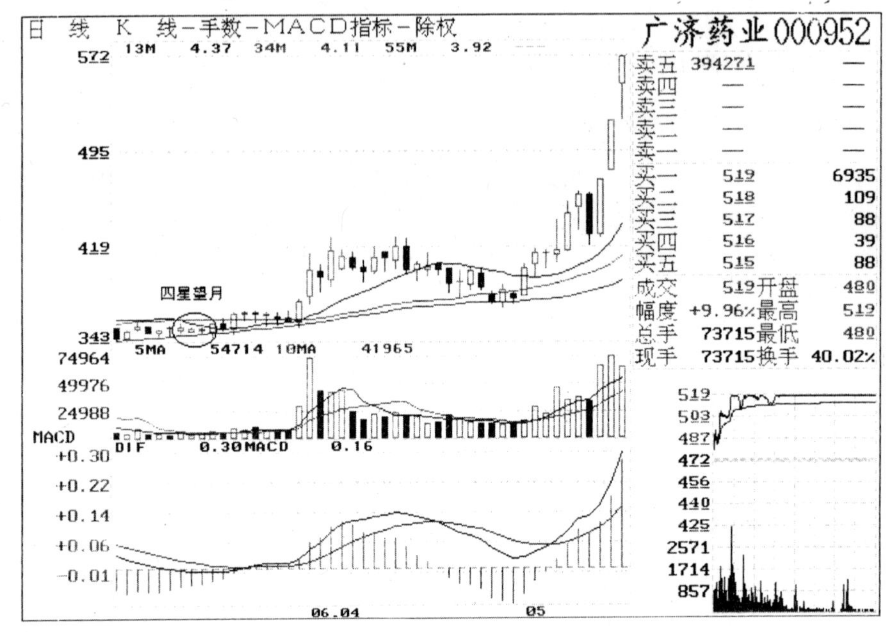

（图一）

● **形成机理**　股价只有经过惨烈的下跌，才具有吸纳和收集的价值。但股价的筑底过程是十分复杂的、漫长的，也是相当折磨人的。因此，提前抄底是自寻烦恼也是不明智的，只有当股价波幅日益缩小，均线系统日趋收窄时，才预示着筑底过程行将结束。其明显标志是，在股价的底部区域或 13 日均线附近，连续出现 4 根带有很小实体的阳星线。

● **经典记忆**

（1）**北方天鸟**（600435）。2006 年 3 月 20 日至 3 月 23 日，股价经过长期整理以后，波动幅度越来越小，55 日均线由平到翘，说明有主动性买盘在悄悄吸纳。随着均线系统的日趋收拢，在 13 日均线附近出现了 4 根带有很小实体的阳星线。【四星望月】的技术形态清晰可见，轻仓试探。

翌日，股价收出一根小阴线，这是对【四星望月】的回踩确认，昨日没有进场的，今天又是一个不错的机会，但入货比例要适度。稳妥的做法是，当股价形成“阳克阴”以后半仓跟进。虽然价位高了些，可安全有了保障，也算花钱买平安吧。

2006 年 3 月 25 日，股价开盘即涨停，在随后的日子里，股价就像芝麻开花——节节高。【四星望月】，播种的时节。

人们常说：有涨必有跌，有跌必有涨。这话很具辩证味道。但是，知道和做到完全是两码事。因为，我们需要的是明确的涨跌时间，需要的是具体的进出点位。把握了这两个临界点，就等于把握住了股价升降的转折点，也就等于锁定了胜利。见图二。

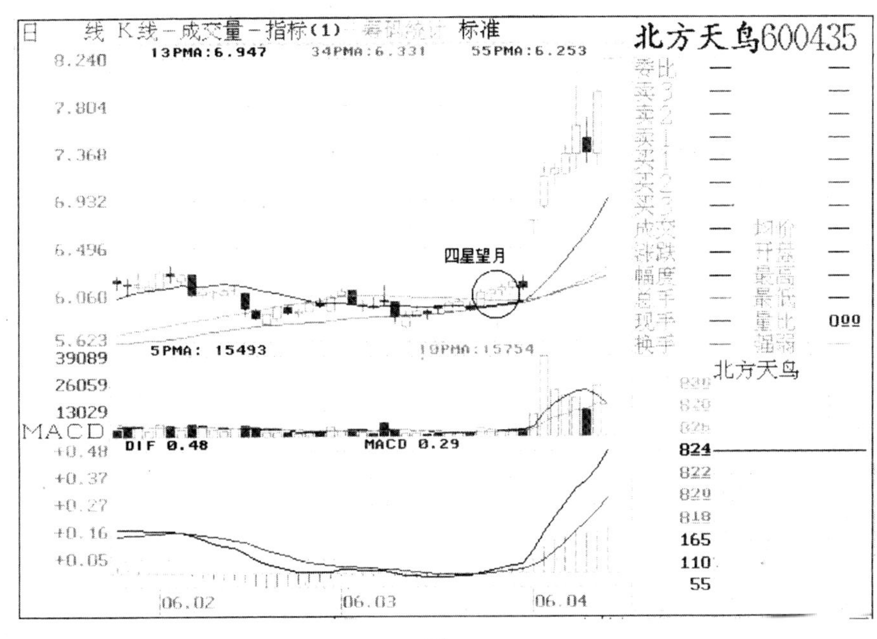

（图二）

（2）G **晨光**（600501）。股价经过一小波拉升，然后进行缩量回调，股价在 55 日均线处获得支撑后，庄家连续拉出 4 根带有很小实体的阳星线，【四星望月】非常准确地发出买入信号，为了慎重起见，可以等股价回抽确认后介入，怕只怕股价越拉你越不敢跟，最后眼睁睁地看着一段利润与自己失之交臂。

【四星望月】出现以后，一组【蚂蚁上树】堵住了前期整理时留下的缺口，从而迎来了股价的【梅开二度】。为了夯实基础，庄家采用【一石两鸟】震仓后，股价一路绝尘而去。学识图，明意图，进退皆须大踏步，动作利落不含糊。

给操作戴上紧箍咒，不能总当冤大头。无论买与卖，严格按照交易系统发出的指令去做。即使形态明天失败，今天也要坚决执行。因为我们不知道明天会发生什么，所以只能先把今天的事情做好。股市里的许多事情，人不一定能胜天，所以我们只能千方百计地去战胜自己。用纪律约束心态，用意志开拓未来。实战中要把自己培养成一个训练有素的士兵：忠于指令，绝不盲动。见图三。

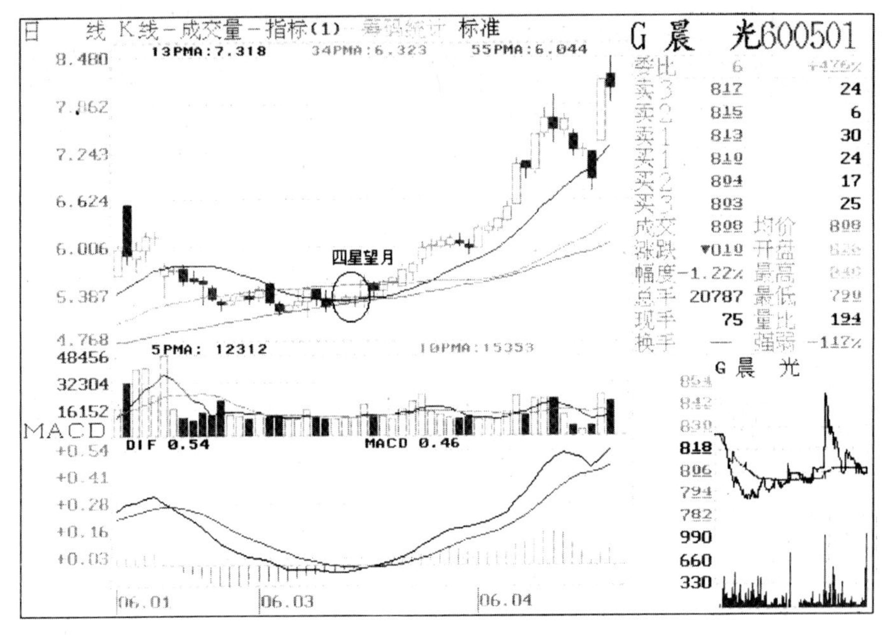

（图三）

（3）G 瑞贝卡（600439）。2006 年 2 月 24 日至 3 月 1 日，在均线的结点处，股价持续拉出 4 根带有很小实体的阳星线，【四星望月】形态形成。且不管它明天是否会回抽确认，今天可轻仓试探。只认指令，不管输赢，这是一个专业投资者所应具备的起码素质。有的人什么事情都能想明白，但总是心动没有行动，没有行动的心动是瞎动，有时还不如不动。这种人已经把自己变成了一只虫子，而且已经被牢牢地粘在了原有的思维和行为模式的网上。

第二天，股价跳空高开，冲高后逐波回落，【一枝独秀】的技术形态虽然没有出现在应该出现的地方，但也是调整的信号。任何位置的上影线都是股价冲高受阻的结果。

股价横盘了两天，最终还是选择了向下突破，萎缩的成交量，说明只是散户在抛出。可散户抛出的筹码是谁接去了呢？如果这个问题说不清楚，那说明你对庄家的认识还很肤浅，说明你的技术功力还有待提高。股价在13日均线和34日均线的结点处获得了支撑，如果翌日庄家能够收复失地，【梅开二度】的技术形态会自然形成。果真如此，那又是一个不错的切入点位。

股价的走势，果真应验了我们的分析，K线图上的这根中阳线，既是【梅开二度】的确认，也是一个稍微错位的【破镜重圆】，交易系统发出了双重的进场指令，你还在犹豫和迟疑吗？

股价连续拉出7根阳线之后再次出现【一枝独秀】的出局指令。别管它以后涨不涨，当务之急是跳出界外。见图四。

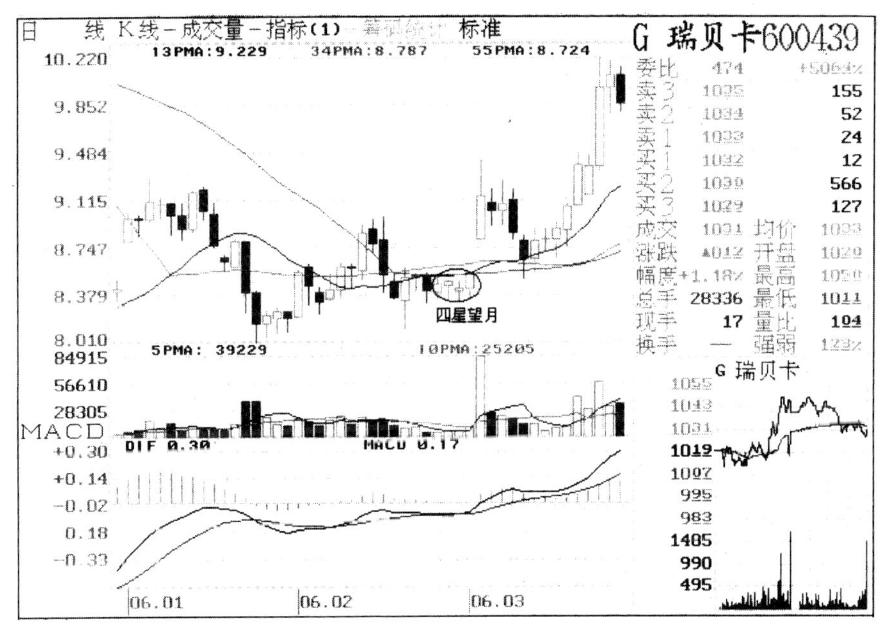

（图四）

（4）**重庆啤酒**（600132）。这只老庄股每年都有不俗的表现，但究竟会在什么时间段表现呢？这要让技术形态说了算，让交易指令催着干。

2005年12月6日至12月9日，在股价的底部区域出现了持续4根带有很小实体的阳星线，【四星望月】开始出来打探。有人不是喜欢抄底吗？现在正是时候，可他们担心股价会继续下跌，而翌日的那根阴线正好印证了他们的这种心理。于是他就对人吹嘘："怎么样，我看对了吧！"没错，你看对了一天的走势，不，应该说你只猜对了一天的走势。因为【四星望月】压根儿就需要阴线来确认，所以说还不能证明你看对了。即使证明了你是对的，可你能做对吗？对于一个专业投资者来说，他们不太重视看对的价值，而只注重做对的细节，因为只有做对才能带来实实在在的财富。

股价后来的走势，已经客观地写在了图表上，只要沉下心来，仔细进行分析，肯定能够找到它上涨的原因。做人要诚实，做事要踏实，不要总当事后诸葛亮。如果投资之路可以重走，人人都可以变成投资大师；如果K线图可以倒过来，人人都是股市里的天才。

明天的事情尚未发生就为之焦急，昨天已成为历史却依然耿耿于怀，以这样的心态面对今天会有什么结果呢？昨天已经消逝，明天尚未来临，我们唯一能够抓住的就是现在。如果不能尽快埋葬昨日的忧伤和明日的期待，就感受不到今天的真实，因而也就抓不住今天的机遇。见图五。

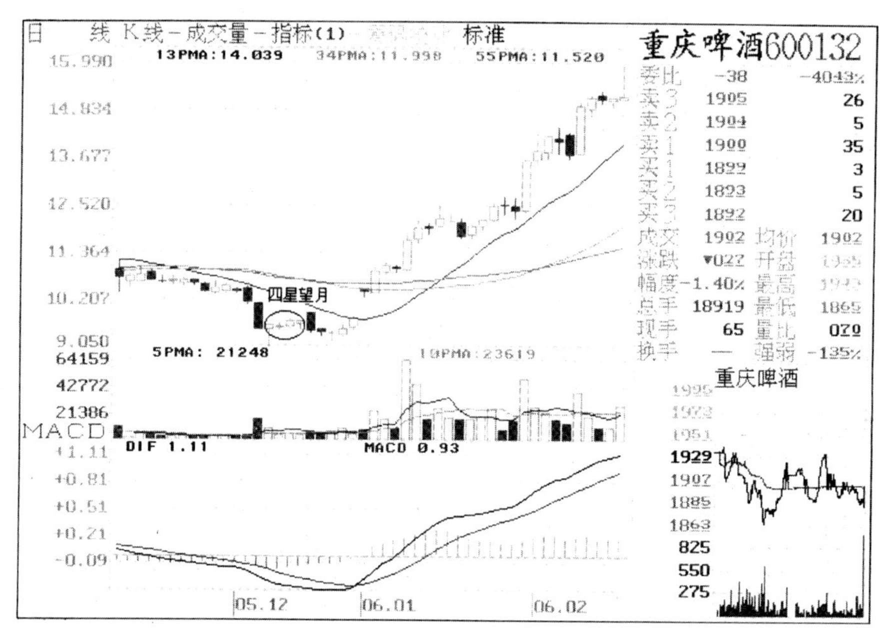

（图五）

（5）G滨能（000695）。2006年3月20日至3月23日，经过长期横盘整理的G滨能，伴随着温和的成交量，股价持续拉出4根阳星线，表明主力资金在吸纳。【四星望月】出现在日趋收窄的均线系统上方，说明庄家更积极更主动，拉升的时间更接近。从这里适量跟进，一般都不会让你空手而归。

【四星望月】出现的第二天，股价没有进行回踩就直接携量上攻，说明庄家做多心切，这时要立即进场，不必死等股价回踩。这就是“心随股走，及时跟变”在实战中的具体应用。股价起动后连拉两个涨停板。做股票没有比买在股价起涨的临界点上更惬意了吧。只要能够坚持“进退有据”，严格按交易指令进出，这种幸运，绝对不是“后不见来者”的晚餐。见图六。

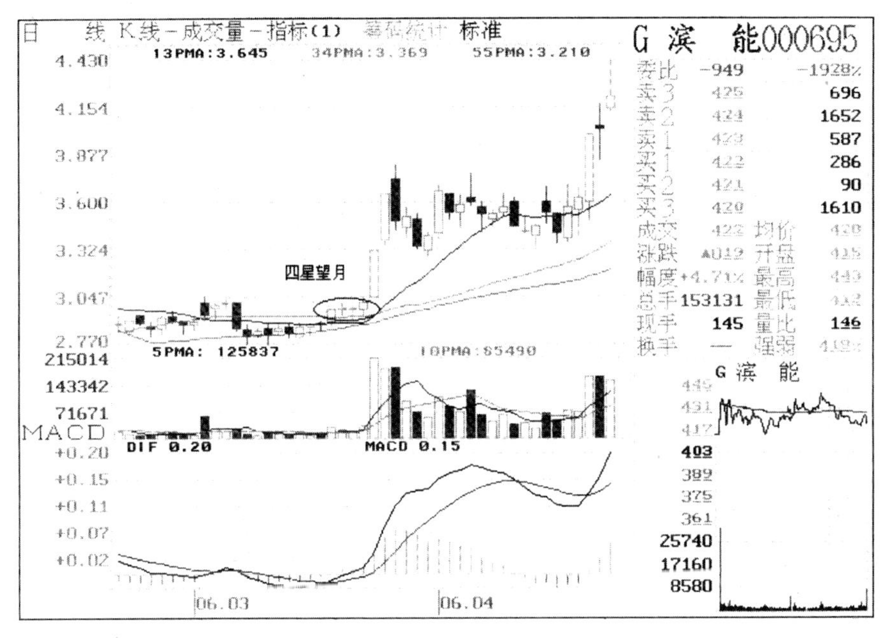

（图六）

（6）**延边公路**（000776）。这个【四星望月】出现在【动感地带】的尾部和【海底捞月】的上方，说明庄家吸筹心理迫切。随着【黑客点击】的出现和【海底捞月】的完成，股价开始小幅推高。由于量能不济，股价下穿13日均线。这时候，很容易给人造成一种错觉，认为形态走坏了。其实，这是技术上的调整，一来盘中积累了一定的获利盘，客观上有回吐要求；二来【均线互换】尚未完成，股价也有接应一下之必要。

我们发现，当【均线互换】完成以后，34日均线刚刚翘头向上，股价便开始携量上攻。【均线互换】对于未来股价走势有着至关重要的作用。

凡是【均线互换】尚未完成就急急忙忙上攻的，往往以草草收场而告结束。【均线互换】分 4 种类型：稳步盘升型、横盘震荡型、空头陷阱型和蹬腿型（详见 2015 年版《黑客点击》，四川人民出版社出版）。实战中一定要严加区分【均线互换】的类型，以及它目前所处的位置，然后作出合理的资金布局。

股价重新站上 13 日均线以后，庄家连续拉出 5 个涨停板，而【拖泥带水】的出现，预示着行情即将结束。第二天，股价高开高走，然后掉头向下，庄家采用【金蝉脱壳】之计，逃之夭夭了。学会了识图，炒股就这么简单。见图七。

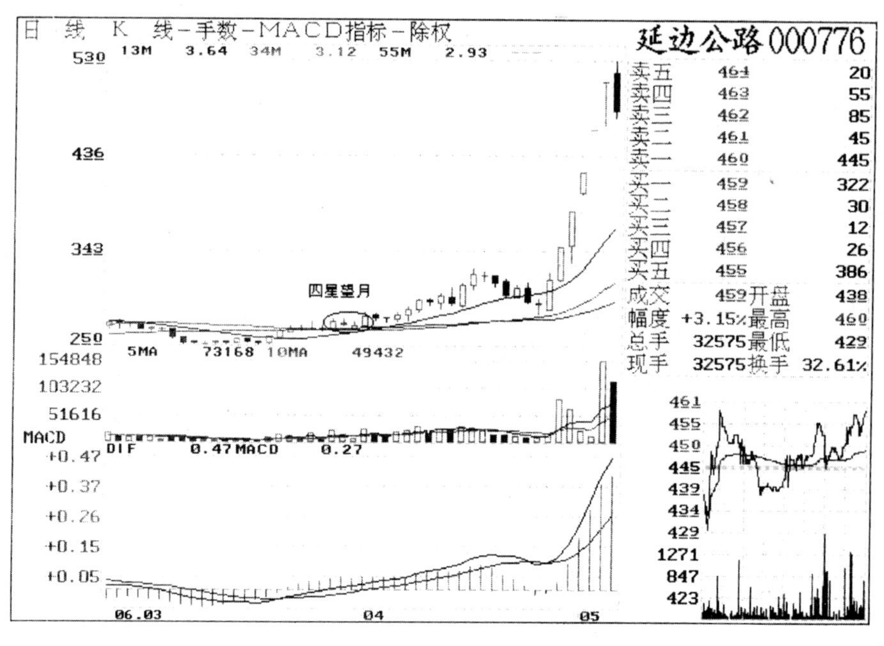

（图七）

（7）**惠泉啤酒**（003573）。【四星望月】的出现，说明有一股增量资金正在悄然吸纳，股价能不能涨起来，什么时候涨，还需要其他技术形态来配合。从图上可以看出，【四星望月】出现以后，股价继续以小阴小阳围绕着日趋收拢的均线系统窄幅波动，暗示庄家的持仓量还不够，目前依然在限价买入。当庄家发现吸纳困难时，就小幅将股价推高，但一不小心就引起了市场的关注，于是开始急忙地打压，但股价在 13 日均线处受到明显支撑。我们发现，34 日均线和 55 日均线已处于黏合状态，13 日均线已开始向上发散，由此推断，股价离【破镜重圆】的时间已经不远了。

股价用了两根阴线，就破坏了6天的拉抬成果，持股者当然心痛，可痛归痛，脑子一定不要乱。脑子一乱，就会把刚刚焐热的筹码廉价地卖给庄家，这正是庄家所期盼的。在你以为最最难熬的时候，最最想卖出的时候，不妨壮着胆子再买一点，这样往往会给你一个意外的惊喜。随着【均线互换】的完成。庄家有恃无恐地发动了一波轰轰烈烈的行情。

随着【一剑封喉】的出现，庄家转入派发阶段，这时候，如果不尽快出局，资金的缩水很快，你的心凉得也很快。“前事不忘，后事之师”，吃一堑长一智吧！见图八。

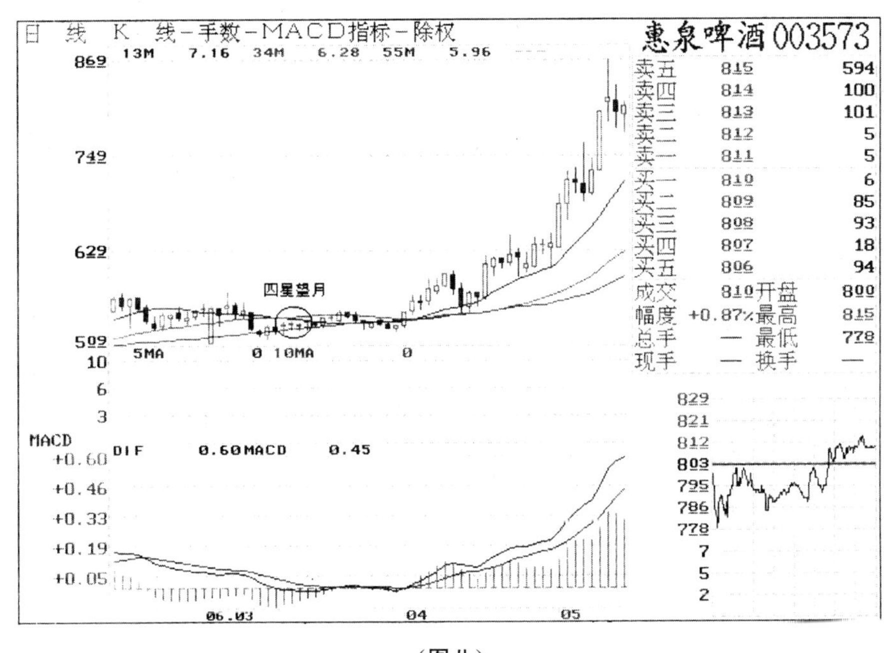

（图八）

心理学家威廉·孟宁格尔说：“每个人都该知道自己要往哪里去，该怎么走，随波逐流当然再容易不过。有的人求学好像是为家族的荣耀；有的人工作只是为了工资回报。他们没有自己的目标，一旦谁将了自己一军，就立马收拾残局，打道回府。而那些知道自己去哪儿，知道自己该干什么的人总能很好地利用环境，在前进的路上不论遇到什么，他们都能灵活周转，向着目标更进一步，他们明白自己想干什么，也愿意付出努力。”

有时候，我觉得很多人像狄更斯小说《大卫·科波菲尔》中的人物米考伯，虽然总是积极乐观，但思维和行为方式并没有多大的改变，所以总是遭遇不幸。想想自己以前所走的路，你会发现，我们之所以屡战屡败，就是因为没有一套正确的交易方法，就是因为经常抱着下跌通道中的股票，或已经被市场判了死刑的股票死死不放，却又总是期待着奇迹的发生，而面对那些形态完美，行将拉升或正在拉升的个股却视而不见，置若罔闻。遗憾的是，这种从一而终的执着不仅没有感动上帝，反而让自己受到更大的伤害。

我们应该扪心自问：自己究竟在等什么？也许你会痛心地发现，流逝的岁月正在一步一步地把我们逼向亏损的死胡同，难道我们就心甘情愿地束手待擒吗？买了股票就一厢情愿地等着上涨，不涨就不卖，真的搞不懂这是在和谁较劲？这是炒股吗？我们什么时候才能开始真正意义上的投资？什么时候才能意识到时间的紧迫，生命的珍贵呢？我们做股票的根本目的不是未来的乌托邦，而是把握好实实在在的每一天，争取每天都赢利一点点。这一天不论是令人振奋的大阳线，还是令人心痛的大阴棒，不论是欢乐还是沮丧，都应该认真地去对待，去思索，去改变。无论是谁，若想在股市长期立于不败之地，就得学会主动去改变，只有改变，才能使你成为最大的赢家。

● 买进时机

（1）【四星望月】出现当天，轻仓试探。

（2）股价回抽确认后或翌日携量上攻，半仓跟进。

（3）股价突破前期整理高点，重仓出击。

● 友情提示

【四星望月】是股价拉升前的热身，密切关注形态出现的位置。出现在55日均线以下表明探底成功；出现在55日均线以上是强势整理。根据【四星望月】出现的位置，合理布局资金。

第5节

DIANFENG DUIJUE

星星点灯

● **古为今用**　《尉缭子》权攻篇："分险者无战心，挑战者无全气，斗战者无胜兵。"意思是说，分兵守险的，不会有决战的意图；进行挑战的，不会使用全部兵力；鲁莽作战的人，不会有把握地取得胜利。

分散持股表面看似化解了风险，实际上是增加了操作的难度。想想看，是骑一辆自行车难，还是骑两辆难？而且，当大盘反转向下时，多数个股都不会独善其身，说到底还是对自己的能力缺乏自信。锁定目标，集中优势兵力，重仓出击，往往能大获全胜。

● **形态特征**　股价经过长期下跌和充分调整以后，成交量极度萎缩，然而，突然在某一天，股价以迅雷不及掩耳之势携量上攻，当天以大阳报收（涨停板居多）。翌日，股价高开高走，成交量急剧放大，回调不破昨收盘，K线为带长上影的小阴或小阳，这是庄家的攻击性补仓，并非卖出信号。我们把这根跳空高开且带长上影的巨量阴线或阳线称之为【星星点灯】。见图一。

● **形成机理**　股价经过长期下跌以后，做空能量销声匿迹，只有萎缩的成交量在那里苟延残喘，多数人已对它不再留意。然而，突然在某一天，股价突然揭竿而起，然后在人们的疑虑中封住涨停。庄家旨在快速拉离成本区。第二天开盘后，股价一路上升，然后顺势下滑，庄家刻意制造高位遇阻的假象，叫场内筹码恐慌出局。让场外资金不敢贸然跟进，这根带有明显冲高受阻痕迹的阴线或阳线，实际上是庄家在鲸吞筹码，为进一步上攻而进行的最后的掠夺。

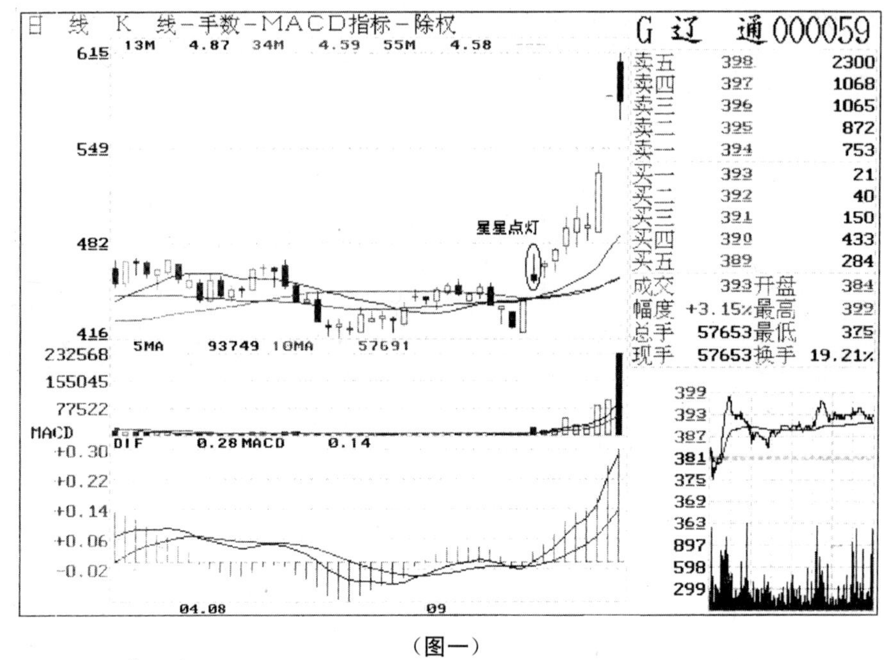

（图一）

经典记忆

（1）＊ST **华药**（600656）。【黑客点击】出现以后，股价没有立即拉升，而是贴着两条黏合的均线窄幅波动，最后又选择了向下突破。无量急跌是洗盘，是加速探底的一种手段。庄家构筑空头陷阱以后，又担心别人与他抢筹码，因此股价只在“井”底停留了一天，一组【蚂蚁上树】就把股价轻松地送到均线系统附近。

2006 年 2 月 13 日，股价突然从 55 日均线上【揭竿而起】，这是庄家开始拉抬的重要标志，实战中遇到这种情况，应果断地重仓出击。第二天，股价跳空高开，然后高举高打，但在前高点附近受阻回落。于是，股价开始在均价线附近放量滞涨，表面看似攻击无力，实则庄家在利用【星星点灯】清洗获利盘。股价洗而不跌，反而上涨，这种向上洗盘的做法，反映了庄家加大收集的决心。股价一般不会在这个位置停留太久。因为人们一旦发现庄家的意图，就会与庄家争夺筹码。对于昨天没有及时跟进的，今天也是一个不错的进场机会。

【星星点灯】出现以后，股价直线拔高，10 个交易日涨幅超过 40%。在茫茫股海，如果有【星星点灯】导航，驶向梦想彼岸的速度肯定会加快。见图二。

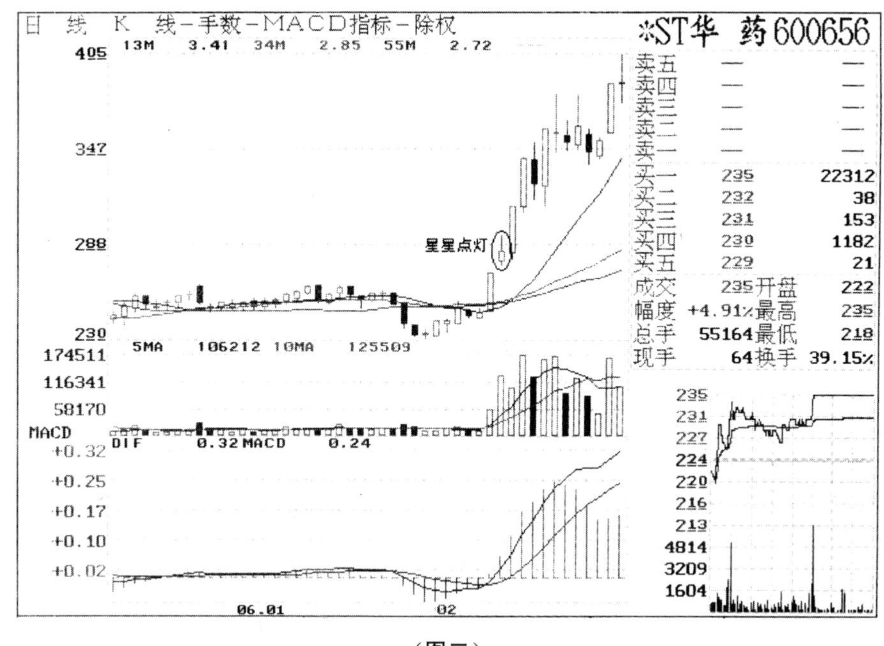

（图二）

（2）**安徽水利**（003502）。2006 年 3 月 31 日的【一阳穿三线】，由于没有能量支持，股价只是小幅推高，直到【梅开二度】形成以后，股价方才发力上攻。股价连拉两个涨停板以后，庄家用了一个不规范的【星星点灯】进行震仓。骑术不高的纷纷落马，庄家的目的达到了，出局的人高兴了，留在场内的犯愁了，场外的开始犹豫了。股价连续整理三天，先前关注它的人也开始淡忘了——

于是，2006 年 4 月 27 日，股价突然跳空高开，然后将股价推上涨停板。然后又是两个涨停板，然后【一剑封喉】挡住了股价的出路，然后行情就结束了……

然后再去寻找形态完美的个股，然后再按着指令进场布局，然后再按着指令清仓出局，然后……

很多人都太重视炒股的结果了，却又太轻视炒股的过程，认为过程是手段，结果是目的，没有好的结果就是失败。其实，投资是一个漫长的过程，过程是由许多细节组成的，而结果却是短暂的，人不能为了短暂而放弃漫长。过于重视结果就会产生“目的颤抖”。见图三。

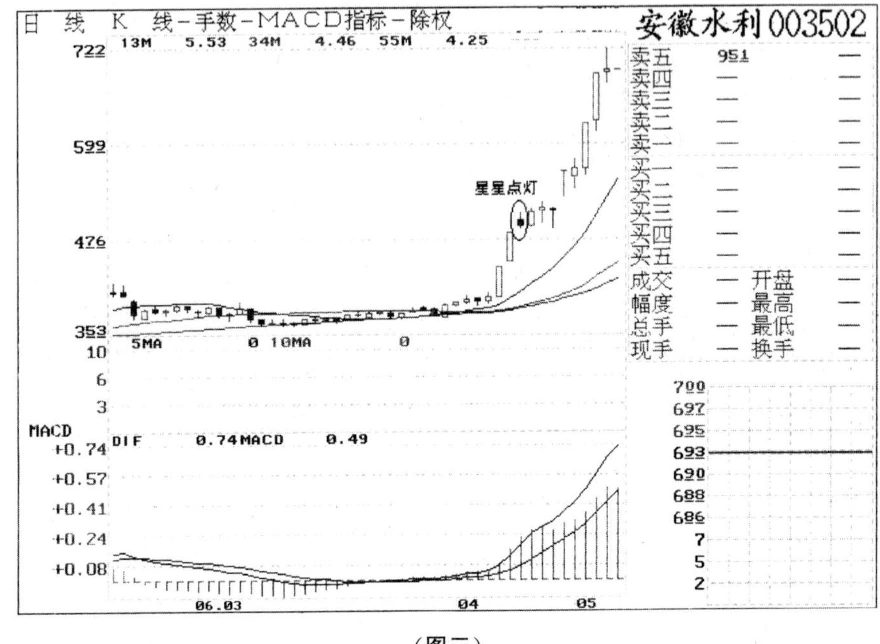

（图三）

（3）**中金黄金**（600489）。【黑客点击】出现以后，股价开始小幅推高，【均线互换】完成以后，股价开始向上拉升，拉升开始以后，庄家用【星星点灯】向上洗盘，然后碎步攀升，然后加速拉升，然后【狗急跳墙】，然后一波行情又结束了。

判断【星星点灯】的两个条件：①昨日须是大阳线，最好以涨停板收；②成交量比昨日大一倍，起码不能小于昨日的成交量。

知道【星星点灯】的市场意义以后，当自己持有的个股出现这种情况，就不会因为股价的冲高受阻而草草出局了。对于那些昨天没有来得及进场的，【星星点灯】又给了人们一个买入的机会。运用【星星点灯】这个买点时，应注意股价的位置和均线系统的方向以及指数环境的配合。见图四。

一个开罗人想发财，有一天梦见神对他说，想发财就得去伊斯法罕，那里能找到金币。但是路途遥远，要经历艰难险阻。开罗人开始犹豫不决，可后来实在受不了贫困的煎熬，就决心去试试，结果让他大失所望。

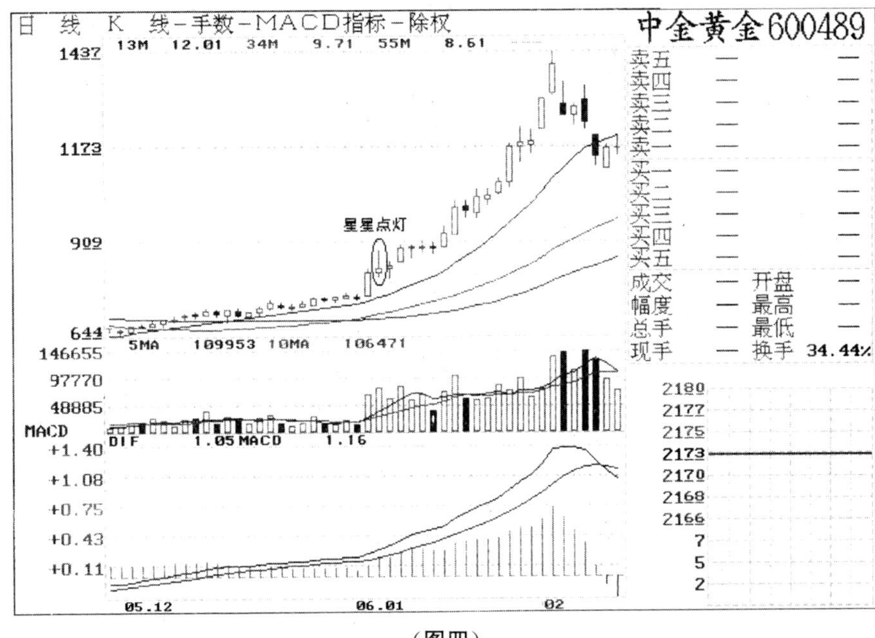

（图四）

那里不但荒凉残破，而且兵荒马乱，别说没见到金币，就连随身携带的物品也被土匪抢了个精光。

当地人听说他从开罗来，感到很奇怪。“听说开罗是很富有的地方，你怎么跑到我们这个穷乡僻壤来了?”开罗人如实相告。一个当地人听后大笑，告诉他，我也梦见神对我说，开罗有座房子，房后有七棵无花果树和一个水池，池底藏着大量的金币。开罗人听罢半信半疑，因为当地人所说的地方，就是自己在开罗的家！回家之后，他将水池的水放掉，果真从池底挖出很多金币。有人说开罗人傻，金币明明就藏在他家的后院，他却白白受一场苦，开罗人却不以为然，说自己如果不去伊斯法罕，就永远找不到金币，也成不了富翁。

（4）**扬农化工**（600486）。股价刚刚从均线系统上【揭竿而起】，庄家就用【星星点灯】向上震仓，从成交量来看，落荒而逃的不少，但依然没有达到【星星点灯】对量的要求，即当日量大于上个交易日的一倍以上。所以股价顺势回落后依然沿着13日均线窄幅整理，在整理中庄家继续收集市场上的散落筹码，然后突然放量越过前高点，等人们重新对它进行关注时，股价又开始打起了太极拳。

股价在13日均线处获得支撑以后，再次发动突然袭击，然后以涨停板报收。第二天股价震荡加剧，庄家旨在震出昨日的跟风盘。稍有常识的人都知道，庄家根本不会在这个位置上出货，如果在这个位置上出货，岂不是搬起石头砸自己的脚？虽然庄家也有装疯卖傻的时候，那要看股价在什么样的位置。任何庄家都不会在股价刚刚突破以后就打压出货，那么，就只有一个解释，震仓。股价经过震荡盘升，然后进入快速拉升，然后【一剑封喉】挡住了去路，然后又该清仓出局了。见图五。

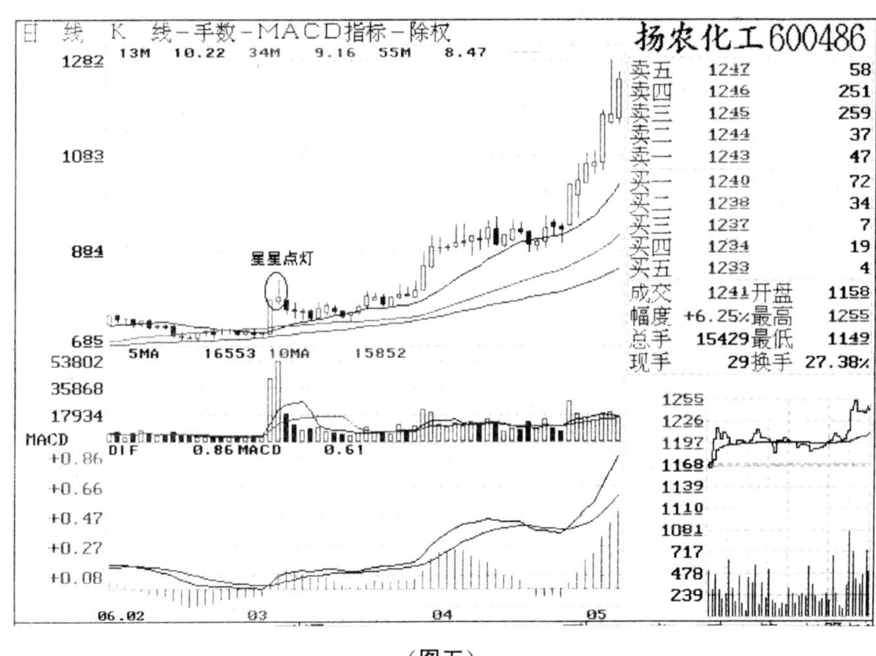

（图五）

（5）G**英力特**（000635）。股价在【动感地带】的交接处【揭竿而起】，遗憾的是成交量不予配合，股价没能突破前高点。从前期走势看，庄家的持仓量不是很足，所以起事总是失败。于是庄家利用【星星点灯】加大收集力度，然后继续拉高收集，那根带量的大阳线后来竟然变成了庄家进行打压的资本。【一枝独秀】是股价阶段性顶部特征，遇上这种情况应主动回避。庄家为了收集更多的筹码，不惜推倒重来。庄家洗盘的时候，也是股民损失最为严重的时候，这时候最容易把心态搞坏。那些在【一枝独秀】出现时及时出局的人，应该在打压最厉害的时候，寻找机会狠狠地抢它一单。

机会终于来了，是【破镜重圆】给的。然后股价重上13日均线，然后【均线互换】相继完成，然后股价缓慢向上推进，然后进入急速拉升，然后股价走势有些【拖泥带水】变得不够顺畅，然后又该出局了。

这一个接一个的然后，都是用不同的技术形态串联起来的，并非我们刻意为之。这就是135战法给予我们的提示，让我们尊重和维护交易指令的权威吧。见图六。

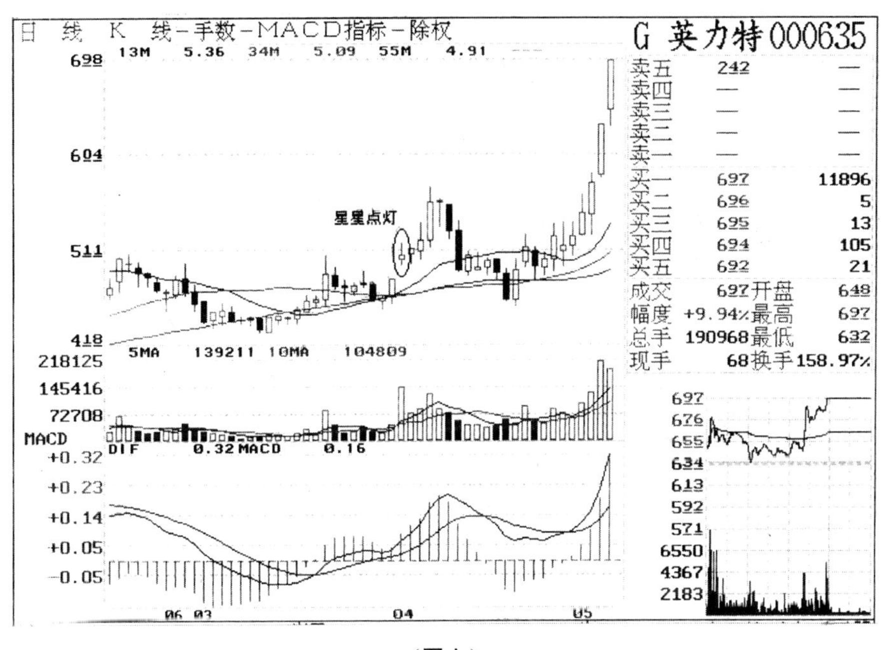

（图六）

（6）G **海德**（000567）。【红杏出墙】的出现，标志着股价的底部已被探明，这时候可轻仓试探。抄底都是从这里开始的。随后的【星星点灯】尽管个头不大，但饭量不小，量区里的红柱体可以说明这一点，所以依然可以半仓跟进。接下来，庄家也觉得这样小打小闹没啥意思了，于是，股价从55日均线上【揭竿而起】，然后就是涨停、涨停、再涨停，然后庄家在变形的【独上高楼】处集中派发，然后利用【狗急跳墙】继续小量批发，然后【一剑封喉】出来大甩卖。卖完了货庄家会干吗？回家数钱去呗。没有庄家的护盘，股价会怎样？往下掉啊！

按135战法的交易指令进行操作，不可能买在最低，卖在最高，但都

买卖得恰到好处。因为进出都踏准了股价涨跌的临界点，在动作上与庄家达成了某种暗合，做庄家可以信赖的同盟军，绝不与庄家反目成仇，成为他的敌人。背靠大树好乘凉，成功需站在庄家的肩膀上。见图七。

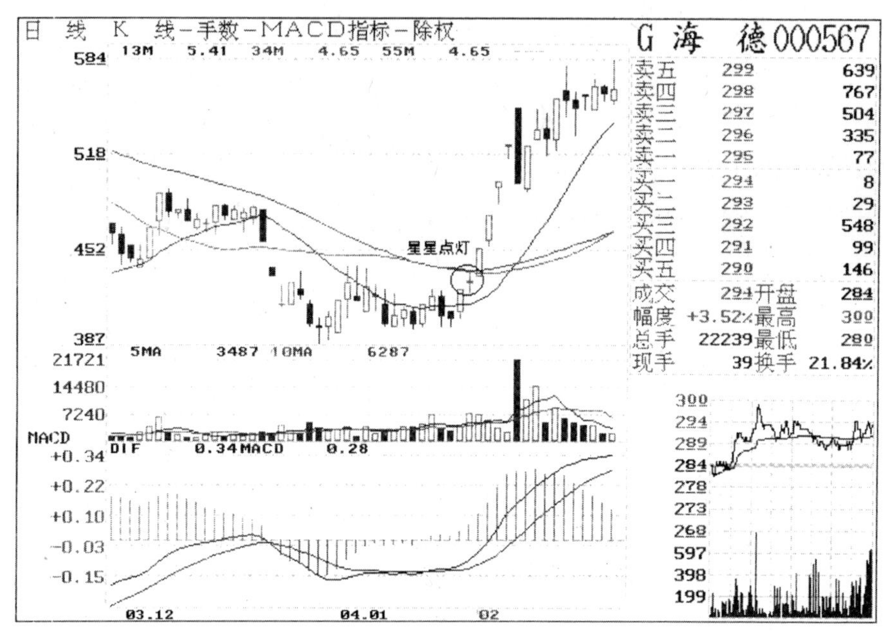

（图七）

（7）**深达声** A（000007）。【红杏出墙】结束了股价的长期整理。股价在 13 日均线上蓄势一周后，突然从 55 日均线上【揭竿而起】，这是主力资金大规模进场的标志，机不可失，重仓出击。

第二天，股价高开高走，冲高回落后盘中震荡加剧，振幅大不可怕，可怕的是回调时破了昨收盘，如果翌日股价不能携量上攻，【星星点灯】的形态就会失败。这里有两个建议：第一，当天暂不介入，因为回调破了昨收盘；第二，【星星点灯】第二天股价必须高开高走，否则宁肯放弃也不要冒险，进场容易出场难，没有把握别蛮干。举这个例子的目的，旨在引起大家重视，实战中严格用“量、价、线、形”进行把关，自我宽容是对金钱的唾弃，也是自寻没趣。

图表上这个【星星点灯】，形态不规范，量能不够，回调时又破了昨收盘，而且这个涨停板的位置有点高，并且股价的攻击不具有突发性。这些都是【星星点灯】的致命内伤，虽然股价后来涨上来了，但主要动力来自【揭竿而起】，而不是【星星点灯】。如果你是按【揭竿而起】形态介入的，在【星星点灯】处依然可以守仓，如果按【星星点灯】形态介入，则是错误的。因为形态本身有缺陷。【星星点灯】前的那个涨停板多数属于无预警攻击，涨停板来得极其突然，事先根本没有铺垫。而这个涨停板，事先有过热身动作，换言之，这个【星星点灯】是先天性不足，后天营养不良。实战中，如果有更规范的【星星点灯】，此形态应作次佳选择。做股票既不能凭想象也不能靠侥幸，严格按交易指令办事，这样也许会失去一些机会，但安全度却相对提高了。见图八。

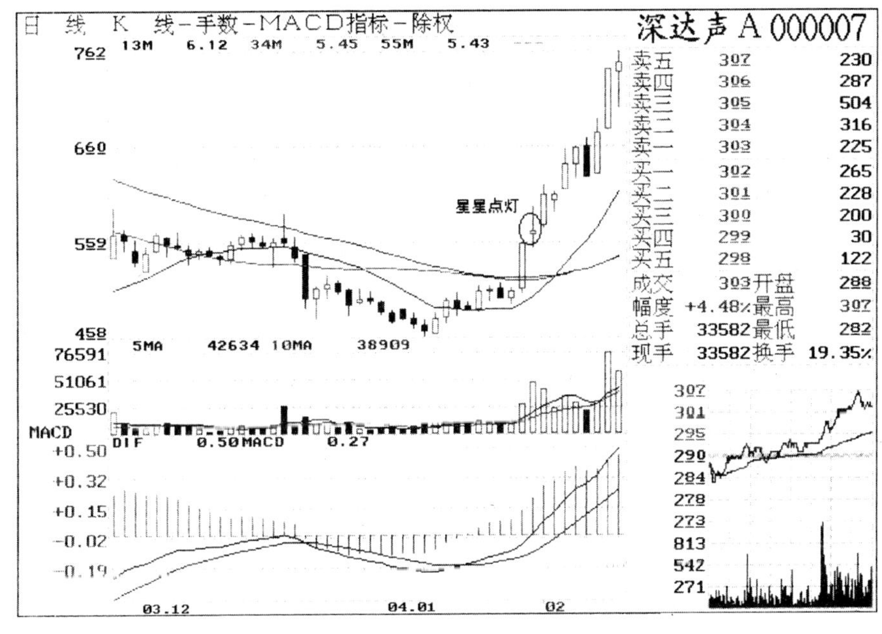

（图八）

买进时机

（1）【星星点灯】出现当天，轻仓试探。

（2）形态出现后，股价继续上攻，半仓跟进。

（3）股价突破前期整理平台，重仓出击。

友情提示

（1）股价必须经过长期下跌和充分整理，一般出现在股价初涨阶段的逼空反转之际，出现在半山腰或相对高位，【星星点灯】就可能演变成【一剑封喉】。

（2）【星星点灯】一般出现在第一个涨停板之后，只有这样，庄家才能收集到更多筹码，把那些套牢盘和获利盘一网打尽。

（3）【星星点灯】需要量的支持，当日量至少比上个交易量大1倍。盘中或震荡加剧，或放量滞涨。

（4）股价回调一般不破【星星点灯】的下影线，否则，股价的整理仍将继续。

（5）【星星点灯】出现后第二天，股价最好是高开高走，唯有如此，才能营造一种热烈的市场气氛，吸引更多的人参与。【星星点灯】是股价发力上攻的信号，是庄家经常采用的经典攻击模式之一。

第6节

DIANFENG DUIJUE

四渡赤水

古为今用 《武韬》发启篇："全胜不斗，大兵无创，与鬼神通。"意思是说，战争取得全胜而不必经过战斗，使全军没有伤亡，真可谓用兵如神了。熟悉庄家的做盘手法、特点，了解庄家的操盘风格，运用135战法密切关注股价的发展，急庄家所急，想庄家所想，根据股价的变化，及时地集中、分散和调整资金，最大限度地满足庄家做盘的需要，跟上股价的波动节奏。这样一来，在危机四伏的股市就能够达到"大兵无创，与鬼神通"的操盘境界。

"……横断山，路难行，敌重兵，压黔境。战士双脚走天下，四渡赤水出奇兵。乌江天险重飞渡，兵临贵阳逼昆明。敌人弃甲丢烟枪，我军乘胜赶路程。调虎离山袭金沙，毛主席用兵真如神。"《长征组歌》情真意切，气势磅礴，曲调雄壮豪迈。它热情地歌颂了长征的胜利，歌颂了红军不畏强敌，不怕艰险，艰苦奋斗，英勇奋战的革命英雄气概。

在我的记忆中，没有谁比毛泽东更伟大，他创造了中国的历史。感激并纪念伟人的最好办法，就是学习他那不屈不挠，永不被困难所吓倒的决心和勇气，学习他为了中国人民的解放事业所表现出来的视死如归的精神，更要学习和运用他的军事思想，搏击股海，与庄周旋。

战场上，一个优秀的指挥员，不会攻打与整个战役无关的碉堡，而是竭尽全力摧毁那个足以影响整个战局的碉堡。我在想，如果我们的每一次进攻都能踏准股价的运行节奏。胜利往往是能够预期的。

形态特征 股价经过长期下跌，遇突发因素导致强劲反弹，但在跌幅的2/3处开始回落，经过若干时间的底部整理再次冲击前期反弹高点，股价再次受阻回落，股价如此反复四次以后，庄家的收集、洗盘以及拉升前的准备工作业已完毕。我们把股价四次冲击所形成的高点称之为【四渡赤水】。见图一。

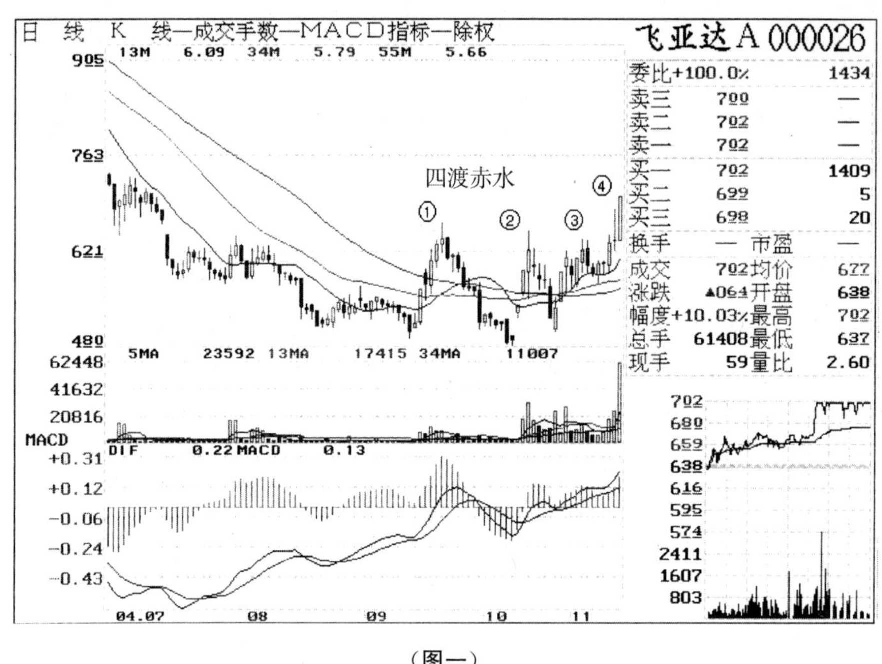

（图一）

形成机理 股价经过长期下跌后，多数人已处于亏损或绝望状态，庄家借着低迷的市场气氛和利空传闻再次震仓，经不住折腾的就认赔出局。当股价接近价值区域时买盘开始增多，股价借势强劲反弹，但越往上走抛压越重，亏损的想高抛低吸摊低成本，抄底的担心夜长梦多开始获利回吐。于是股价重新回到原来的出发点。于是庄家又开始大量吃进，空头和套牢盘也开始进行回补，众人拾柴火焰高，股价再次升了起来。庄家觉得这样一直拉抬下去对自己以后的出局很不利，于是停止吸纳，在高位顺势派发一些低位捡来的筹码，于是股价拾阶而下。庄家经过一段时间的低吸，浮筹已经不多，于是庄家慢慢把股价推高继续吃进，股价随之上升。

在股价的反复波动中庄家有滋有味地进行着高抛低吸，散户经不起如此折腾，于是割肉认赔。短线客感到股价走势沉闷，无利可图也另攀高枝。【四渡赤水】完成以后，为了震出那些最顽固的多头分子，在拉升前一般还会再来一次彻底地清洗。然后小幅推高股价，测试盘中抛压，只有当庄家认为浮筹不多时，才会选择拉抬时机。

经典记忆

（1）**G宝钛**（600456）。股价经过长期下跌和横盘整理以后，开始了小幅推高，2005年10月24日，庄家完成“一渡赤水”，股价创出下跌以来的反弹新高16.50元，股价顺势回落后，在55日均线附近获得支撑后开始“二渡赤水”，由于股价运行到前期平台就掉头向下，故未引起市场太大注意。经过一段时间的整理，股价开始“三渡赤水”，然后在均线系统附近窄幅波动。2006年2月28日，股价从55日均线上【揭竿而起】，标志着庄家揭开了【四渡赤水】的序幕。

2006年3月8日，股价携量上攻，一举突破“四渡赤水”的高点，然后长驱而入，创出年度新高，股价稍事休整，然后在均线系统的支持下稳步推高，最后成为有色金属板块中的佼佼者。庄家做市都极富耐心，时机不到宁肯苦等。只有耐得住寂寞，才能静下心来分析和研究一些东西。股市里什么事都会发生，就是不会发生不劳而获的事。

有时我想，在股市赚钱很容易，但庄家却很难伺候。如果不懂得庄家的喜怒哀乐，除了把自己弄得里外不是人，还要交上一大笔罚金。做股票和做人一样，要有容人、容事的雅量和海纳百川的胸襟，遇事多替别人想一想，不要总是想着自己的利益。这样你的心态就会变得平和宁静。心态平和了，还有什么事情看不惯？还有什么事情干不好呢？见图二。

（2）**保定天鹅**（000687）。在这张小图上，真实地记录着庄家【四渡赤水】时所留下的足迹，庄家不厌其烦地瞎折腾，究竟意欲何为？为何放着直线不走偏走曲线？这个问题弄不明白，即使你把135战法倒背如流，也很难准确地把握股价起涨的临界点。因为你没有真正了解庄家的本质，没有真正理解每个技术形态背后隐藏着的市场含义。

庄家【四渡赤水】完成以后，依然担心场内有获利筹码，所以在拉升以前再次进行震仓，直到确认自己的筹码比市场的平均持股成本低的时

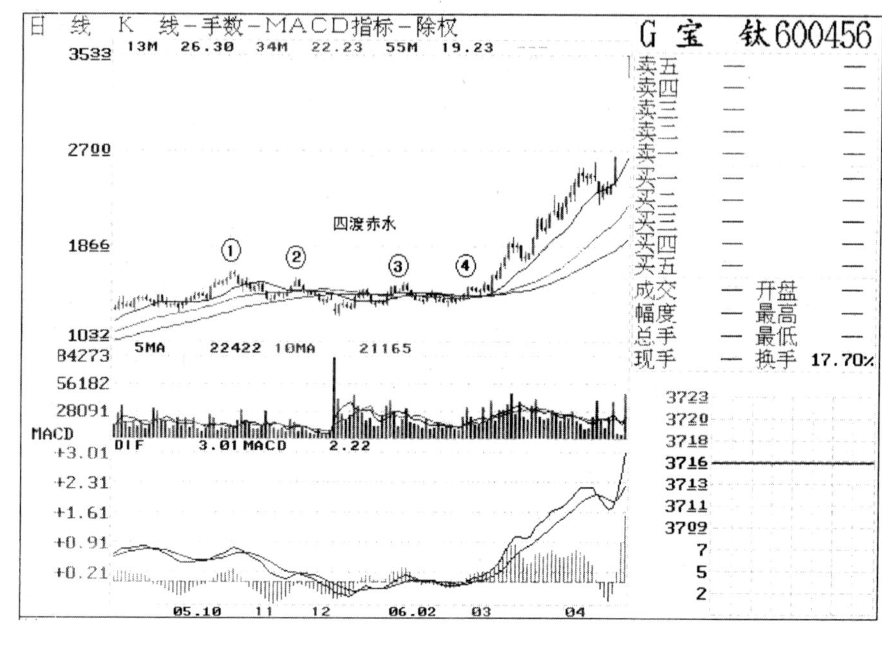

（图二）

候，才开始放量向上突破。

实战经验丰富的人，发现庄家【四渡赤水】以后不是积极参与，而是确认【四渡赤水】完成以后，才根据交易系统给出的指令采取相应的行动。

【四渡赤水】是一个股价整理形态，不是一个精确的进场点位。把握【四渡赤水】的股价走势，旨在节约时间，提高资金的使用效率。运用【四渡赤水】还要结合其他相关技术形态。见图三。

投资的不成功，很多时候不是因为自己不勤奋，而是勤奋过了头，刚刚卖出一只股票，甚至还没有把钱捂热，就急不可耐地买进另一只股票，生怕资金消极怠工。实际上，我们多数人并不具备这种快速衔接能力，却愣要使出吃奶的劲去对接。做一件超越自己能力的事却又偏偏期待着奇迹的发生，那是在给自己添堵。若想做好股票，首先要向书本学习，然后再向前人和实战学习，重要的是要管住自己，但学习别人是为了更好地成为你自己，而不是把自己变成别人。

付出和索取是绝对平等的，如果不付出代价，就不会得到，即使偶然得到了也会很快失去。不付出代价就想获得你想要的东西是根本不可能的。

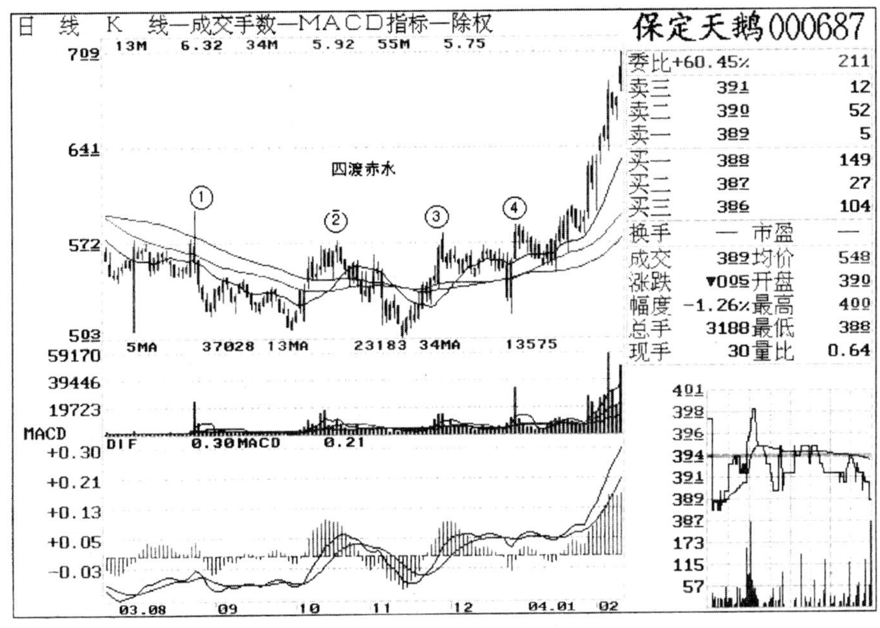

（图三）

（3）**恒瑞医药**（600276）。股价经过长期下跌以后，不规则的【日月合璧】轻松地把股价推上了13日均线，接着【红杏出墙】又把股价送上了55日均线，标志着"一渡赤水"的完成。压价逼仓型的【黑客点击】并没有使股价下跌多少。在成交量的支持下，股价"二渡赤水"，却被刚刚出道的【一剑封喉】挡住了去路。股价知难而进，继续"三渡赤水"，再次遭遇变形的【一剑封喉】的迎头痛击，股价避其锋芒，快速撤离。稍事休整后又用【蚂蚁上树】进行反击，然后再次从55日均线上【揭竿而起】，于是【海底捞月】浮出水面，在【梅开二度】那一天，庄家完成【四渡赤水】，终于迎来了【九九艳阳天】。

股价经过4个月的艰难跋涉，闯过【日月合璧】、【红杏出墙】、【黑客点击】、【一剑封喉】、【蚂蚁上树】、【揭竿而起】、【海底捞月】、【梅开二度】、【九九艳阳天】九道关之后，才最终完成了【四渡赤水】。当你觉得自己在股市挣个钱不容易的时候，可曾想过"人前显贵，人后受罪"的真谛所在？

那些频频向成功发起冲刺的人，从不考虑自己会付出什么样的代价，他们之所以那么努力和拼命，是因为他们有热爱事业的信念，凭着这个信

念，能把沙漠变绿洲。有时我觉得，人们所付出的一切努力和代价，并不在于能获得多少回报，而是为了把一件事情做到极致以后所带来的快乐。不管做什么，只要能把它做到极致，都能收到“财富如潮滚滚来”的效果。比如说，人体上的任何一个部位，只要你能把它研究得透彻，你就能成为这方面的专家，然后以专业的头脑、专业的眼光、专业的知识、专业的技术，给人们提供专业的服务，就会收到名利双收的效果。怕就怕“一瓶子不满，半瓶子晃荡”，这山望着那山高。

人类的智慧已经可以把原子分开，把人类送上太空，难道我们就找不到一个可以使自己成功的方法吗？见图四。

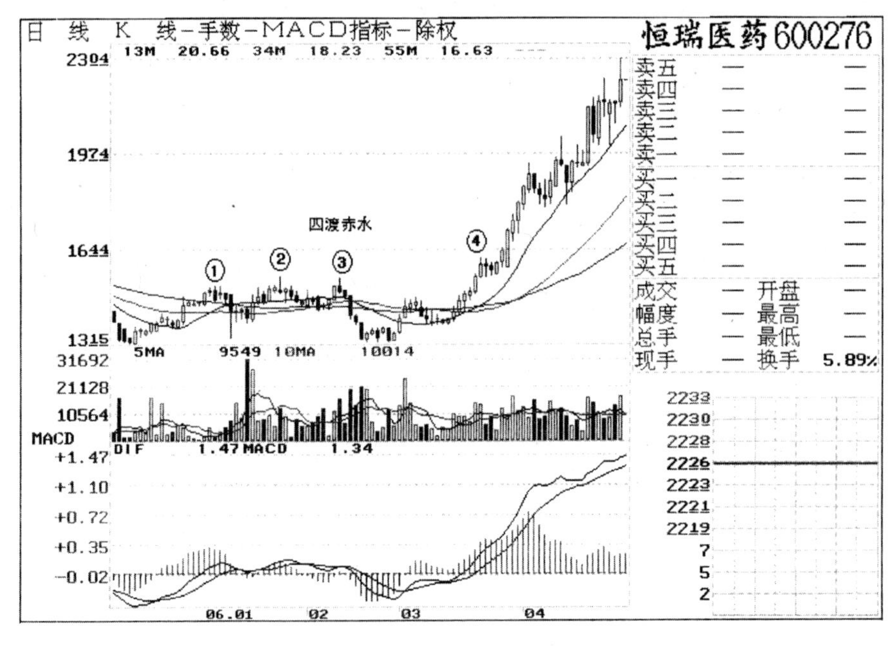

（图四）

（4）**上海能源**（600508）。股价在完成【四渡赤水】以后的表现，图表上已经清晰地显示出来了。但这个小图不是现在抓取的，而是几年前实战时保留下来的。孤立地看上去，似乎有些太偶然了，可造物主从来不做没有来由的事，如果有太多的偶然都在显示同一种现象，你还能心平气和地把它看作是偶然吗？不，这就是股价的运行规律。

关于规律，我在《黑客点击》这本书里作过详细的表述。世上万事万物都有规律可循，只要找到规律，找到模式，做起事情来就能收到事半功倍的效果。

从哲学意义上讲，在事物发展过程中可以出现，也可以不出现，可以这样出现，也可以那样出现的现象就叫偶然。事物发展按一定方向和次序发生的这种趋势就叫必然。任何一个必然的过程，都是通过许多偶然的形式、现象实现的，根本没有什么不通过偶然性而表现出来的纯粹的必然性。偶然性也依赖于必然性，偶然性的背后总是隐藏着必然性，总是受必然性支配的。见图五。

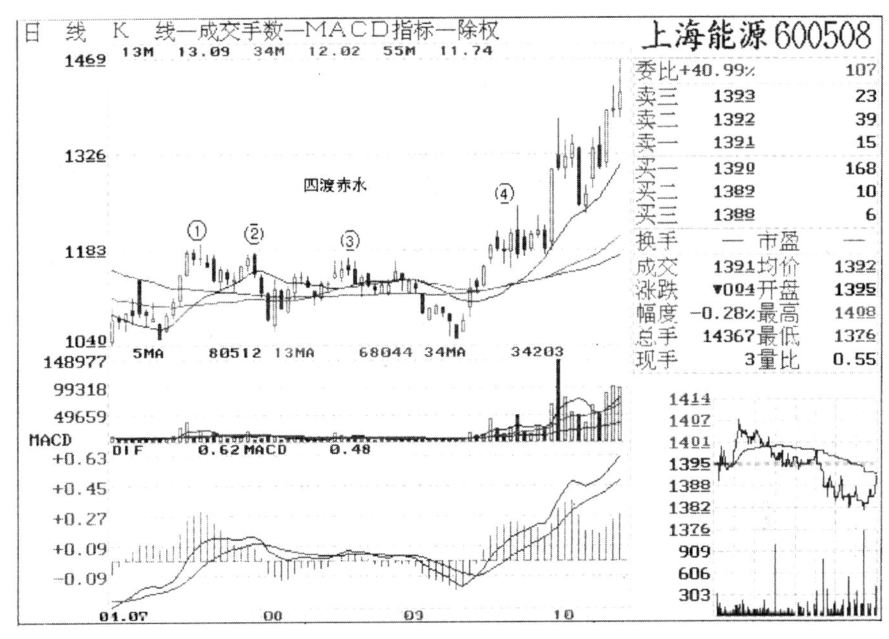

（图五）

1928年夏天，英国圣玛利学院的细菌学家弗来明，照例来到实验室，他熟练地将培养葡萄球菌的碟子一个个取出来，然后仔细地对它们进行观察。突然，他的视线停留在一只被绿色霉菌污染了的培养碟上。这悄然而至的不速之客一到这良好的环境里就拼命地繁殖起来，使这只培养碟里原先生长的葡萄球菌全消失了，并且在绿色霉菌周围留下了明显的白色区域。

弗来明判断，一定是绿色霉菌分泌了一种强大的杀菌物质，但是，只有把它提取出来才能得到证明。于是，弗来明和他的助手们便立即行动起来。通过一段时间的努力，他们终于从培养的绿色霉菌里提炼出一小瓶透明的液体，然后把这种液体轻轻地滴到长满葡萄球菌的碟子上，几个小时后，原先培养碟上的葡萄球菌全部融化了。接着，他们又把液体注射到动物身上，动物照样生活得很好，证明这种液体没有毒性。弗来明欣喜若狂，过去许多药物消灭不了的一些病菌，现在解决了。于是，弗来明就把这种杀菌物质命名为“青霉素”。

青霉素的发现，表面上带有很大的偶然性，可是，弗来明为了找到这种杀菌物质却苦苦地探索和实验了很多年，所以弗来明的成功又是必然的。一个人在人生的某个时期，紧紧围绕一个目标不停地思考，不停地行动，最后他的梦想定能成真，这就是必然性给我们带来的启示。

在投资过程中，要善于从个别的、暂时的、变化多端的市场现象中找到股市内部隐藏着的规律，就是我们说的必然性。股市错综复杂、瞬息万变，往往使人感到眼花缭乱，但这并不意味着股市没有规律可循，如果你能把这些看似偶然的现象一个个联系起来，然后通过你的大脑给它进行归纳与抽象，你会发现，过去那些看似杂乱无章的股价运行图，实际上是按着自身所固有的规律进行的。一个把握了股价运行规律的人，还会逆市操作吗?

孔明借东风的历史故事，相信大家也不陌生。孔明为何能借来东风?因为孔明知道，在一定气候条件下刮东风这是必然性，但究竟是哪一天刮?今天，明天，还是后天，却带有偶然性。孔明之所以能“借”到东风，是因为在他对气象的无数偶然现象的观察研究中掌握了气象变化的规律而已，从而预测到必然性的方向、范围和时日，所以才“借”来了东风。

在实战中，我们要正确对待不断出现的偶然现象，从中发现股价涨跌的必然性，而不能把获利寄托在非常偶然的运气上。我们常常羡慕那些买进就涨、卖出就跌的股市高手，殊不知，任何成功都是艰辛努力的结果，铁杵磨成针，功到自然成。齐白石的成功秘诀是：每日作画，不叫一日闲过。股市赢家有一个共同的特点：每日析盘，从不间断，然后从大量的偶然现象中找出股价运行的必然性。那种企图不经过艰辛的努力，带着侥幸心理准备在股市大捞一把的人，都是注定要失败的。恩格斯说：“在表面上是偶然性在起作用的地方，这种偶然性始终是受内部隐蔽着的规律支配的，而问题只是在于发现这些规律。”

其实，发现规律是一回事，能不能正确利用规律又是另一回事。那些能够利用规律来指导自己行动的人，总是不断地追问自己，是否按规律去做了。越是失败者，越是对股市横挑鼻子竖挑眼，他们总在为自己的愚昧进行辩护，总在为自己的失败寻找借口。成功者永不抱怨，抱怨者永不成功。

(5) **第一百货**（600631）。这是我曾经操作过的股票，之所以把它保存下来。就是想进一步验证一下，明年，后年或者很久以后还会不会出现这种走势？出现这种走势股价还会不会涨？结论是肯定的，凡是规律都具有相对的稳定性，并且能经得住时间的验证。从此以后，我对规律的认知能力又提高了一步，对运用规律的自觉性也增强了许多。

庄家的做盘手法在不断变换，但基本的东西不会变，也变不了。庄家要赚钱，就必须先实实在在地买进。而买进就会在盘面上留下痕迹，无论庄家怎样掩盖真实意图，均线都会作出客观的反映。当均线呈多头排列时，股价的回调不会太深；当均线呈空头排列时，股价的上涨幅度也不会太大。均线是管方向的。如果说股价是探路的先锋，成交量就是后勤保障，指标线则是市场裁判。

从这张小图上可以看出，股价经过半年的调整才完成【四渡赤水】。做股票既要从大处着眼，又要从小处着手，关键是把握股价起涨的临界点。做爆发力最强的那一段，是135战法孜孜以求的目标。见图六。

《胜者为王》出版以后，很多读者询问有没有135战法软件？我只能非常遗憾地告诉他们，目前尚无开发意向，以后也不准备去做。我认为任何一个软件反映的只是作者的一种设计理念，对于瞬息万变的市场并无太大的实际意义。现在网上出现了各种版本的135战法公式，我不想妄加评论，更不想扫大家的雅兴，既然大家有兴趣，就去讨论好了。我只是想说，一个会列方程式的人，不一定能成为出色的数学家，只有会解和善解方程式的人，才能最终完成“哥德巴赫猜想”。

目前，层出不穷的股票软件已经到了令人眼花缭乱的程度，它们像不断拍打股市堤岸的涌浪，使人们连短暂的欢呼都来不及，便被淹没在更新的软件潮头之下。这些软件就像套在投资者脚上的“魔鞋”，在被商业利益

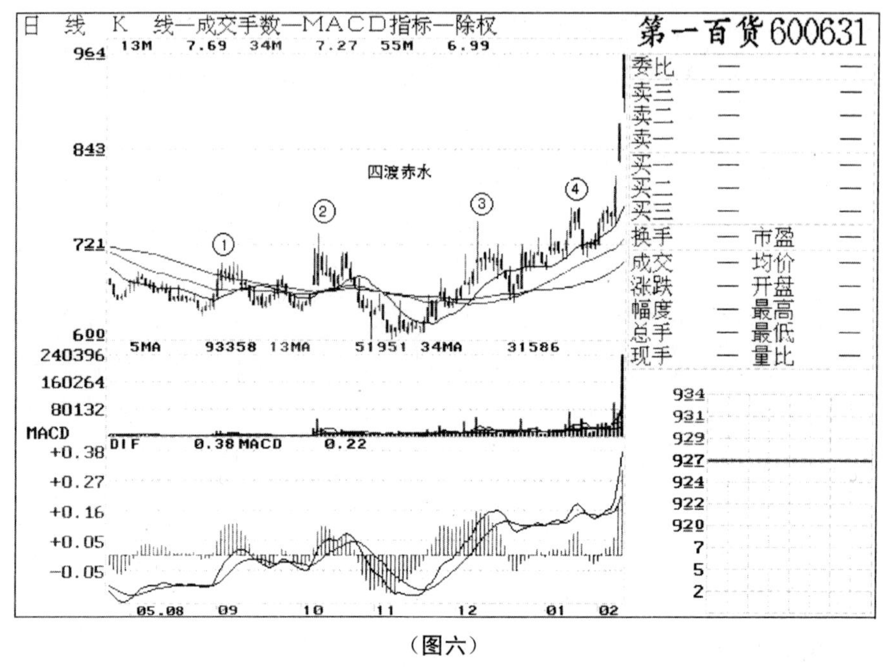

（图六）

拧紧了发条后，人们只能随“鞋”起舞，按照软件给定的节奏飞快地旋转。

毫无疑问，软件的问世，大大降低了投资者的劳动强度，重要的是节省了大量的宝贵时间，但也助长了人们的依赖心理。许多人早已习惯于技术领域里盲目地喜新厌旧，对新技术的无尽追求成了获利的唯一手段。这是很危险的，更为危险的是，许多人并没有意识到这种危险。在功利主义的熏风吹拂下，现代人越来越倾向于：在一觉醒来之后，就能看到一切梦想的实现。这使他们在为自己的明天下赌注时，大都透过上千度的近视镜片去寻找股市里的灵丹妙药，乞灵膜拜于五花八门的技术，结果呢，别说没有抱上西瓜，就连芝麻也未曾捡到。

其实，软件仅仅是一种工具，并非一架可以重复获利的机器。正如运动员站在同一起跑线上，未必都能同步到达终点一样，取胜的关键最终还是一个人的综合素质。同样的一种工具，不同的人会有不同的用法，会用的人能淘到金子，不会用的人只能捞到沙子。而那个捞到沙子的人，一定会说这个工具是假的。工具好比一支枪，能不能射中靶心，主要靠自己平时的训练，不能因为屡屡脱靶就愣说枪出了问题。究竟是人不行，还是枪不行，应多思考。人们只有站在实战的角度，才能认清软件的性质，才不至于在投资过程中成为技术工具的奴隶。软件只能提供设计者输入的数据，是对过去存储的信息的反馈，它反映的是设计者的思想，面对跌宕起伏的股价，既不能够提前确立攻击目标，也无法辨认哪些目标具有攻击价值。

当然，任何一个渴望成功的人都离不开知识的更新和技术的喂养，证券市场日新月异的变化，需要新技术、新战法、新理念的不断诞生。认识股市离不开理论，然仅凭理论并不能够在股市完全取胜，将军需要身经百战，股市赢家靠的也是真枪实弹的反复磨炼。

一个人最终能否获得成功，重要的是看他的理念、技法、纪律是否能达到完美的统一，单靠一个先进的软件是挤不进高手行列的。在具体使用软件的过程中，要看能否达到系统化以及对信息处置是否敏捷。比如，在海湾战争中，我们几乎每天都能在电视里看到“爱国者”导弹拦截“飞毛腿”导弹的精彩画面，看似用霰弹枪打鸟那么简单的导弹拦截，实际上要牵动部署在大半个地球的许多兵器：DSP 卫星发现目标以后，向澳大利亚地面站传送警报，经美国本土的夏延山指挥所再把信息发给利维得中心指挥所，然后是命令“爱国者”导弹操作员进入战位，光是在 90 秒钟的预警阶段，就要依赖空间系统和 C3I 系统的多次传接配合，真可谓“一弹动全球”。众多武器间超距离的实时合作，形成前所未见的作战能力。炒股和拦截导弹，从原理和步骤上说大致相同。比如，当你发现一个目标后，首先反馈给大脑中枢神经，中枢神经立即命令你判断股价的位置，查看不同周期图表的相互关系，审视该形态的“量、价、线、形”是否有缺陷。这一系列运作必须在 1 分钟之内完成，如果不是平时训练有素，战时就不会在如此短暂的时间内作出相应的反应。

在使用每一项技术时穷尽其潜能，而不能像熊瞎子掰苞谷那样，只会不断地用新技术去淘汰旧技术。在今天的股市里，纯粹依靠单项技术是不可想象的，必须打破理论上的坚冰，穿过技术间的壁垒，把毫不相干的理念和技巧放进大脑的搅拌机进行粉碎和沉淀，然后从中抽出一条美丽的丝线，这根线就是走向成功的红线，谁能得到它，谁就能踏着失败者的尸体跨过胜利的凯旋门。无数事实证明，技术的综合运用甚至比某些所谓绝招更能推动投资水准的提高。

（6）G **中企**（600675）。2005 年 10 月 21 日，股价完成“一渡赤水”

后，缩量下跌，然后携量上攻，2005 年 11 月 21 日完成“二渡赤水”；2006 年 1 月 11 日完成“三渡赤水”；2006 年 2 月 6 日，完成“四渡赤水”，2 月 16 日的【黑客点击】是对【四渡赤水】的确认，随后股价在均线系统上【揭竿而起】，突破所有整理高点以后，股价重新被打到 55 日均线附近，这时候，很多人会被震仓出局，但已经晚了，也没必要。要出就应该出在“四渡赤水”以后的【一枝独秀】上，而不是现在。从大处着眼，就是把握股价整体的波动趋势；从小处着手，就是根据股价的具体变化而变化。对于形成【四渡赤水】这种波段走势的个股，要动就早动，要么就不动，如果踩不准股价的波动节奏，会把自己搞得很被动。

在实战中除了密切关注股价的技术形态外，还要看均线指示的方向和成交量的变化。在这张小图上，看似失败的【四渡赤水】，实际上是庄家在做拉升前的最后清洗。这一点，萎缩的成交量已经作出了反应。上涨有量，下跌无量是庄家控盘的基本特征。

那些反复筑底的个股，在筑底期间，MACD 一般都在零线以下运行，上穿零线的MACD，第一次死叉是洗盘，第二次死叉才是出货，在实战中应注意这一点。见图七。

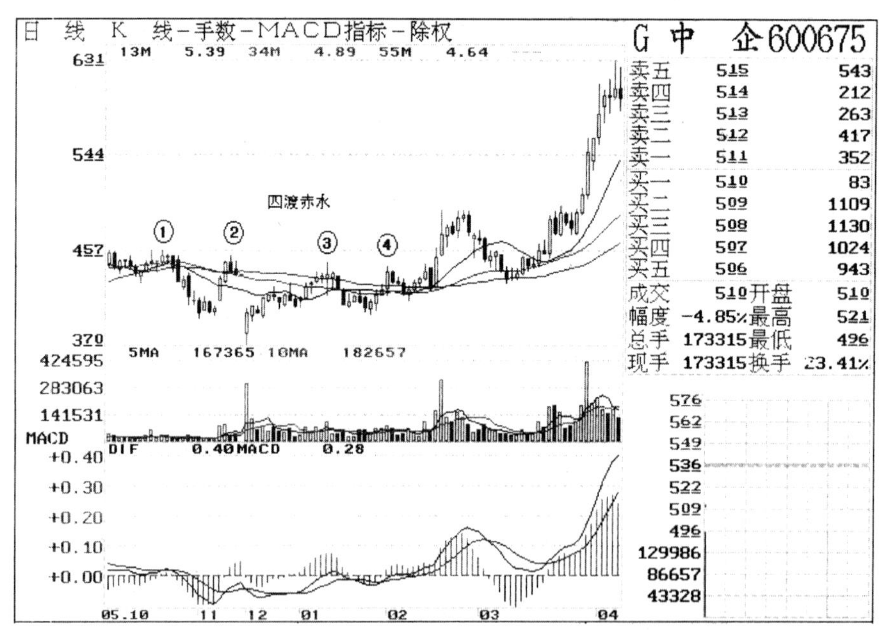

（图七）

(7) G **成大**(600739)。庄家完成【四渡赤水】以后，同样挖了一个空头陷阱，对盘中筹码重新进行清洗后，股价才开始向上拉升。看看下面量区里那个圆弧底做得多么漂亮，庄家做盘都非常具有耐心，不像我们有的散户总是心浮气躁。心静与耐心是成就一切事业的基础，为提高自己的操盘水准，平时抽时间多读一些经典的证券书籍。因为，很多现代投资理念和操盘手法都是对过去的一种扬弃，是继承和发扬。

有人问我，你讲了一个【四渡赤水】的理论，可我在市场上看到过不少“五渡赤水”、“六渡赤水”的现象。的确是这样。在有的个股中间还会出现“七渡”、“八渡”的现象。只是在市场上比较多见【四渡赤水】，庄家用的相对多一些。这就是股价规律的个别和一般。只有把股价规律的普遍性和特殊性结合起来，才能正确理解和把握股市脉搏。在实战中，大家只要知道【四渡赤水】是股价的整理形态就行了。这样一来，就能避免过早地参与整理。当然，对于善做波段的人来说，庄家给我们提供了一个非常好的获利机会。对于那些正在训练进出点位，寻找操盘感觉的人，【四渡赤水】无疑提供了一个非常理想的训练场地。见图八。

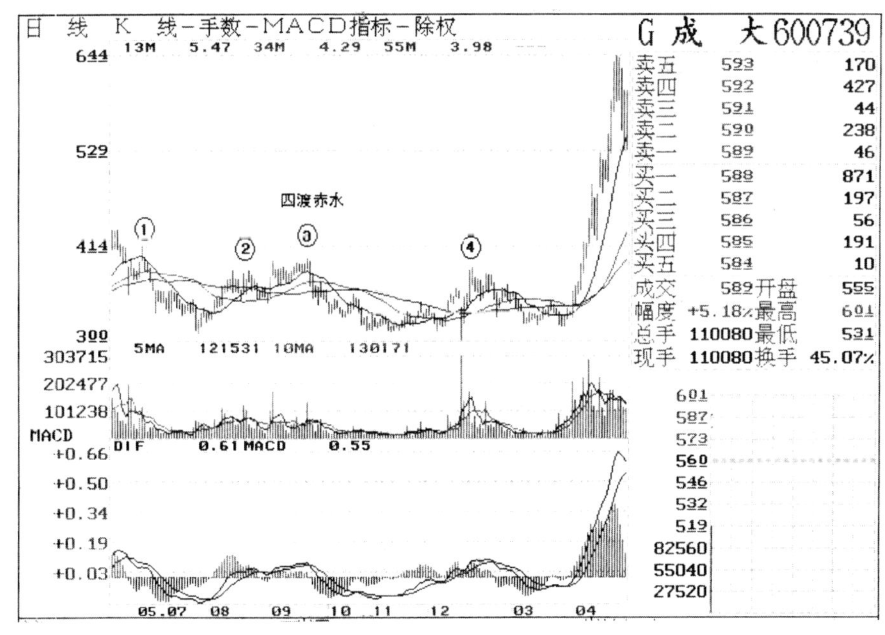

(图八)

● **买进时机**

（1）确认【四渡赤水】完成以后，敢于在庄家落井下石的时候大胆吸纳。一旦发现主力掘井成功，要奋不顾身地下去营救他。庄家虽然不善良，可我们一定要对他实行“革命的人道主义”。

（2）股价突破【四渡赤水】的高点，重仓出击。

● **友情提示**

（1）将日K线缩小到极限，每周或每月把两市个股浏览一遍，发现【四渡赤水】就一一记录在案，密切关注其变化，股价一旦放量拉升，立即跟进。

（2）【四渡赤水】的形成时间一般在半年左右，时间越长，庄家收集的筹码越多，日后的涨幅越大。

（3）【四渡赤水】是一个整理形态，不是一个精确的进场点位。了解【四渡赤水】，旨在节省时间，提高资金的使用效率。

（4）【四渡赤水】适合大资金运作，小资金应寻找更加精确的技术点位，实施短促突击。

第7节

DIANFENG DUIJUE

过 河 拆 桥

● **古为今用** 《吴子》治兵篇："用兵之害，犹豫最大，三军之灾，生于狐疑。"意思是，用兵的害处，犹豫最大，全军失利，多半产生于迟疑。

在交易指令面前优柔寡断、迟疑不决是实战中的最大致命内伤，这种内伤是制约成功的最大障碍。实战中的许多机会、许多失误都是因为没有严格地执行交易指令而坐失良机的。135战法的每一个买卖点，都有着非常明确的标准，很多时候，它只需照方拿药，无须更多剖析药理。因为它已经经受住了时间的考验。

● **形态特征** 股价经过一波拉升之后，庄家自然要变着法子兑现利润。由于持仓量巨大，不可能一次性全都派发出去，于是就维持股价在高位振荡出货。由于接盘越来越少，13日均线缓缓地由翘到平，回落的股价开始下穿13日均线，这是行情进入尾声，股价加速下跌的前兆，是出脱持股的好时机。我们把这根下穿13日均线的中阴线称之为【过河拆桥】。见图一。

● **形成机理** 庄家拉升股价的目的，就是为了在高位把它派发出去。由于庄家持仓量太大，只能维持震荡派发格局，在派发尾段，庄家放弃护盘，股价先是慢慢回落，然后加速下跌。倘若【过河拆桥】出现在大幅拉升之后，性质多为派发；出现在小幅拉升之后则是洗盘的开始。无论哪一种情况，都是股价行将调整的信号，都应出脱持股或进行减仓操作。

● **经典记忆**

（1）G **国发**（600538）。股价经过一波拉升之后，图表上连续出现了两

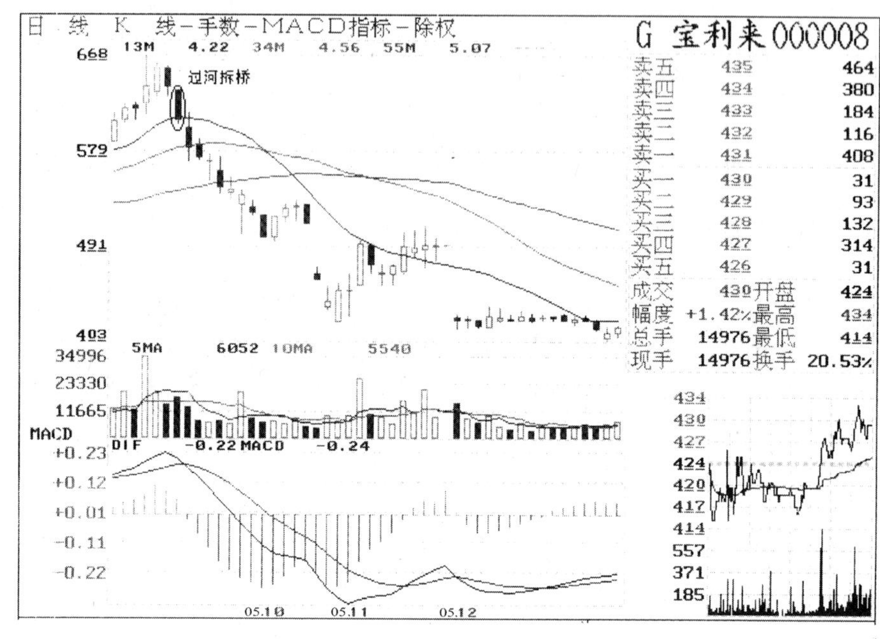

（图一）

个【一枝独秀】，暗示庄家正在拉高出货。实战经验不多的人很难识破庄家的意图。之后的三根缩量阴线，人们把它视作股价的自然调整。而随后的带量阳线，又会让人误认为是对【浪子回头】的确认。但第二天股价就给了人们当头一棒。判断【浪子回头】是否成立，关键是股价能否拉出持续阳线。如果阳线的第二天再次收阴，说明【浪子回头】的失败，证明【过河拆桥】的成立。这时候就要停止做多思维，立即加入到空头行列中去，犹豫和拖延都会带来意想不到的损失。

在实战中，经常会遇到形态的变形或变种，这是股价的特性所决定的，碰上这种情况，除了“心随股走，及时跟变”，没有更好的办法。平时多观察分析形态的衔接与转换，战时才能灵活主动地及时跟变。

【过河拆桥】出现以后，股价开始台阶式下挫，跌幅接近40%。如果没有及时离场，资金受损姑且不说，精神上该忍受多大折磨啊。见图二。

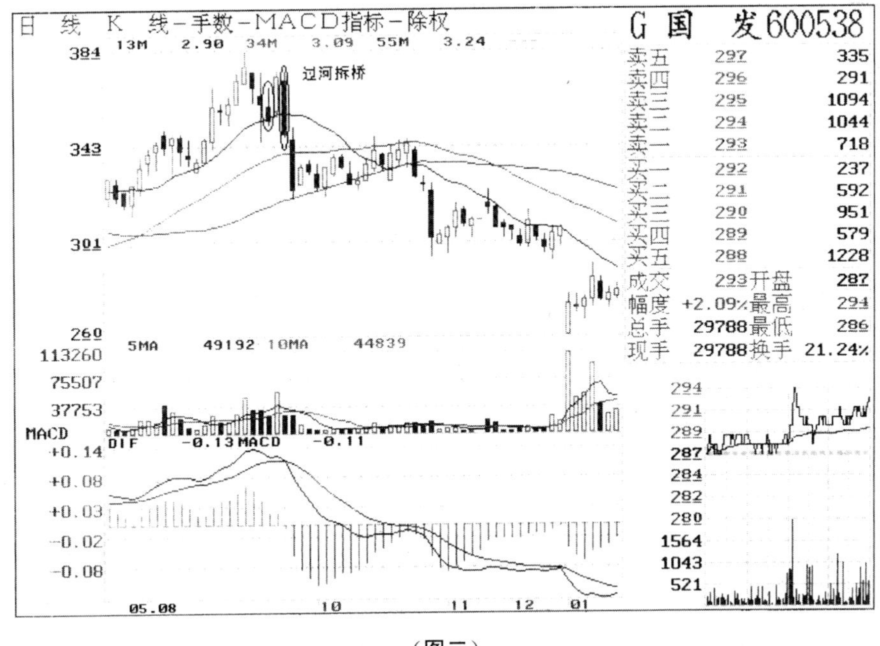

（图二）

（2）G **鲁信**（600783）。【均线互换】完成以后，股价并没有向上涨多少就开始下穿13日均线，也许庄家的持仓量不够，想通过压价逼仓进一步加大收集力度；也许指数环境不配合，庄家采取了明哲保身式的主动退却。不管庄家出于什么意图，图表上的【过河拆桥】则是不争的事实。无论庄家是假出货，还是真洗盘，此时此刻都要先跳出界外，起码要减仓。对于任何技术形态，都应本着“死马要当活马医”的态度去认真对待，哪怕它是纸老虎也不要去碰它。

股价在55日均线处获得支撑后小幅推高，但很快又被打了下来。如果在庄家【过河拆桥】时不抛，资金将会损失20%。我从不奢求买在最低，卖在最高，但提倡和坚持按指令进退。由于进退失据，所以才操作失利。有人说，有的个股形态并不明显却突然涨了起来，怎么办？放弃它。我们只要自己交易系统里提供的利润，对交易系统以外的诱惑，本着拒腐蚀、永不沾的态度种好自家的地，千万别去干那种种了人家的地，荒了自家的田的傻事。见图三。

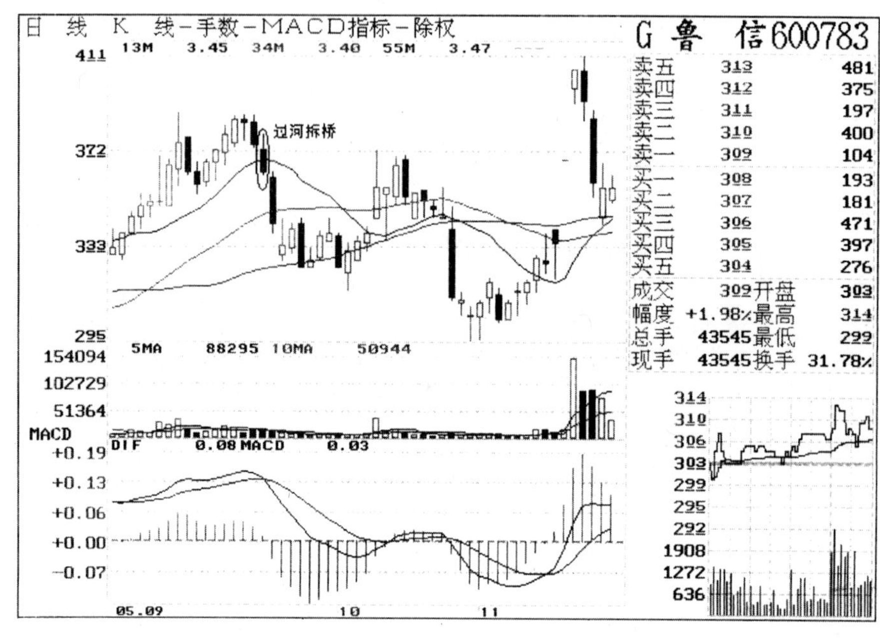

（图三）

股市是一片布满危险的沼泽地，稍有不慎就可能陷进去，在过沼泽地前，手里要拿根棍子，试探着往前走，第一步走稳了，再走第二步。

（3）G南化（600301）。从前期紊乱的均线系统去判断，就知道该股不会有出色的表现。实战中尽量选择均线流畅、形态完美的个股去做。生活中我们不能“以貌取人”，在股市里则必须“以貌取股”。生活中的很多道理在股市里是根本行不通的。如果你能倒着想，然后反其道而行之，股市里就可能又多了一个天才。可是，你见过谁倒着走路呢？超越正常人的思维和行为，往往更容易使你获得成功。

股价刚刚有了点起色，庄家就开始【狗急跳墙】了，如果识不破庄家的意图，也许会跟着趁火打劫，但庄家把银子往口袋里一掖，接着就干起了【过河拆桥】的勾当。这时候，无论你怎样对他恨之入骨，如何骂他不仁不义，他都绝不会把钱再还给你。

庄家与动物的最大区别，就是庄家没有固定的“发情期”。他想什么时候涨就什么时候涨，想什么时候跌就什么时候跌。这种随心所欲，为所欲为的本性没有人能够改变得了他，但庄家也不是一个无缝的蛋，每一个形态都是“缝”的痕迹，每一个指令都是敲击“蛋”的秘密武器。炒股是一个好的生意，谁都可以参加，钱多钱少都可设局，关键要有过硬的“玩技”。没有过硬而灵活的“玩技”，不但颗粒无收，还可能把老本砸进去。由此可见，玩也是需要技巧的。见图四。

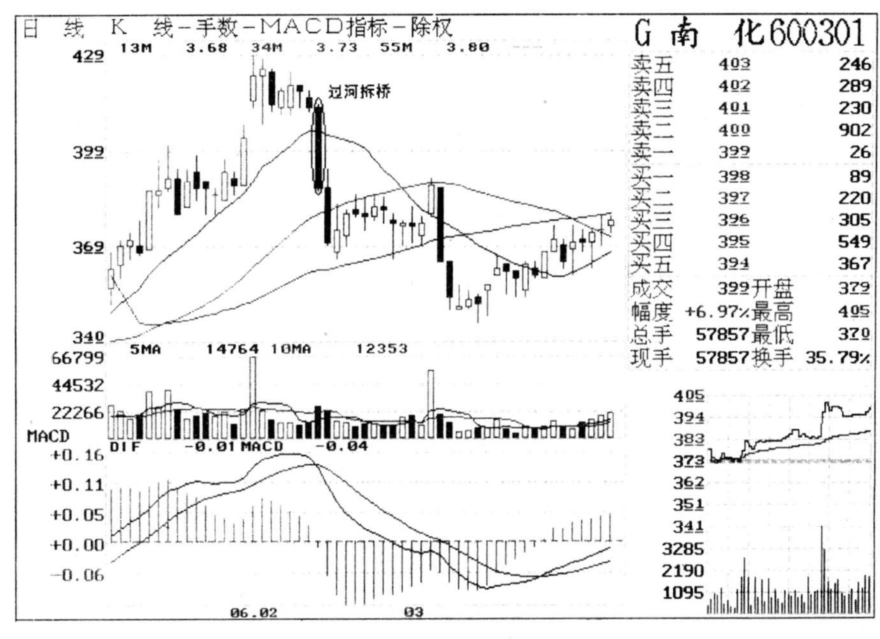

（图四）

(4) **海信电器**（600060）。股价经过大幅扬升以后，【一剑封喉】拦住了股价的上涨空间。如果在这一天没有来得及出局，别着急，还有机会，在庄家【过河拆桥】时，千万不要再犹豫。

通常情况下，【过河拆桥】出现以后，股价在第二天会有一个反冲。假如该股前期升幅不是很大，可以观望一天，看股价能否拉出持续阳线，从概率上讲，出现此种情况的可能性很小。但分析毕竟是分析，实战中必须严格按照交易指令去做，只有如此，失误的概率才会降低。见图五。

当资金被套的时候，多数人没意识到应该果断采取措施去止损，而是一味地期待着股价奇迹般地上涨起来，用想象、用希望去粉饰现实，去助长自己的错误。如果及时“认错”，向庄家妥协，局面一定会好得多。我们来算一笔账：

亏10%，股价上涨11%才能解套；亏20%，股价上涨25%才能解套；亏30%，股价上涨43%才能解套；亏40%，股价上涨60%才能获利；亏

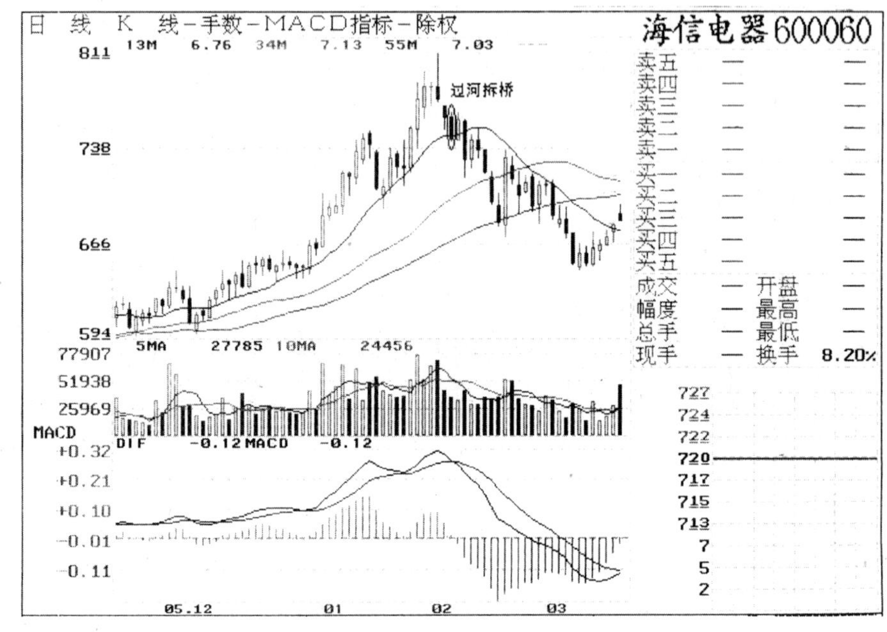

（图五）

50%，股价上涨100%才能获利；亏60%，股价上涨150%才能获利。由此可见，及时止损比遥遥无期的等待更实用。亏10%容易接受，也容易扳回，亏60%，元气就大伤了。

人在很多时候，都会好了伤疤忘了疼，过去痛苦的记忆一闪而过，过去的惨败，不久就淡忘了，甚至连提都不愿提起。

（5）**四川美丰（000731）**。且不问股价为何要跌，只要股价下穿13日均线，股价下跌的可能性极大。这就是【过河拆桥】给我们的警示。从图表上可以看出，【过河拆桥】出现以后，股价走势一波弱于一波，最后从9元多跌到了7元多。由此可见，它的杀伤力是蛮大的。

【过河拆桥】是对【一枝独秀】、【一剑封喉】、【独上高楼】等经典出局信号的补充，但它揭示的市场意义有时比经典出局信号更深刻。因为【过河拆桥】似乎是在不经意间完成的，因而人们在它出现的时候往往放松了警惕。其实，技术形态这东西非常简单，只要记住它的特征和意义就行了，是使用它的人把它想得太复杂了。他们对任何一个技术形态可以作出一万种解释，但轮到自己去做的时候却一下子没有了主意。综合素质不提高，再好的技术也没用，因为决定成败的是人，而不是物。

如果股价下跌的征兆像麻疹或重感冒那样有显著的标志，人们就会毫不费力地识别它，然后就会千方百计地去消除它。不幸的是，股价下跌的征兆千姿百态，难以辨认，即使辨认出来了，由于浅套，不忍心割小肉，结果越陷越深，最后，要么继续任人摆布，要么高位截肢。老百姓把这种现象称之为“能挨整砖不挨半块”，意思是，敬酒不吃吃罚酒。见图六。

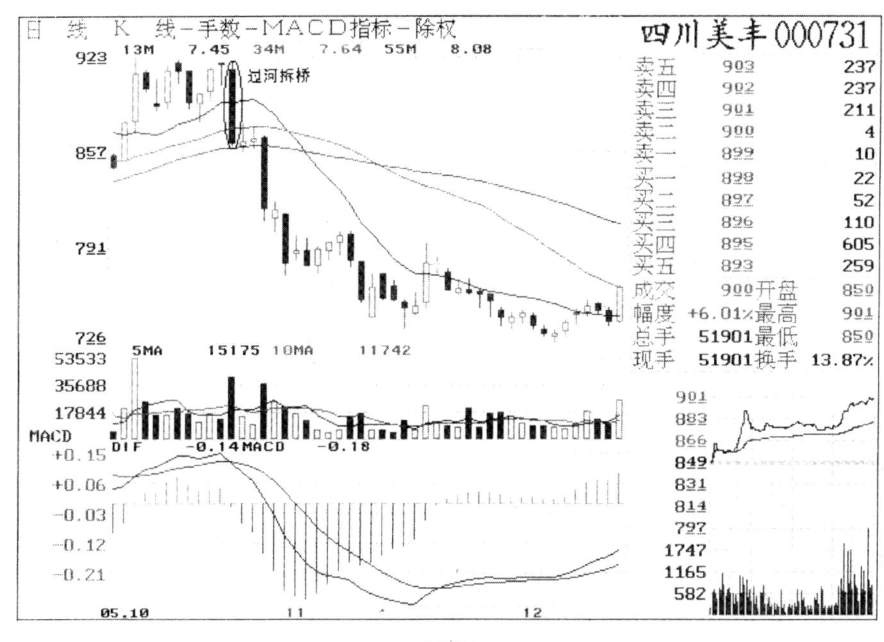

（图六）

（6）**永安林业**（000663）。股价经过大幅拉升以后，庄家就会考虑怎样兑现利润。但该股的见顶形态不明显，在这种情况下，我们只能借助其他技术形态去识别，【过河拆桥】虽然姗姗来迟，但它比【一箭穿心】先到，在此处挥刀开斩也为时不晚。当【过河拆桥】出现以后，如果股价翌日不能收复失地，盘中应择高点出局，切不可抱着侥幸心理被动守仓。守仓，有时是必要的，也是必需的。像【小鸟依人】、【双飞燕】、【一石两鸟】都是可以守的，因为股价振幅不大，在这个位置抛出，以后不一定能以更低的价位捡回来，这就有点得不偿失。

从图表上看，【过河拆桥】出现以后，股价的跌幅接近30%。如果在【过河拆桥】时主动把股票抛出，即使不去追逐其他强势股，而是耐心等到股价调整结束，在【红杏出墙】出现时再买入，表面上看似亏损了10%

以上，实际上是赢利了20%以上，就算以【过河拆桥】的收盘价抛出，然后再以【红杏出墙】的收盘价买入。姑且不说这中间的差价，同样的资金却多出了许多的股票，多出的股票不就是钱吗？在培训时，我一直在谈理念，谈改变，就是让人们学会算账。证券投资除了掌握一定的方法和技巧，资金的掌控能力和布局能力也非常关键。我还是那句话，不要把投资贬低到技巧的层次，单凭技巧在股市是挣不到大钱的，只有不断提升自己的综合素质，才能最终走进股市赢家的行列。见图七。

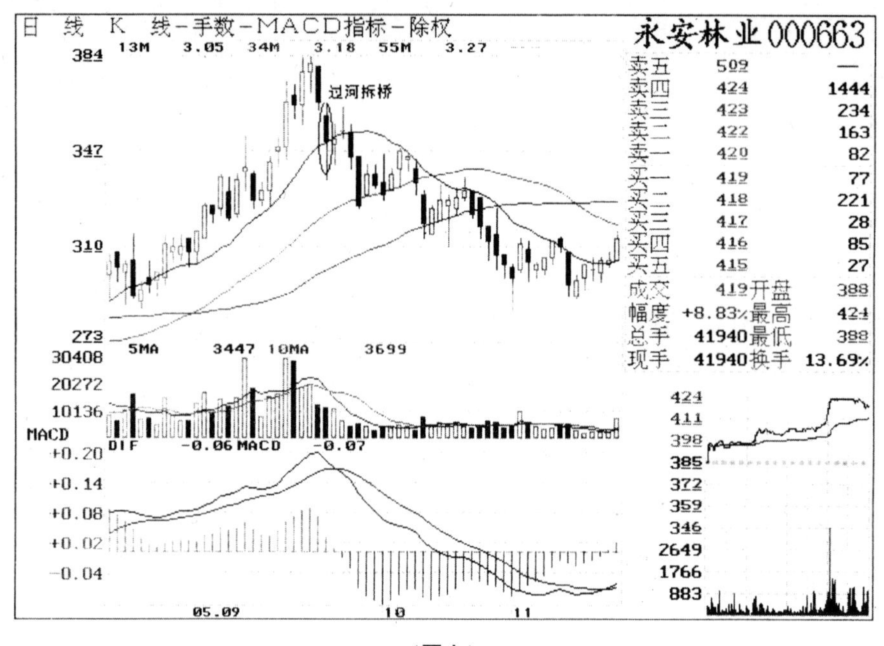

（图七）

（7）G **威孚**（000581）。股价经过一波大幅拉升以后，由于庄家持仓量太大，不可能在短期内将筹码全部派发出去。于是庄家维持震荡出货的格局，在派发尾段，庄家放弃护盘，股价呈自由落体运动。

【过河拆桥】是庄家弃庄的特殊表现，所以并不怎么引人注意。由于卖出就亏了的观念在脑子里根深蒂固，所以，心里老想着过去曾经看到过的价位，总想着反弹出局，结果越等套得越深，最后甚至连走的勇气都没有了。资金的套牢，意味着你的参与权已被剥夺，实际上已经被驱逐出局。作为一个投资者，如果几个月或者半年不交易一次，是不是丧失了投资的真正意义？

要知道，庄家既然想套你，短期内就没打算让你出来。实战中，为了维护全局利益，很多时候是需要丢卒保车的。善战者不败，善败者不亡。见图八。

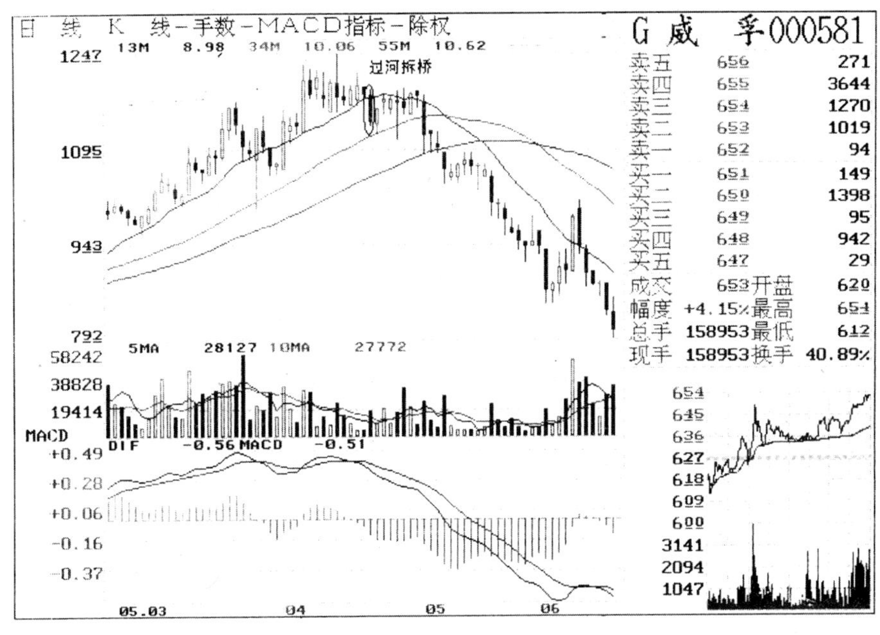

（图八）

卖出时机

（1）【过河拆桥】出现当天，拔腿走人。

（2）翌日，趁股价反抽出局。

友情提示

【过河拆桥】通常出现在一波拉升之后，出现在起涨段是震仓，分析形态时请注意股价目前所处的位置。【过河拆桥】是股价下跌的临界点。在这里断臂自救，一般都能够丢卒保车，不伤元气。

第8节

DIANFENG DUIJUE

狗急跳墙

古为今用 《唐李问对》卷下："攻是守之机，守是攻之策，同归乎胜而已矣。若攻不知守，守不知攻，不惟二其事，抑又二其宫。"意思是，进攻是防守的转化，防守是进攻的手段，两者都是为了战胜敌人。若攻不知守，守不知攻，这不仅是把攻守截然看作两回事，而且是把攻守的运用各自孤立起来了。

"势者，因利而制权也"。所谓"势"，就是根据情况，趋利避害、机动灵活所造成的形势。除非股价在上升通道时可以适当防守一下，多数时候要随着股价做运动。在高风险的股市中行走，只有学会"心随股走，及时跟变"，才能保证资金的安全。

"心随股走，及时跟变"是135战法的最高行动准则。它有两层意思：一是当趋势明朗，或有完美技术形态出现时，必须改变先前的空头思维，及时地加入到多头的阵营里；二是当大势发生逆转或交易系统发出明确的卖出指令时，要坚决抑制做多欲望，然后反戈一击，坚定地站在空方一边。散户最忌与庄家打持久战和阵地战，因为我们身单力薄，既耗不起，也拖不起。机动灵活是散户的优势，应注意扬长避短。打得赢就打，打不赢就跑，在军事上是为了保存实力，服从战略的需要，在股市里也不能单纯地把它说成是逃跑主义，退一步讲，如果逃跑能够保全资金，那失点颜面又何妨！

炒股犹如一条变异性很大的布林道，下轨买，上轨卖。重在慢慢摸索，仔细揣摩。不然的话，不仅穿不过布林道的上沿，甚至会一直沿着布林道的下轨缓缓地滑落下去。

● **形态特征** 股价经过拉升进入急涨阶段，突然在某一天，股价大幅跳空高开，然后放量滞涨，这是庄家为集中派发而精心设计的一个诱多陷阱，如果不知是计，接过来的很可能就是最后一棒。我们把经过一波拉升之后，在高位留下向上跳空缺口的带量阳线或阴线称之为【狗急跳墙】。见图一。

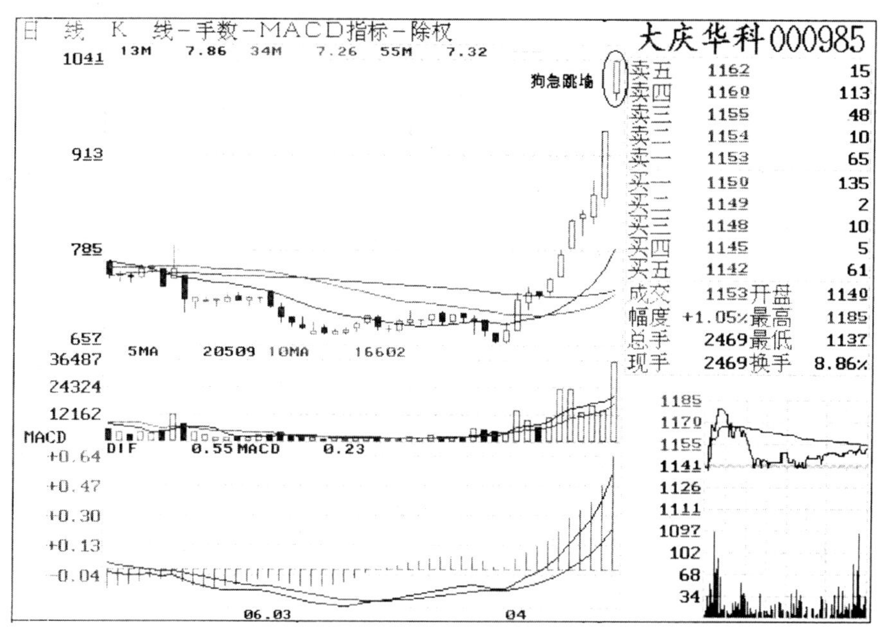

（图一）

● **形成机理** 庄家在出货时往往会营造一种良好的市场氛围，使出一些怪招，【狗急跳墙】就是非常经典的一种。股价一旦进入急拉阶段，便意味着行情已经进入尾声，为了掩盖自己的真实意图，吸引跟风盘，庄家刻意使股价跳空，制造一种向上突破的假象，然后将筹码在高位易手。【狗急跳墙】是庄家集中派发时惯用伎俩，是股价即将转势的强烈信号，万万不可掉以轻心。

● **经典记忆**

（1） *ST **屯河**（600737）。该股的第一个【揭竿而起】是收集，然后通过压价逼仓进一步加大吸筹力度。【四星望月】的出现，预示着整理的结束，随着均线系统的收窄和成交量的温和放大，股价从均线系统上【揭竿而起】，加上【海底捞月】和【梅开二度】的推波助澜，一波行情就这样应运而生了。

庄家在做市的每个阶段，由于资金巨大，吞吐时都会在盘面上留下一些痕迹。根据这些蛛丝马迹，我们就可以准确地判断庄家的意图，然后制定出相应的操作策略。这样一来，即使不能大获全胜，但也不至于大败而归。

股价经过一波拉升后，窄幅整理一周，然后继续向上突破。由于T类股票受涨停幅度限制，所以这个【狗急跳墙】看上去不是太明显。股价经过一周强势整理再次向上突破，走势图上出现了第二个【狗急跳墙】。看来庄家不把你领到悬崖边上是不会善罢甘休的。但也无须恐惧，【狗急跳墙】以后股价一般还会出现新高，只是转瞬即逝，不要总奢望卖到最高，积极稳妥的办法就是在【狗急跳墙】出现的当天跳出界外。见图二。

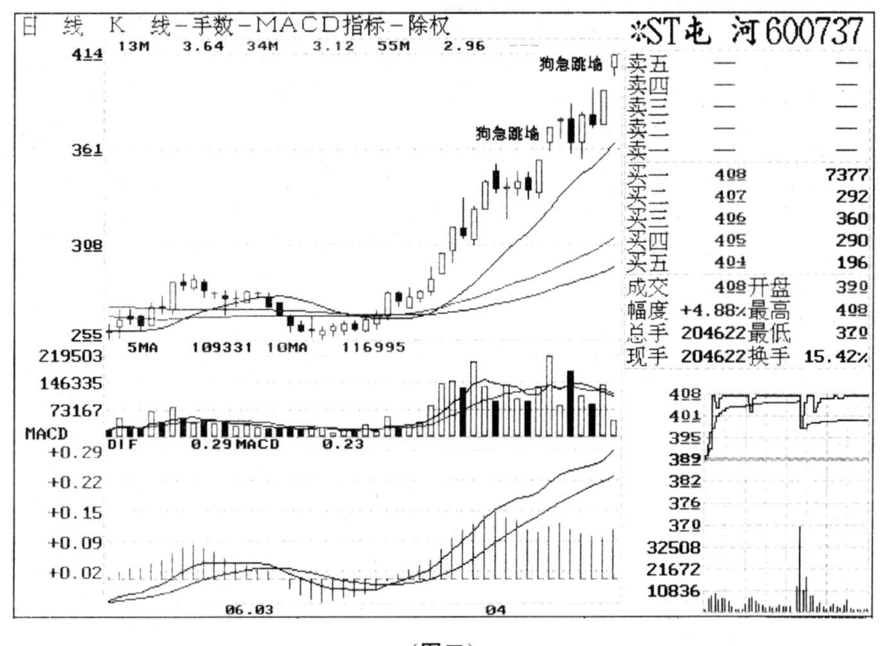

（图二）

（2）＊ST 松辽（600715）。该股的起涨点是【红衣侠女】，股价刚刚开始走强，庄家便采用【一石两鸟】震仓。股价在 13 日均线处获得支撑后，立即展开第二轮攻击。一周后【一剑封喉】发出离场信号。不管庄家是不是真出货，这时候都要主动回避。回调两天后，股价在 13 日均线附近再次获得强力支撑。第三轮攻击随即展开，拉升途中，股价强势整理一周后用【暗度陈仓】清洗获利筹码，然后又马不停蹄开始了第四轮攻击。

股价进入急拉阶段后，跟风盘也逐渐多了起来，于是，在人们的一片欢呼声中，庄家利用【狗急跳墙】煽风点火，然后实施集中派发，【狗急跳墙】是股价的转势信号，对这个“外强中干”的形态，不能忘乎所以，更不能置之不理。

【狗急跳墙】出现以后的情景又是怎样呢？图表上的【一剑封喉】唱道：“牛儿还在高高的山上吃草，放牛的孩子却不知哪里去了……”见图三。

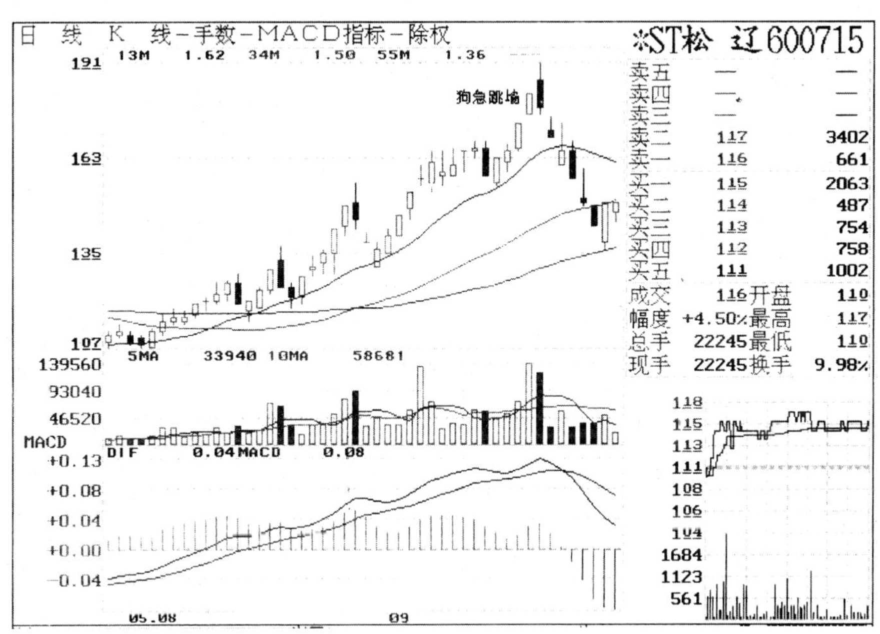

（图三）

（3）**南京医药**（600713）。【红杏出墙】以后，股价迎来了第二个买点【一阳穿三线】。经过震荡攀升，盘中积累了大量的获利筹码，于是，庄家采用【浪子回头】加大清洗力度。股价在13日均线处获得支撑后开始收复失地，在前高点附近庄家用了一招【狗急跳墙】越过整理平台，从股价的位置看，不算太高，股价理应向上拓展一定的空间，遗憾的是没有后续量能的支持，股价犹豫了一下还是把【一剑封喉】使了出来，于是，行情就这样匆匆收场了。

学会了识图，就像看侦探小说一样，既惊险刺激，又妙趣横生。再难的事情只要把握住了它的内在规律，就会变得举重若轻。花点时间，学学识图；找点空闲，练练眼力；动动脑筋，精心布局；控制手指，把握键击。当把这些都练得炉火纯青的时候，一个高手也就诞生了。客观地讲，证券投资比打工挣钱多，也比上班挣钱快，但前期准备阶段比打工苦，平时训练比上班累，所忍受的折磨也比其他行业大。如果能把苦和累都大口大口地吞下去，吐出来的不仅仅是能和耐，还有一个惬意的人生。世界上最珍贵的东西就是能耐，有了它就可以拥有一切。每个人都天赋潜能，就看你想不想，愿不愿把它挖掘并释放出来。见图四。

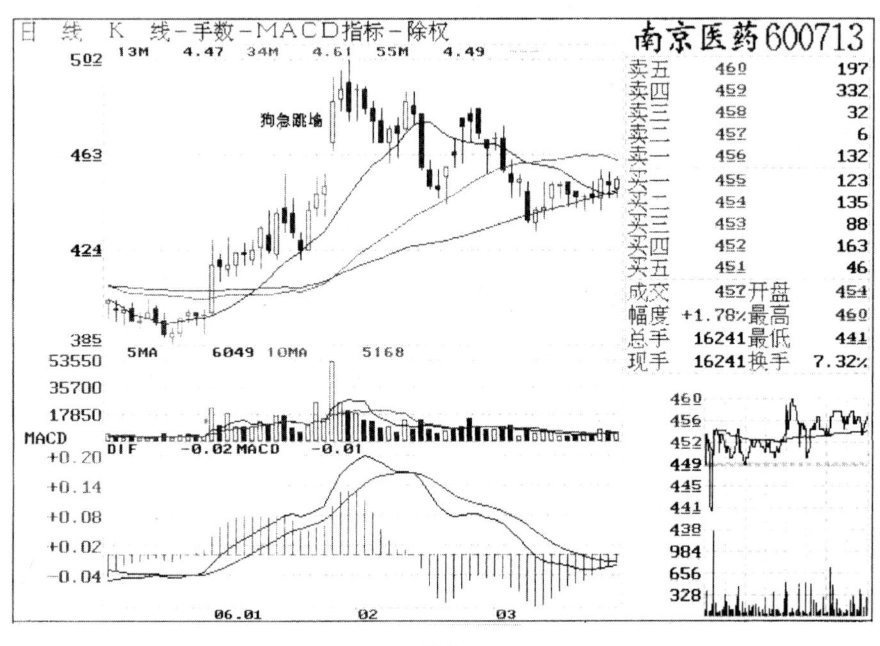

（图四）

（4）G **海螺**（600585）。庄家【狗急跳墙】，股民跟着遭殃。这不是危言耸听，而是实战得出的结论。如果你不想身受其害，那就在庄家【狗急跳墙】时，不要吝啬手中的筹码，举起来向着庄家的头上砸去。

图表上不难看出，【狗急跳墙】出现以后，股价先是缓缓下跌，然后是急速下跌。如果你依然无动于衷，接下来的损失将会更大，因为庄家把大部分筹码抛出去以后，接着就要【过河拆桥】了，这时候如果你继续负隅顽抗，庄家立刻就会把你扔在海里喂鲨鱼。

135战法从技术上解决了“在山前就能看到山后面有什么”这个难题，能不能交出一份满意的答卷，全凭个人的悟性和努力。因为战法解决的只是进出的时机问题，却无法从根本上解决人的心态和素质。如果说135战法是能，那心态和素质就是耐。能耐能耐，既要有能也要有耐，有能无耐，好运不在；有耐无能，人财两空。让能和耐永不分离，失败才会不敢再来。见图五。

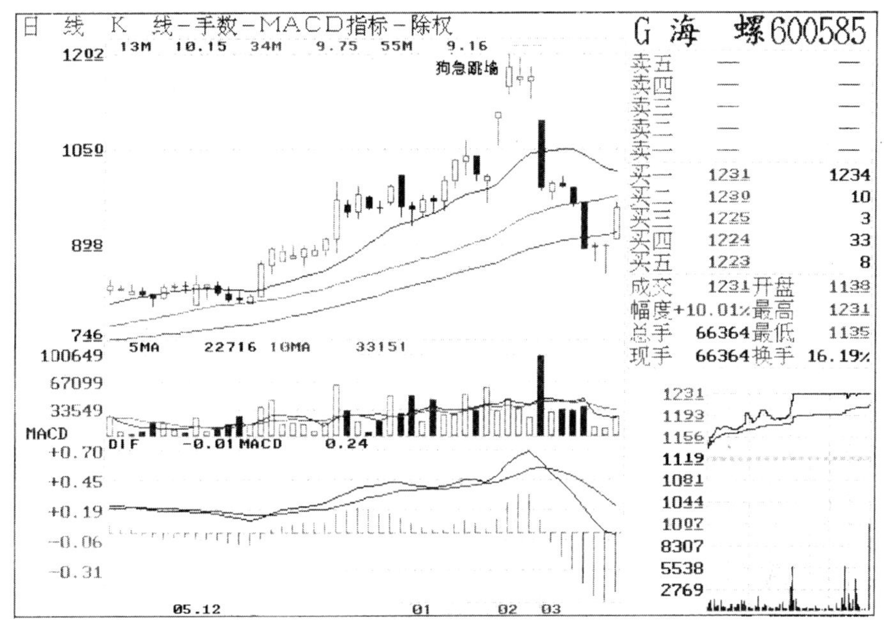

（图五）

（5）G**用友**（600588）。如果你想和一个人交朋友，最该做的一件事是什么？记住他的名字对吧。炒股也是如此。庄家没有我们想象的那么神秘，他的一举一动都被真实地摄入了每一根K线里。读懂了K线语言，就会消除与庄家交流的障碍。通过分析下面这张小图，看看到底是不是这么回事。

看过《黑客点击》这本书的人都知道，任何个股只要没有【红杏出墙】的出现，股价就没有底部可言。在这张小图上我们发现，自从【红杏出墙】出现以后，股价才开始有了转机。先是一组【蚂蚁上树】把股价推到55日均线附近，然后股价又从55日均线上【揭竿而起】，接着是一个蒙面的【黑客点击】，【均线互换】以后，均线系统呈现出多头排列之势，也就是说，只有【均线互换】完成以后，股价的上升空间才会真正被打开。

股价的急速拉升，标志着股价已进入顶部区域，庄家的工作重点也将随之转移。这时候，如果你持有的股票股价出现【狗急跳墙】式的加速上扬，表明庄家去意已决，应果断离场才是。见图六。

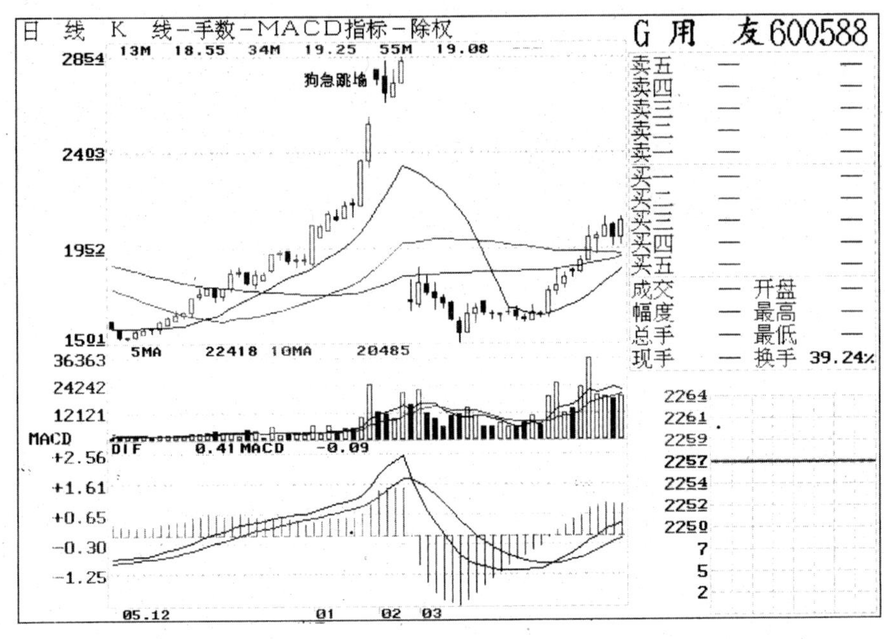

（图六）

(6) **山大华特**（000915）。看看均线系统上那群参差不齐的小狗崽，就知道它以后成不了什么大气候。但狗也是有自尊的，它也不喜欢听赖话。狗似乎是想证明点什么，汪汪两声大叫之后，蹭地一下蹿到了高高的墙上，K线图上留下了一个巨大的跳空缺口，由此可见，不光兔子急了会咬人，狗急了也会跳墙的。

接下来的走势如何？【狗急跳墙】出现的第二天，股价平开低走，庄家又使了一招【金蝉脱壳】锁定套牢盘，这时如果不能及时地断臂自救，庄家【过河拆桥】以后的日子就更不好过了。有些人生活中受点委屈就大吵大闹，甚至去拼命，股市里任凭庄家大打出手，受尽凌辱，别说进行正当防卫，很多时候连个响屁都不敢放。人性上的这种巨大反差，说明人们还没有真正地认识股市的本质，说明还没有真正悟到炒股的真谛。一言以蔽之，没有找到自己在股市里的生存方式。一个手无寸铁的散户和一个武装到牙齿的庄家去抗衡，又能存活多久呢？

图表上那个跳空高开的带有上影线的中阳线，实际上是一个双重卖出信号。想想看，除了【狗急跳墙】，另一个是什么？另一个是【一枝独秀】。当两种技术形态同时揭示同一个市场意义时，准确性自然会更高一些。我们还需要再用时间去考证吗？见图七。

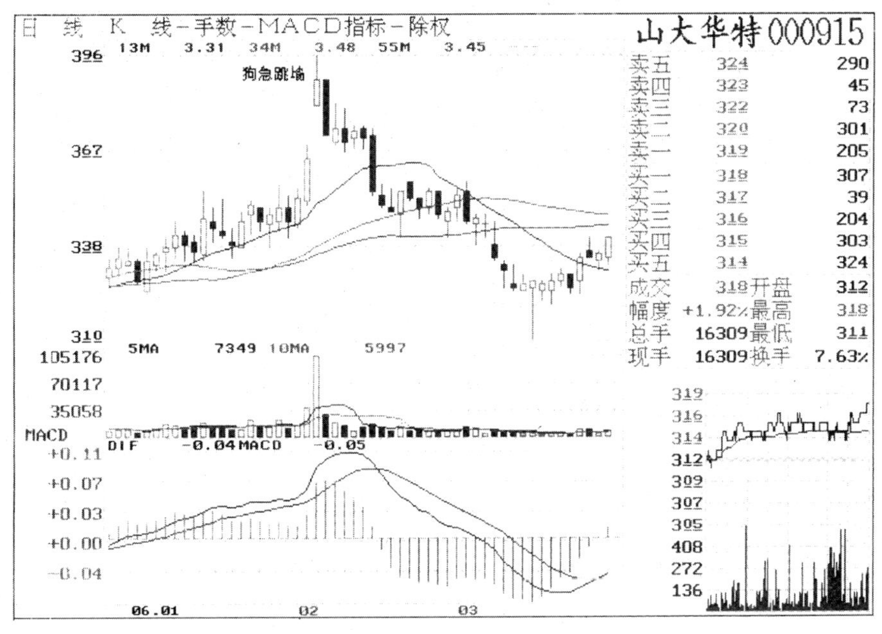

（图七）

（7）**三联商社**（600898）。盘中庄家也许真是属狗的，今年正是他的本命年。看那上蹿下跳的表现，肯定是个急性子。

股价从【动感地带】尾部【揭竿而起】以后，野性大发，急吼吼地往上蹿，不管人们怎么想，先让你把眼看直再说。

从【揭竿而起】到【狗急跳墙】只有三天，三天时间庄家就成功地完成了一次偷袭，这在股市也并不多见。遇上这样的对手，除了眼睛快，脑子快，还要动作快，否则，就只有欣赏的份了。股市的这种速度与多变带给人们很多惊险和刺激，也同时埋下很多风险和危机。技术功力低下，反应能力迟缓失去的不仅仅是机会，还要接受接踵而来的灾难。没有一套预警和实战交易系统，面对突如其来的机会和陷阱，还真是有点拔剑四顾心茫然。掌握一套办法并且把它运用得得心应手，任何时候都有足够的回旋

余地。

【狗急跳墙】后的股价走势，凄凄惨惨戚戚，这次第，怎一个愁字了得。【狗急跳墙】是股价暴跌的临界点，它的杀伤力一点不比【一剑封喉】差，但表面上比【一剑封喉】显得温柔。实战中，在思想上要藐视它，在行动上要重视它。见图八。

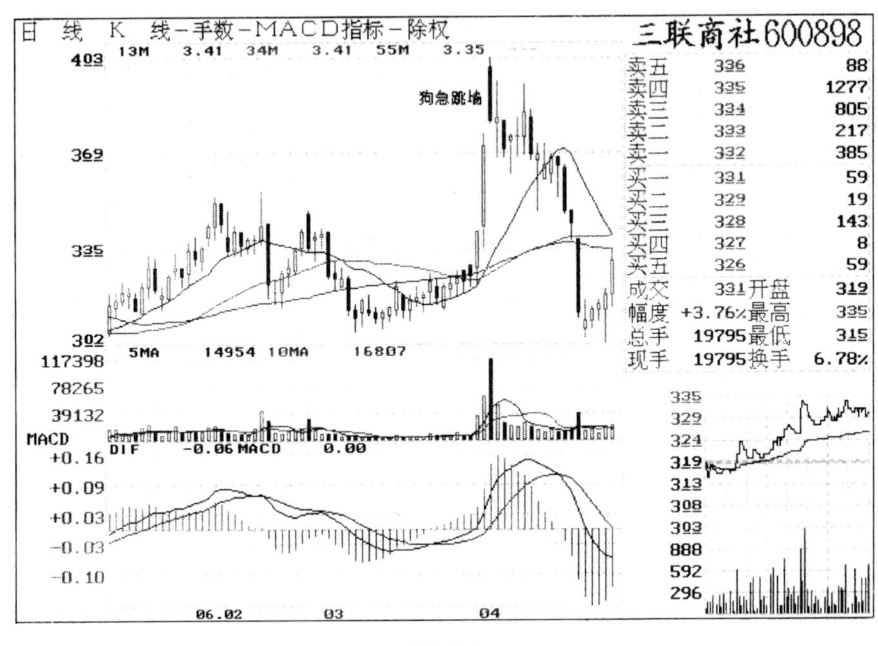

（图八）

卖出时机

（1）【狗急跳墙】出现当天，清仓完毕。

（2）翌日择高点，拔腿走人。

友情提示

【狗急跳墙】通常出现在股价加速上扬之后，出现在热烈的气氛之中。由于庄家以做多的面目出现，往往带有很大的迷惑性和欺骗性。实战时注意观察股价所处的位置，发现不妙，就一走了之。宁肯踏空，也不要套牢。

第9节

DIANFENG DUIJUE

双蹄并进

● **古为今用** 《司马法》天子之义篇："兵不杂而不利。"意思是：各种兵器不配合使用就不能发挥其威力。做股票，如果不能把各种理论融会贯通，把各种战法相济并用，战时很容易丧失战机。

动向指标"DMI"是威尔士·怀德发明的，他的设计初衷，就是用来寻求在商品价格的涨跌中，买卖双方力量的均衡点及价格在双方互动下波动的循环过程。后来人们把它引入了股市。经过长期研究和反复验证，发现"DMI"具有领先和确认之功效。当 ADX 和 ADXR 两个数值相等或相差无几时，预示股价近期走势将会走强。作为一种辅助手段，对确认其他技术形态有着不可替代的作用。方法不怕旧，就怕摸不透。

● **形态特征** "DMI"的 4 条颜色不同的线犹如一匹马的四条腿，它的 4 个数值就像一匹马的 4 只蹄子，我们把＋DI 和－DI 称为马的前蹄，把 ADX 和 ADXR 称为马的后蹄，当马的后蹄并拢在一起时，股价将随之出现一个马不停蹄的奔腾过程。我们把这两个相等或基本相等的数值称之为【双蹄并进】。见图一。

● **形成机理** 通过移动平均积累，以度量上升和下跌振幅在日间最大振幅的比重，从而揭示市场能量趋向；通过上升和下降动量的对比，测量市场供需程度，进而为判断市场状况提供量化依据。＋DI 上穿－DI 表明有增量资金进场，但并不意味着股价会立即拉升。只有当 ADX 和 ADXR 两个数值相等或接近相等时，股价才有上涨之可能，如果有其他技术形态相配合，股价的上涨更可确认。这种以【双蹄并进】形式出现的个股，日

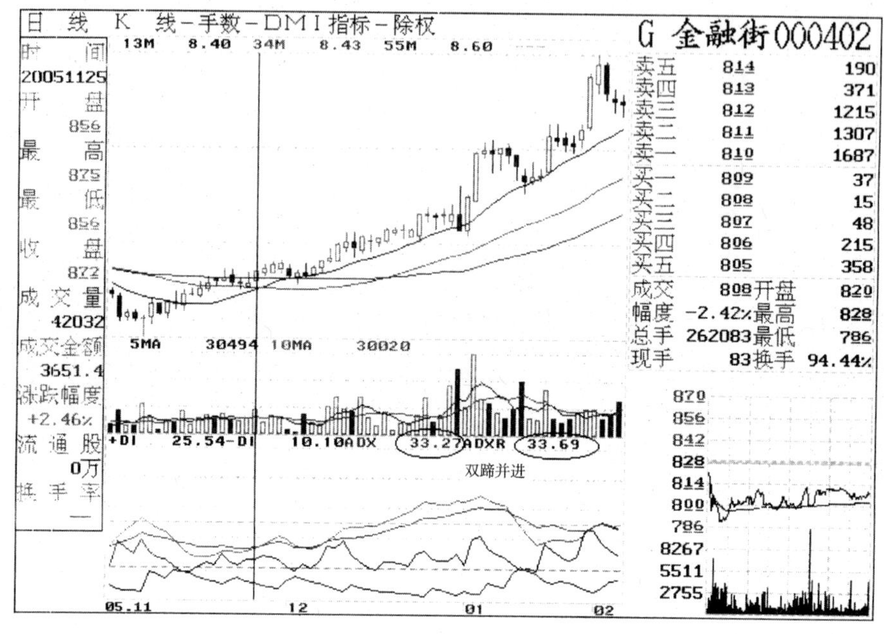

（图一）

后涨幅都很惊人。在这里按图索骥，一般都能如愿以偿。

经典记忆

（1）**深圳华强**（000062）。【日月合璧】是见底反转的标志，由于形态不规范，加之能量不足，我们不知道股价能不能涨起来，这时候，可以借助“动向指标”去观察，我们发现，股价站上13日均线以后，【双蹄并进】已经出现，请看数值：ADX：21.35，ADXR：21.15，两数相差0.2，预示股价今后的方向将是向上的，为了进一步确认它的真实性，于是【蚂蚁上树】来了，【投石问路】来了，【揭竿而起】来了，【红衣侠女】来了，最后，【均线互换】也来了。于是股价噌噌地涨了起来，奇怪吗？不，这是股价的内在规律使然。见图二。

每一个形态都反映了某一阶段的规律，每一个形态都揭示了每一个细节的含义，当我们把这些细节都串联起来，它就变成了股价的运行规律。

成功是一个过程。理念正确、方法得当过程就简单些，理念不正确方法不得当，过程就复杂些，谁也不可跨过这些过程而直接获得成功。在投资过程中，每一步都是不可省略的。过程是艰辛的，甚至是苦涩的，但艰辛苦涩中孕育着收获，若想获得投资的成功，就要脚踏实地走好每一步。

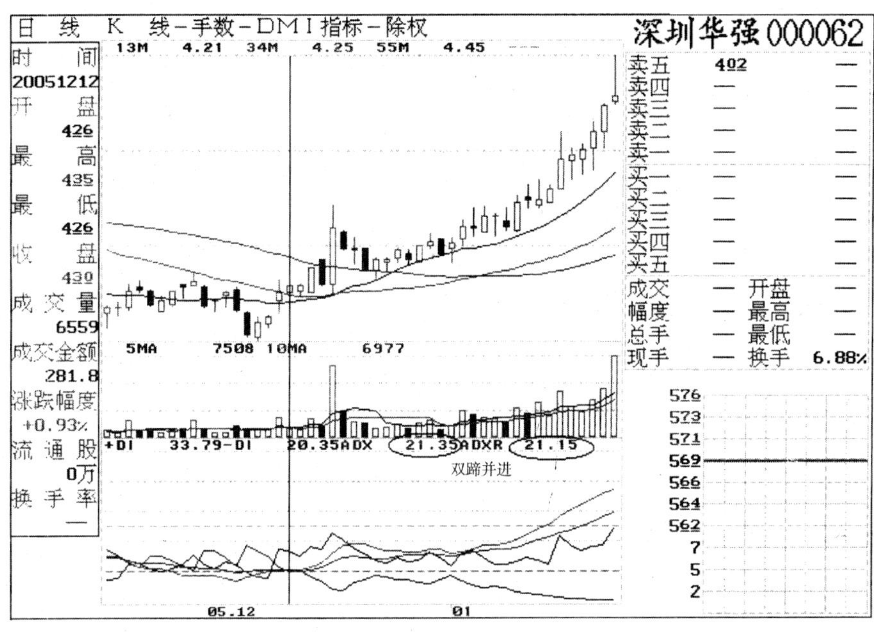

（图二）

结果与过程不能割裂开来，没有离开过程的结果，也没有离开结果的过程。结果是由过程的积累演变而成的，结果的价值也是由过程的努力程度来决定的。黄金之所以昂贵，是因为它稀有、提炼难度大、工艺复杂，付出的艰辛比其他金属多。成功又何尝不是如此呢？

（2）G **农产品**（000061）。2006 年 3 月 29 日，继【一阳穿三线】之后，股价又从均线系统上【揭竿而起】，庄家频频向上发起攻击，是真是假？只要敲出动向指标一看便知。ADX：37.91，ADXR：37.84，两数相差 0.07，表明【双蹄并进】成立，庄家的进攻是真实的。于是，就可以放心大胆地买进了。

股价调整 4 天后，13 日均线开始上穿 34 日均线，【梅开二度】刚刚绽放，股价就从它们的结点处跳了起来。神吗？不神。因为这是规律使然。如果这些形态出现以后股价不涨反跌，说明 135 战法还不够千锤百炼。

学技术时精益求精，看盘时聚精会神，操作时坚决果断，收盘后认真总结。当把一切都做得有条不紊并且已经变成习惯时，你会发现这已经不是在炒股，而是在享受。

从图上可以看出，股价一上路就迅跑，那是得到均线系统大力支持的缘故。在行进过程中，股价经过强势整理，进入急拉阶段，【一剑封喉】怕闪着它的腰，于是就挡住了去路。

看着飞速下跌的股价却不采取任何行动，除了没有起码的避险手段，主要根源是想赢怕输。如果股价达不到解套的位置，他们宁肯把牢底坐穿也不去想办法越狱。说到底还是没有一套属于自己的交易方法，不知道什么时候该买，也不知道什么时候该卖，卖和买全是在一种迷糊状态下进行的。在他们看来，炒股纯粹是碰运气。持这种想法的人，在股市亏损得最严重。见图三。

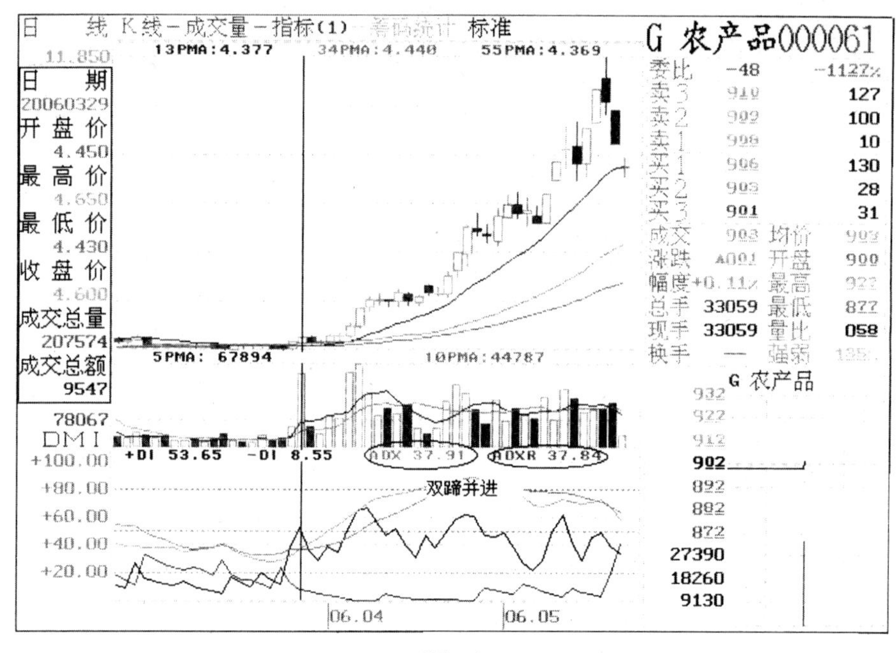

（图三）

（3）G **天健**（000090）。从图表上可以看出，股价从 55 日均线上【揭竿而起】以后，不但没有积极上攻，反而消极下跌，是形态失败了吗？且不忙下结论。我们发现，股价下破 55 日均线以后，做空能量已变得弱不禁风，成交量已萎缩到了极点，这是股价转势前的征兆。但股价能不能由弱变强？什么时候由弱变强？当其他技术手段全部失灵，局势变得深不可测的时候，唯一能够帮助我们的就是【双蹄并进】。通过这个手段，就可以摸清庄家的意图，从而减少操作失误。

【双蹄并进】与其把它看成一个买点，不如把它当作一个探测仪更贴切一些，因为【双蹄并进】的真正价值是它的领先功能和确认作用。

2006年3月9日，股价依然窄幅波动，走势迷离，前途未卜，这时候往往会作出错误的判断，为减少失误，我们可以利用“动向指标”查看“马蹄”的位置，如果ADX和ADXR形成【双蹄并进】的态势，说明庄家正在施放烟幕弹。【双蹄并进】就会帮我们拨开迷雾，坚定持股信心。我们来看一下它的数值：ADX：27.72，ADXR：27.28，数值相差0.44，预示整理即将结束，拉升即将来临。股价后来的走势，完全证实了这一点。钢筋混凝土之所以坚硬，因为它融进了其他材料并把它们搅拌在一起，然后形成一种新的合力。做股票又何尝不是如此。依靠单一技术，在股市是很难取胜的。艺多不压身，艺高人胆大。见图四。

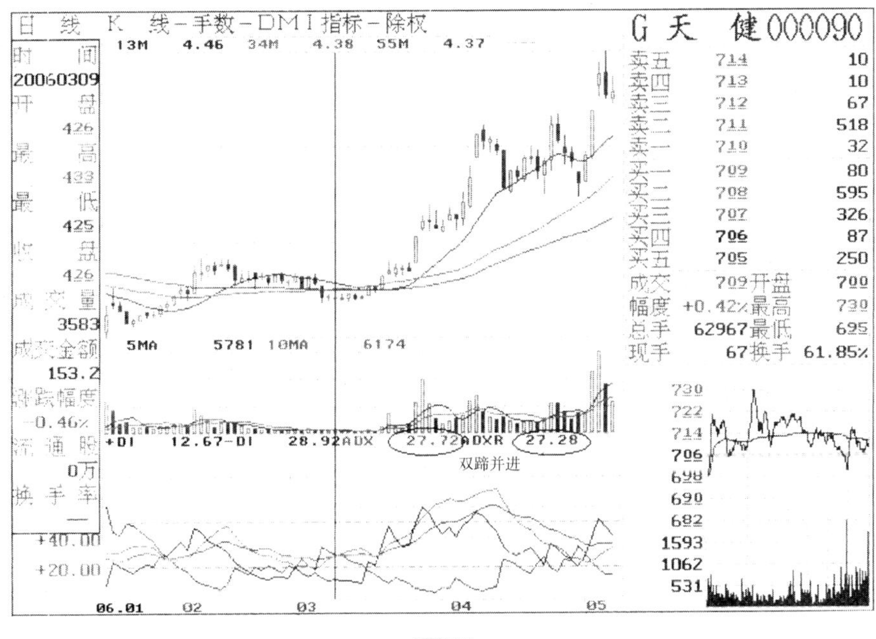

（图四）

（4）G**海直**（000099）。单从技术形态来看，G海直杂乱无章，似乎没有可圈可点之处。当你调出动向指标，一定会大吃惊。表面平静的G海直，正在不被人们关注的角落里“马不扬鞭自奋蹄”呢。请看它的数值：ADX：21.82，ADXR：21.50，数值相差0.32。符合±0.5的技术标准。这就是说，庄家正在“茅坑里拉屎握拳头——暗使劲”。【双蹄并进】这种只埋头拉车的老黄牛精神值得效仿。【双蹄并进】出现以后，如果有相应的技术形态相配合，股价的上涨往往是可以预期的。股价未来的发展是不是这样呢？请接着往下看：

2005年12月13日，股价先是从34日均线上【揭竿而起】，紧接着【梅开二度】相继出现，随着【均线互换】的完成，于是行情不请自到。步步相连，环环相扣，哪一个环节出了问题，股价也不能顺利地涨起来。把握股价的运行规律，实际上就是把握投资的胜律。

【双蹄并进】作为一个辅助手段，它在实战中的作用日显重要。由于人性上的弱点，很多时候我们看不清事物的真相，把握不住自己，这时候，如果举棋不定，不知道下一步如何走，就只有借助技术手段帮我们理清思路，帮我们作出分析，帮我们拿出决断。见图五。

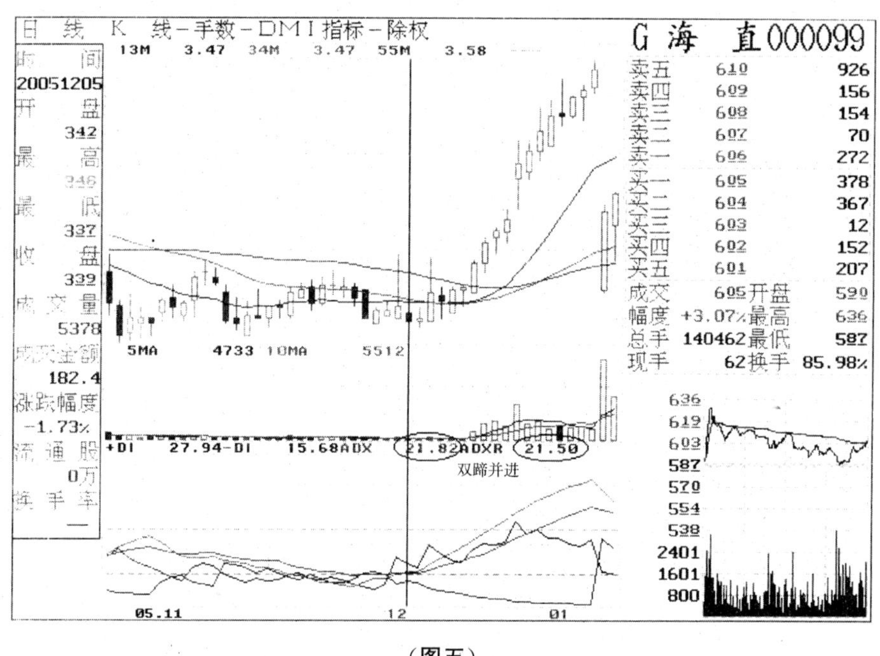

（图五）

（5）**丝绸股份**（000301）。单从图表上看，实在找不到任何可以进场的依据，为了争取主动，防止冒进，可以利用动向指标先“侦察”一番，这时候你会发现，庄家正不露声色地悄然进发，是【双蹄并进】给我们的提示。请看数值：ADX：25.61，ADXR：25.41，数值相差0.2，符合规定标准。【双蹄并进】预示股价未来的方向是积极向上的，那么，有筹的就可以暂时不抛，无筹的暂时不进，但应积极关注，然后耐心等待明确的进场指令。比如后来的【黑客点击】、【均线互换】等。

从图表上可以看出，一组【蚂蚁上树】把股价送上了55日均线以后，随着【黑客点击】的出现和【均线互换】的完成，股价正式步入了上升通道。【双蹄并进】的真正价值，就是当你吃不准的时候，它会帮你拿主意。

2006年2月7日，股价跳空高开，然后冲高受阻，成交量急剧放大，图表上的【一枝独秀】及时地发出了清仓指令。尊重和服从交易指令是每个职业投资者的天职，他们宁肯让自己受委屈，也绝不会让资金受损失。

实战中，不要单独使用【双蹄并进】买进股票，因为它只是一个重要的参考依据，而不是入场的决定依据。决定进场的重要依据是：符合“量、价、线、形”四个条件的技术形态。把【双蹄并进】和其他技术手段结合起来使用，效果会更好些。见图六。

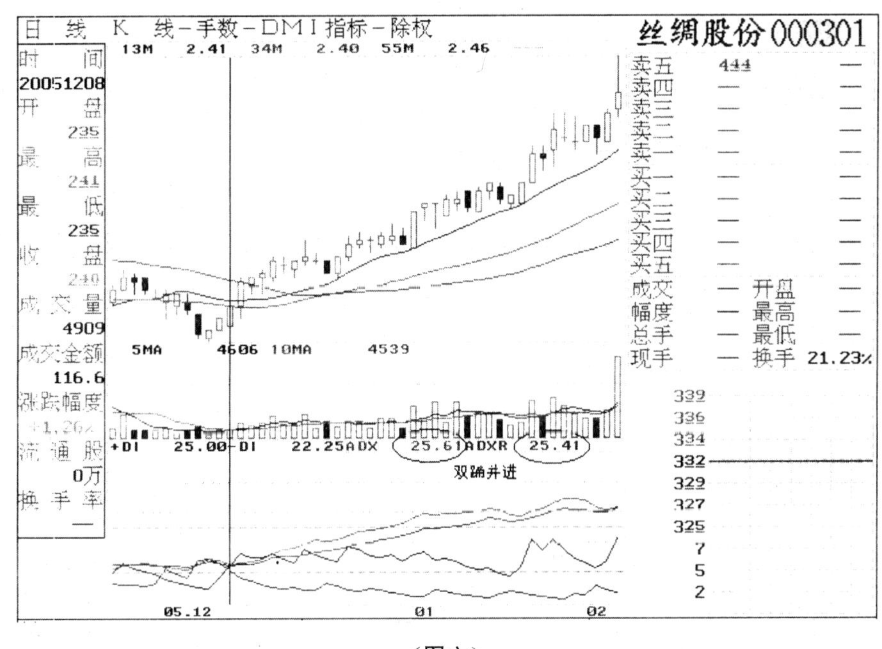

（图六）

（6）G许继（000400）。股价从均线系统上【揭竿而起】以后，如果你担心这是庄家在做骗线，怀疑它的真实性，就用【双蹄并进】对其进行验证。如果【双蹄并进】没有作出同步反应，说明庄家只是即兴表演，如果【双蹄并进】的两个数值相等或相差无几，就意味着庄家是真动，而不是佯动。注意，ADX的数值应大于ADXR；小于ADXR，说明股价仍将反复。

【双蹄并进】出现以后，股价之所以继续整理一段时间，除了庄家的持仓量不够，或者为了洗盘的需要，和 ADX 数值小于 ADXR 有一定关系。凡是 ADX 大于 ADXR 的数值，股价整理时间相对短一些，反之就相对长一些。从图表上看到，随着【均线互换】的完成，股价在 34 日均线处获得了支撑，翌日的【破镜重圆】结束了调整。随后股价在 13 日均线上【揭竿而起】，然后扬长而去。

2006 年 5 月 11 日，【一剑封喉】横刀立马，说明股价的阶段性攻击已告结束。庄家开始撤军了，再继续留在里面已经没有什么意义。

替庄家站岗放哨，风吹雨淋，弄一肚子气不说，庄家还骂你愚，明智的选择是：你走我也走，该松手时就松手。见图七。

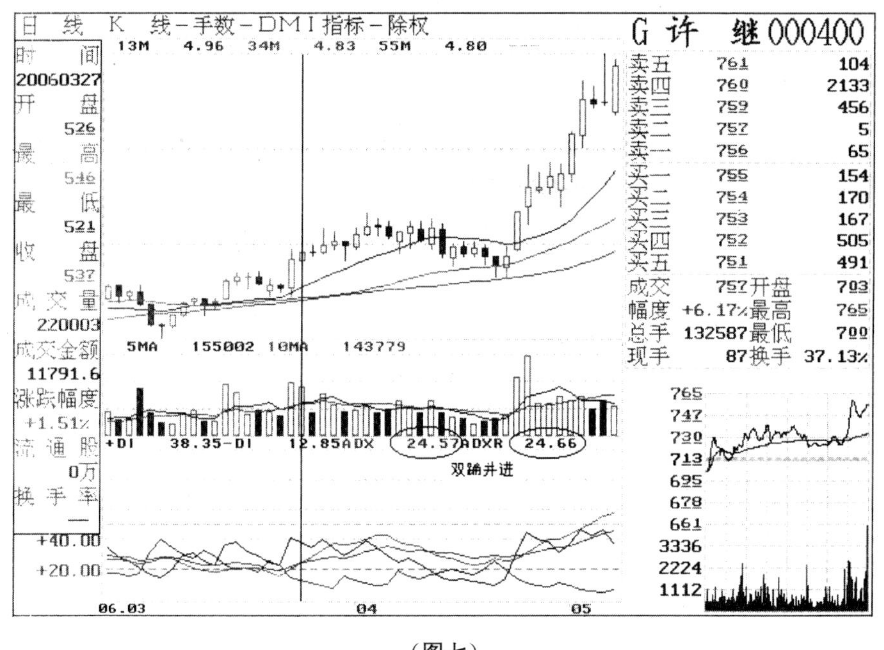

（图七）

有学员问，这个方法公布以后，用的人多了是不是就不灵了？关于这个问题，我在《胜者为王》这本书里作过详细解答，这里不再赘述。关键在于谁能把握它的本质。况且【双蹄并进】在 135 战法里面只是一种辅攻手段，从来没有把它当成主攻兵器。

（7）G 沈机（000410）。一组【蚂蚁上树】把股价送到 55 日均线附近，股价能不能在55日均线上站住？看看【双蹄并进】怎么说：ADX：25.70，ADXR：25.88，数值差为0.18，可惜，数值是负的。如果ADX大于ADXR的数值，股价的整理时间还可以再缩短。

股价在55日均线上窄幅整理两周，13日均线开始上穿55日均线，股价从结点处拔地而起，【红衣侠女】和【揭竿而起】同时发出进场指令。这可是千载难逢的好机会，重仓出击。

翌日，股价缩量整理。然后缩量封停，然后庄家开始【狗急跳墙】了，然后又用【明修栈道】掩饰真实意图，继续行骗。若想人不知，除非己莫为。庄家干的所有勾当，图表上都写得清清楚楚，明明白白。我们没必要去戳穿它，但一定要节制自己的行为，该出手时就出手。见图八。

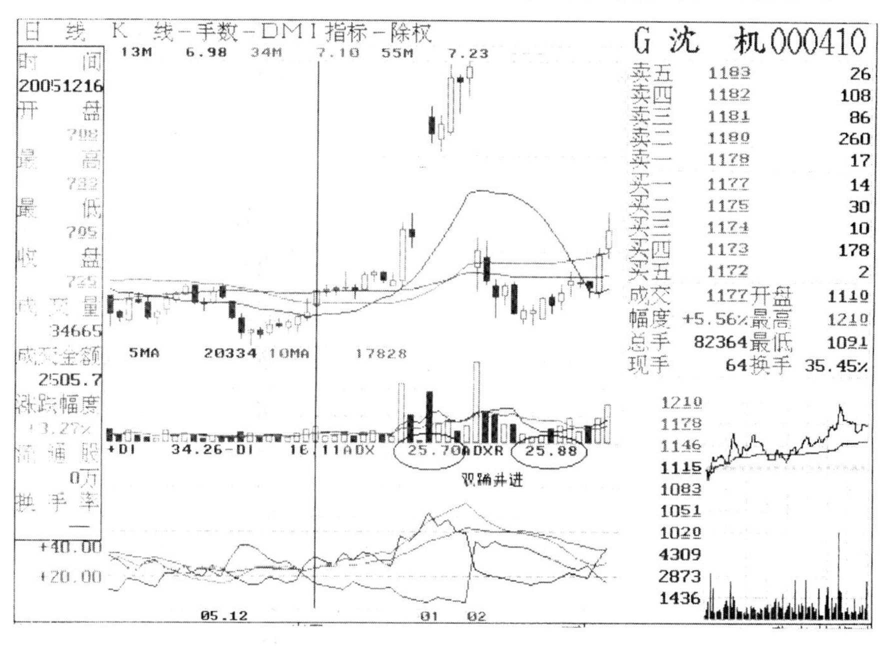

（图八）

买进时机

（1）发现【双蹄并进】以后，密切关注或轻仓试探。

（2）如果有相应技术形态相配合，半仓跟进。

（3）股价突破前期高点，重仓出击。

友情提示

（1）【双蹄并进】的两个数值一般在 30 左右。数值越小，上涨的可能性越大，反之亦然。

（2）当股价在低位盘整时，如果有【双蹄并进】出现，预示筑底即将完成，暗示股价反转在即。

（3）【双蹄并进】不仅有领先功能，更有形态确认之功效。

（4）【双蹄并进】是 135 战法中的秘密武器之一，成功率极高。但它只是辅助手段，不是主打兵器，使用时一定要和其他技术手段相结合。

第10节

DIANFENG DUIJUE

一剑封喉

● **古为今用**　《百战奇略》败战篇云："因害而患可解也。"意思是，因失利而总结教训，就可以摆脱困境。在具体操作中，因判断失误，错买错卖时有发生，这时候，最为重要的是查明原因，吸取教训，一味地悲伤抱怨，不但无济于事，也容易把自己的心态搞坏。

在电视剧或武侠小说里，我们经常看到武林高手在与对方交手时，几个回合之后就把剑出神入化地架在了对方的脖子上，如果对方仍不肯俯首称臣，继续负隅顽抗的话，立马会一命呜呼。【一剑封喉】比【一枝独秀】给出的见顶信号更准确。在走势图上发现这样的K线形态，有筹的果断抛出，持币的坚决不进。否则，后果不堪设想。

● **形态特征**　股价经过一波拉升，突然携量上攻，股价呈加速上扬之势，但冲高回落后，出现放量滞涨，股价的上影线超出实体的3～5倍，这是较为经典的见顶形态，是清仓出局的好时机。我们把这根带有超长上影线的巨量阴线或阳线（阴线居多）称之为【一剑封喉】。见图一。

● **形成机理**　股价经过持续上扬，面临巨大获利盘和解套盘的双重抛压，庄家为了顺利出货，在拉升尾段，刻意放量诱多，吸引市场敢死队奋勇接盘，然后反手做空，股票在高位易手后，庄家放弃护盘，于是股价顺势而下。【一剑封喉】是庄家在出货时惯用的伎俩，实战中必须引起高度重视。

● **经典记忆**

（1）G**云天化**（600096）。该股起涨点是2005年12月29日的【红衣

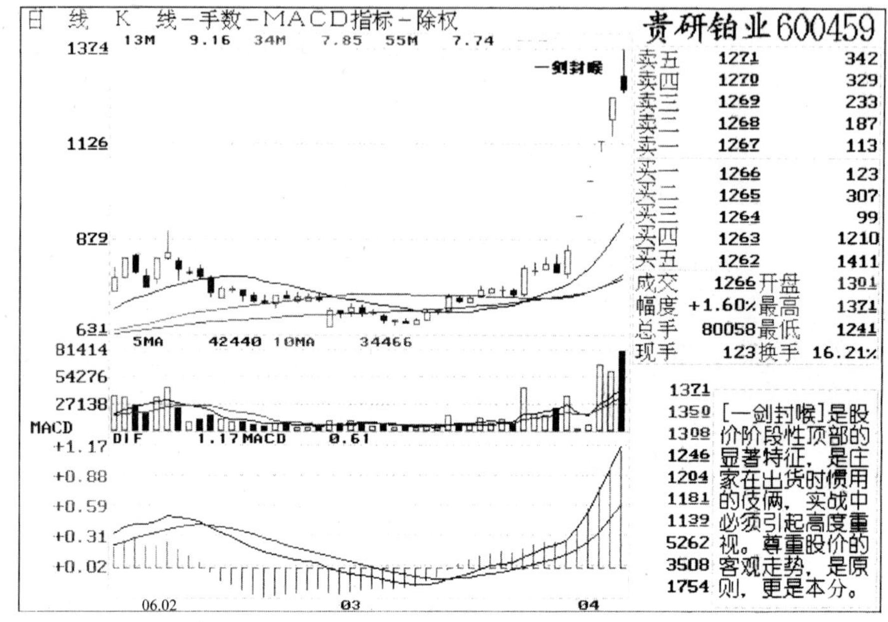

（图一）

侠女】，进场信号给得非常准确，从这里介入是不是就买在了一波行情的起涨点上？你可能会问，一千多只股票为什么非要买G云天化？买其他股票不行吗？不是非要买它，而是这天它发出了买进信号。买其他的也可以，只是没有或者没有发现比它更好的技术形态。135战法的一个重要原则就是“进退有据”，不管买什么，卖什么，一定要有充分的技术依据。在任何情况下，都必须让指令制约行动，只有限制才会自由。

股价经过一个多月的震荡拉升，股价由8.35元升至11.26元，涨幅35%，远远超出“双十获利”原则所规定的幅度。

2006年3月2日，股价跳空高开，然后携量上攻，创出行情新高后顺势回落，但一直没再雄起。股价在高位的放量滞涨，本身就是一种出货的暗示。K线图上留下了不规则的【一剑封喉】更加证实了庄家出货的事实。这时候，必须无条件地退出。当天误入的，第二天坚决离场，千万不要拖。

【一剑封喉】是股价暴跌的临界点，在这个点位上，如果不能立刻悬崖勒马，它就会把你推向万丈深渊。见图二。

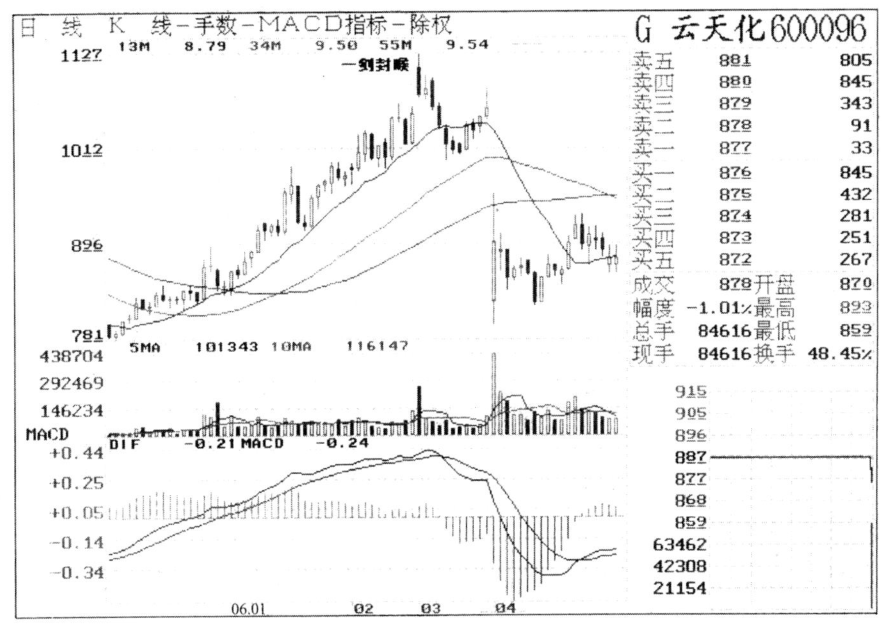

（图二）

（2）G **天创**（600791）。2006 年 3 月 20 日的【红杏出墙】，标志着股价的底部已被探明，而股价能否涨起来尚需能量的支持。于是，量区里的【步步高】鼎力相助，【蚂蚁上树】把股价推上了 55 日均线。股价上了 55 日均线，也就等于火箭被送上了发射架，何时发射，还需要新的技术形态去确认。

2006 年 4 月 5 日的【揭竿而起】，标志着股价的拉升开始了。如果在前三个买点处没有进入，此时此刻绝不能再犹豫了。否则，又会与利润失之交臂。

股价经过 4 天的快速拉升，图表上出现了【一剑封喉】的出局指令。这时候就不要再抱什么幻想了，清仓出局才是最明智的选择。

第二天那根大阴线，是庄家用来锁定套牢盘的。不清楚这一点，以后就很难再找到更加合适的出局点位。第二天的大阴线打下来，一般人都不会轻易出局，他们期盼着反弹出局，期盼股价能回到原来的价位，庄家正是基于人们的这种心理才毫不手软地将你锁定。其实，股价未来的反弹高点，基本不会超过【一剑封喉】的低点。在【一剑封喉】出现时，我们都应该表现出一种本能的恐惧，然后不计成本地杀跌出局。见图三。

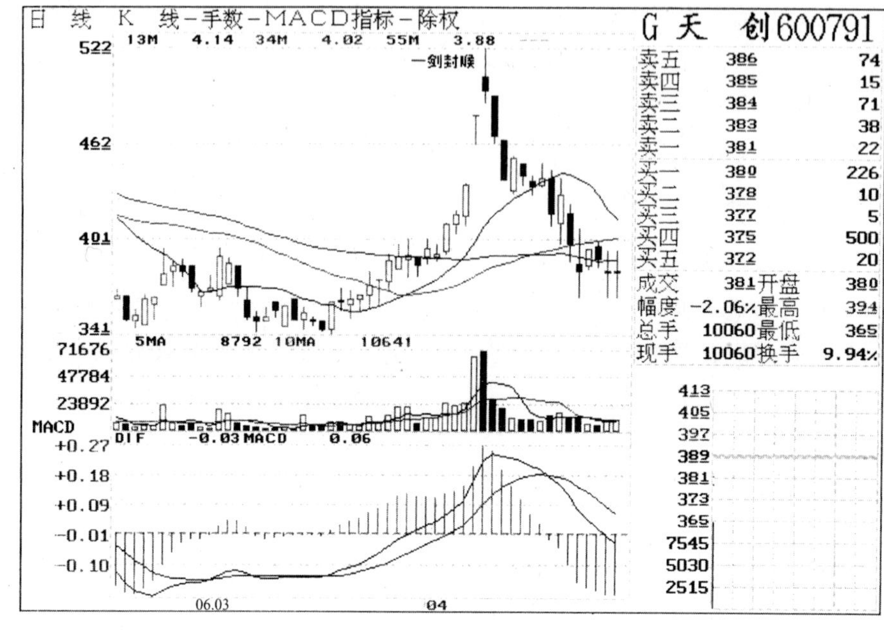

（图三）

杀跌就是自裁，自裁是需要勇气的。看过一个断臂自救的真实故事，它给我们的启示是多方面的……

一个叫亚伦·拉斯顿的美国青年，特别喜欢登山运动。一天他一个人到犹他州蓝约翰峡谷登山，这里人迹罕至。

拉斯顿在攀过一道3英尺宽的夹缝时，一块巨大的石头挡住了去路，他试图将这块巨石推开，结果巨石猛地向下一滑，将他的右手和前臂压在了旁边的石壁上。

在做了无数次努力之后，精疲力竭的拉斯顿终于明白，自己根本无法把巨石推开，只能保存精力等待救援。

三天以后，壶中的最后一滴水也被他喝光了，别说是救援的人，就连鸟也没飞过一只。浑身无力的拉斯顿意识到，这样等下去结果只能是死路一条，想活命只能靠自己了。而活命的唯一办法就是断臂。但他手头只有一把8厘米的折叠刀和一个急救包，没有麻醉剂、止疼片和止血药，超常的疼痛和所冒的风险可想而知，但拉斯顿已别无选择。

在难以形容的疼痛和失血的半昏迷状态下，他先折断了前臂的桡骨，然后又折断了尺骨……整个过程大约持续了一个小时。

由于大量失血，拉斯顿差点昏厥，但求生的本能使他仍坚持着从身旁的急救包中取出杀菌膏、绷带等物，给自己被切断的右臂作紧急止血处理。

拉斯顿被困处是一个陡峭的岩壁，距峡谷底部约有25米的高度，刚刚切断手臂的拉斯顿想从这里下去也是一件不容易的事。于是，他急中生智，用登山锚将一根绳子固定在岩壁上，然后用左手抓住绳子，顺着岩壁滑了下去。

在跌跌撞撞走了大约7英里后，两名游客发现了血人一般的拉斯顿，于是赶紧报警。前来救援的直升机把拉斯顿送到了最近的医院，他终于得救了。

为了求生，拉斯顿果断地切断了自己的右臂。人的求生欲望在拉斯顿身上体现得淋漓尽致。可在股市里，当人们遇到危险身处绝境时，这种求生本能却荡然无存了。他们任凭庄家在那里锯自己的手臂，锯自己的双腿，撕心裂肺的疼痛让他们昏死多次，可醒来后依然不知道去逃生。

在实战中，当我们不幸落入庄家的陷阱时，要有拉斯顿的断臂精神和勇气。留得青山在，不怕没柴烧。

（3）**重庆啤酒**（600132）。该股这几年在证券市场上一直比较活跃，尽管它每次的涨幅不大，但每年都能在股市溅起几朵浪花，对于这种股性活跃的个股，无论是高抛低吸，还是追涨杀跌，只要严格执行交易指令，就能踩准股价的运行节奏，获利也是蛮丰厚的。问题在于，一定要坚持“进退有据”，光凭感觉不行。135战法具有很强的可操作性，只要把每个买卖点的市场含义都了解清楚，相信你的操作会变得有条不紊。我们知道，在下跌途中，任何个股在没有【红杏出墙】以前，就没有底部可言。盲目抄底是非常危险的，爱捡便宜的人常常吃大亏。一只股票能不能涨起来，图表上都会及时地发出信号，在信号没有出现之前，说明庄家还没有攻击的意思，这时候一定要耐住寂寞。即使信号出现以后，也要通过“技术合成”判断它的真假，然后再作出相应的决策。从重庆啤酒的这段走势图上，我们十分清晰地看到以下 6 个买卖点。知道了这些买卖点的含义，就能随着庄家给出的指令进之，退之，舞之，蹈之。

从这张图表上可以看出，【红杏出墙】出现以后，股价开始碎步盘升，随后演绎成【蚂蚁上树】的走势，我们知道，【蚂蚁上树】的出现，表明有增量资金开始介入，但为了不过早的引起市场注意，庄家通常会采取限价买入。【蚂蚁上树】把股价轻松地送上 55 日均线以后，庄家开始轻微震仓，旨在把在【红杏出墙】处的跟风盘震出。第二天，股价止跌企稳，伴随着温和的成交量，第二组【蚂蚁上树】又悄然展开攻击。股价越过前期整理平台后，庄家采用【一石两鸟】进行震仓，这时，13 日均线开始上穿 55 日均线，K 线收阴，【黑客点击】出现，暗示庄家的震仓行将结束。翌日，股价携量封停。这根阳线既是对【一石两鸟】和【黑客点击】的确认，又是庄家正式发起攻击的信号。可是，很多人会在这里止步。这种止步也把自己关在了利润的大门之外。面对确定无疑的涨势他们不敢追涨，生怕套在浪尖上。说到底，还是技术功力和心理素质不过关。在这里，我告诉大家一个补救的方法：如果在股价突破时没有跟上，第二天就不要再勉强进场了，因为股价离均线的距离已经很远，从技术角度说，股价客观上有向均线靠拢的要求，如果你看好它，就在 13 日均线附近伏击它，根据我的经验，股价在第一次触摸 13 日均线后，后势通常都会再创新高。换言之，股价经过一波拉升以后，第一次触摸 13 日均线时，是一次不错的进场时机，从这里介入，或多或少地都能获利。

从这张图表上我们可以看到，股价创新高后，庄家采用【浪子回头】进行洗盘，股价连拉 4 根小阴线，从量的萎缩以及股价的位置，可以判断庄家的洗盘力度不是很大，后来的走势也证实了这一点，股价在 13 日均线处止跌企稳，然后重拾升势，这根阳线是对【浪子回头】的确认，也是新一轮攻击的开始，股价经过两天的拉升，图表上出现了【一剑封喉】的单日见顶信号。这时候，不管你是从什么价位介入的，也不管是赢是亏，都必须在当天清仓完毕。严格按照交易系统给出的交易指令进行操作是原则。见图四。

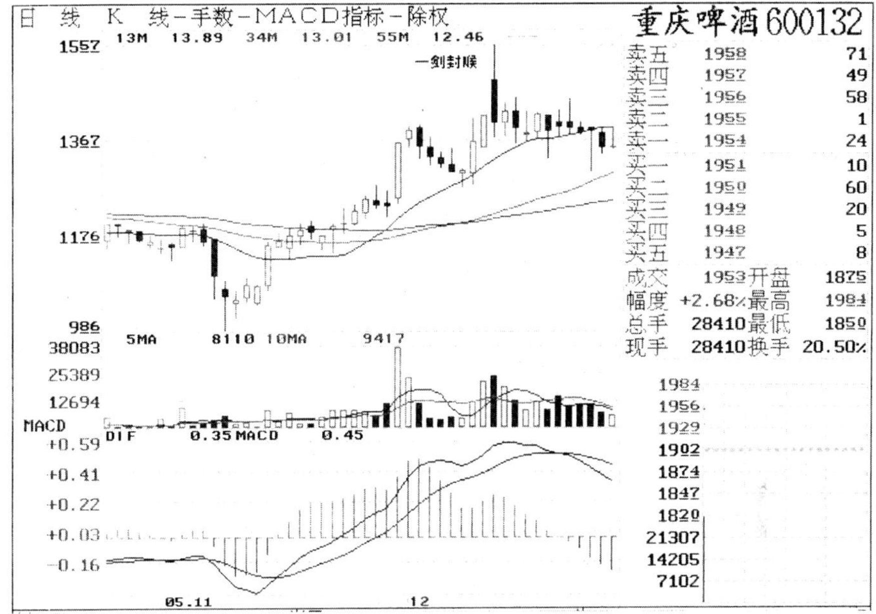

（图四）

如果投资者把这些买卖点运用得得心应手，根本不存在踏空和套牢，剩下的就是获利多少的问题了。投资的最高境界是“心随股走，及时跟变”。技术形态只能帮助我们把握股价波动的脉相，但要立于不败之地，最终还要跳出技术分析的条条框框，去寻找一种行云流水般的自然和流畅。图形只是股价变动的表象，图形背后隐藏着的才是股价波动的实质。用心去感受，用神去领会。唯有如此，才能真正把握股价波动的实质，才能牢牢地控制操作的主动权。

（4）G **西轴**（000595）。该股经过长期下跌和充分整理以后，均线系统逐渐靠拢，表明市场的平均持股成本基本趋于一致。我们也发现，股价正悄悄地向【动感地带】进发。而【一阳穿三线】的出现，标志着股价的拉升已经开始了，如果对这些信息视而不见，就会失去机会，别人总不能逼着你去赚钱吧！

【一阳穿三线】是庄家较为经典的攻击模式，是股价起涨的临界点，为了引导同学们捕捉强势股，在培训过程中我反复强调，在【一阳穿三线】出现以后，凡是符合“量、价、线、形”四个条件的，要不计价位地保证当天进场。因为，【一阳穿三线】的爆发力很强，股价一旦起动，一般不会再有低位吃货的机会。

其实，只要把【一阳穿三线】的形成机理搞明白，即使当天没有跟进，第二天依然有进场机会，只不过人们看到过高的价位不敢追进罢了，如果【一阳穿三线】的第二天股价再收一根阴线更是裹足不前。于是，股市里的很多机会就这样从自己的眼皮子底下滑过去了。

我们把目光再移到这张小图上，【一阳穿三线】之后，股价开始温和放量上攻，在前高点附近，庄家采用【一石两鸟】震仓，随后重拾升势，不妙的是，股价在相对高位出现了放量滞涨，暗示庄家在悄悄出货，图表上的【一剑封喉】准确地发出了离场信号。

如果【一剑封喉】出现以后，我们依然对它置之不理，情景又会怎样呢？股价就像断了线的珠子，重新回到它的起涨点以下。换言之，如果你在【一剑封喉】出现时没有及时出脱持股，就意味着你把先前那一段利润又原封不动地退还给了市场，而且还要赔上手续费。见图五。

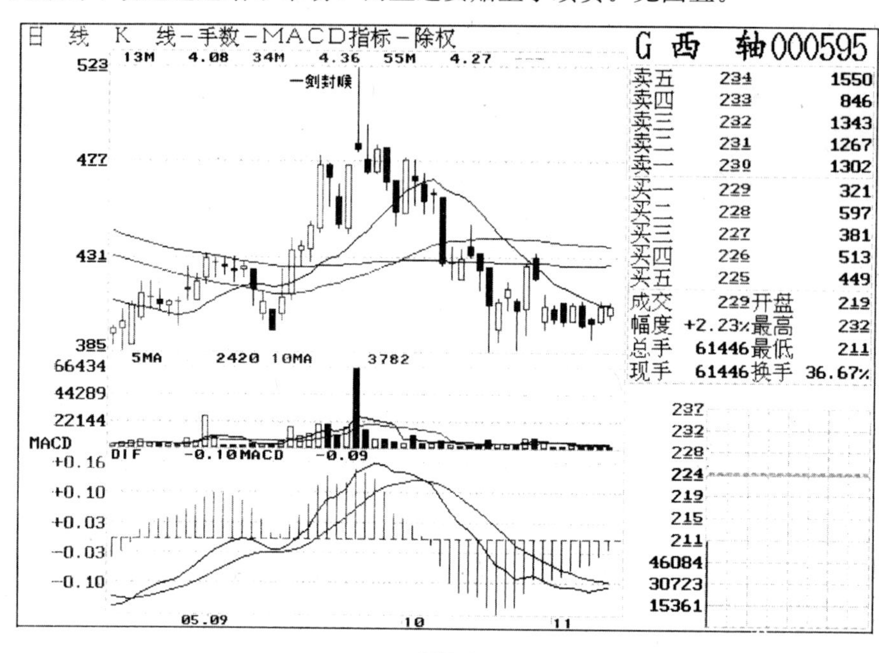

（图五）

从实战角度讲，【一剑封喉】比【一枝独秀】的单日见顶概率要高，所以，在思想上更应该引起高度警觉，掉以轻心必然会受到市场的惩罚。

经常有股民朋友问我这样一个问题：“我已经非常努力了，可就是挣不到钱，也许我就不是做股票的料?”有的人确实很努力，只可惜把劲使偏了，所以越努力成功离他越远，不是股市成心折腾他，而是方法不当所致。比如说，当大盘见顶以后，股指就像逼债的黄世仁，一步一步把你逼向绝望的深渊。在这种情况下，谁敢负隅顽抗或不甘寂寞，那就让你死无葬身之地。炒股就像乘车，首先要判断汽车的行驶方向，方向搞错了，不但到达不了目的地，还需要掏两倍的价钱。股价本来正向下走，你硬要去托住它，想想看，一个人的力量究竟有多大呢?庄家的实力够强了吧，可在大盘下跌的时候，他们也会采取相应的减仓操作，即使正处在拉升途中，在遭遇大盘突发利空的时候，庄家也会顺势打压，而不是硬挺，不同的是，庄家在大盘企稳后，会把先前抛出的筹码再接回来，这样，尽管市值没有增加，但却多出了股票。这里面有一个战术意识问题，那就是积极防御，而不是消极防御。

我觉得，要成功也简单，找到一套可以重复获利的方法，然后严格地按照交易系统给出的指令进行操作，然后再逐渐建立起自己的交易系统，即使成不了大赢家，起码不会再瞎赔。我们承认，股市很复杂，很多时候弄得我们心乱如麻；我们也承认，庄家很狡猾，好多时候他画出的K线让我们弄不清是真是假。但世上万物皆有规律可循，就看你去不去寻。

(5) **马应龙**(600993)。该股的起涨点是【一阳穿三线】，由于量能不济，穿越力度不是很强，实战中，如果有形态更加完美的，对此种形态应作次佳选择。我们追求的是“量、价、线、形”的完美统一，唯有如此，才能使我们的资金始终处于安全状态，才能提高实战的成功概率。平时加强识图训练，战时方可目光如炬。实际上，股市里真正完美的技术形态是不多的。绝大部分技术形态都存在着程度不同的缺陷，甚至出现变形或者变种的情况。有时，一个形态出现以后，需要几天之后才能最后确认，所以在具体操作中，应克服心浮气躁的毛病，耐心等待形态确认以后，再考虑进场，这样就会大大减少失误。

对于没有量能支持的【一阳穿三线】，只能暂作壁上观，但应密切注意量能变化。【一阳穿三线】的第二天，如果股价继续携量上攻，就不能再袖手旁观了，只有积极参与才能分享胜利果实。此后，股价不温不火地拾级而上，运行到前高点附近，庄家采用【三剑客】震仓，随后进入急拉阶段。在创出上市以来的历史新高后，股价开始带量下沉，不言而喻，庄家开始出货了。图表上的【一剑封喉】及时地发出了清仓离场信号。见图六。

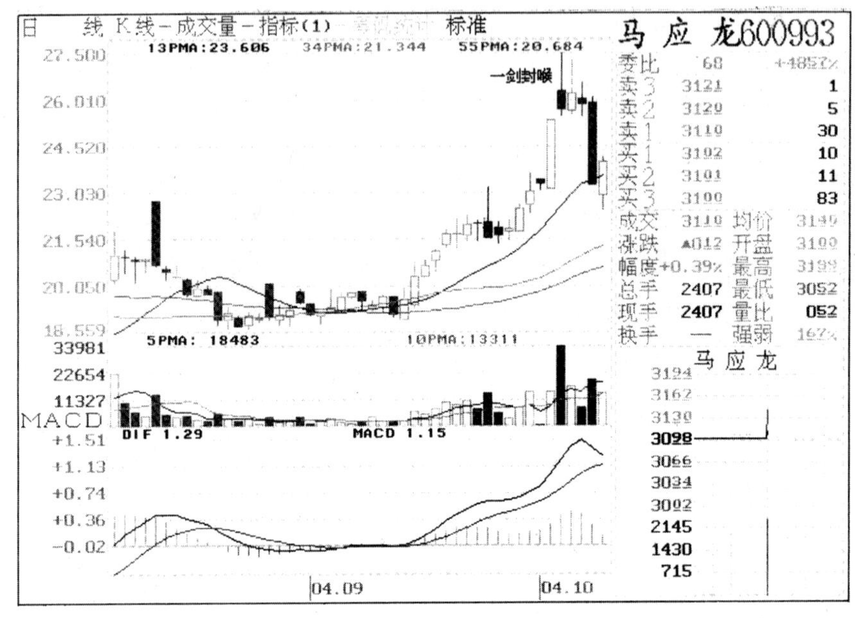

（图六）

（6）G **沈化**（000698）。该股的起涨点是【黑客点击】，出局信号是【一剑封喉】，走势基本上与大盘吻合，但见顶形态比大盘明显。由于大盘是所有个股的综合反映，有时大盘不能够如实地反映每只个股的具体走势，这就是大盘难断的原因所在。也是我们只把大盘作参考，不把大盘当操作依据的原因所在。尊重大盘却不被大盘所制，重在个股的具体表现，因为我们毕竟不是炒大盘。单就指数而言，每一次逃顶均可称得上恰到好处，但实际效果并不是那么回事。因为大盘见顶后，许多个股仍在继续向上攻击，如果向大盘看齐，就会把许多股票扔在半山腰，甚至地板上。在具体操作中必须具体问题具体分析，不搞一刀切。从某种意义上讲，所谓指数，不过是主力机构迷惑散户的花招。只要几个权重大的股联合起来向上一拉，大盘就会屁颠屁颠地往上涨，反之亦然。因此，过分关注指数的升降，反而会束缚自己的手脚，实战中应灵活运用。大盘见顶，个股也见顶，那就听大盘的；大盘见顶，个股正在向上蹿，就不妨抗一次旨，“将在外君命有所不受”嘛！跟着庄家走，比跟着大盘走实惠，因为我们的一切都是庄家给的，理所当然的要听庄家的。大盘是气象台，重在预报，庄家才是个股的龙王爷。大盘天阴的时候，个股究竟下不下雨，最终还是庄家说了算。

如果总也断不准大势，那就死心塌地跟着庄家走好了。和庄家保持一致比和大盘保持一致容易些。一定要把自己的研究对象搞清楚。什么是我们的研究对象？庄家。所有的庄家行为都是我们研究的范围。对庄家做市的每个细节不仅要研究精通，而且要分析透彻。与此同时，要下大力气训练自己与庄家的协调性，只要庄家口令一出，必须做出相应的动作。

无论是见顶形态还是见底形态，只要不同个股出现“扎堆”现象，就应该引起足够的重视了，是见底形态，赤膊上阵，大打出手；是见顶形态，脚底抹油，马放南山。以形态为依据，以位置为准绳。大胆出击，不要犹豫，但必须有纪可依，执纪必严，违纪必究。见图七。

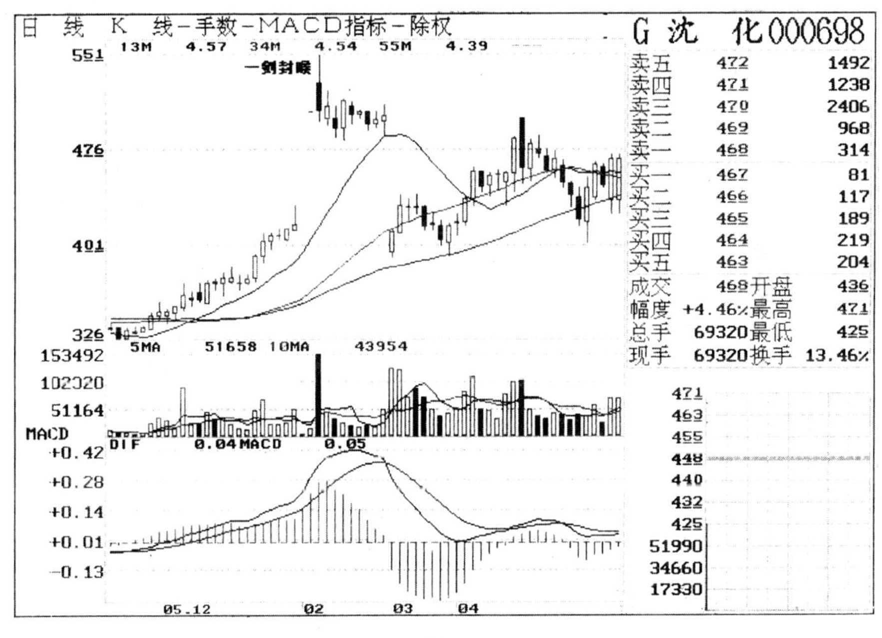

（图七）

（7）**四维瓷业**（600145）。该股起涨点是2005年12月26日的【揭竿而起】，股价小幅推高后，庄家用【浪子回头】对获利盘进行清洗，【均线互换】完成以后，庄家又用【暗度陈仓】加大震仓力度。然后再用不规则的【破镜重圆】把股价托起来，在均线系统和成交量的支持下，股价连续拉出11根阳线。进入顶部区域后，庄家先用了一个【狗急跳墙】营造热烈的市场气氛，进一步放烟幕弹，吸引跟风盘。2006年2月7日，庄家用【一剑封喉】宣告了行情的结束。

庄家的每一个意图都清晰地留在了图表上，只有先学会识图，才能准确地了解庄家的意图。炒股如下棋，要一步一步地来。千万不要小看识图这种笨功夫，没有这种笨功夫，就不可能按图索骥。日复一日地坚持下去，你就会成为一个“观千剑而识器，操千曲而知音”的股市伯乐。见图八。

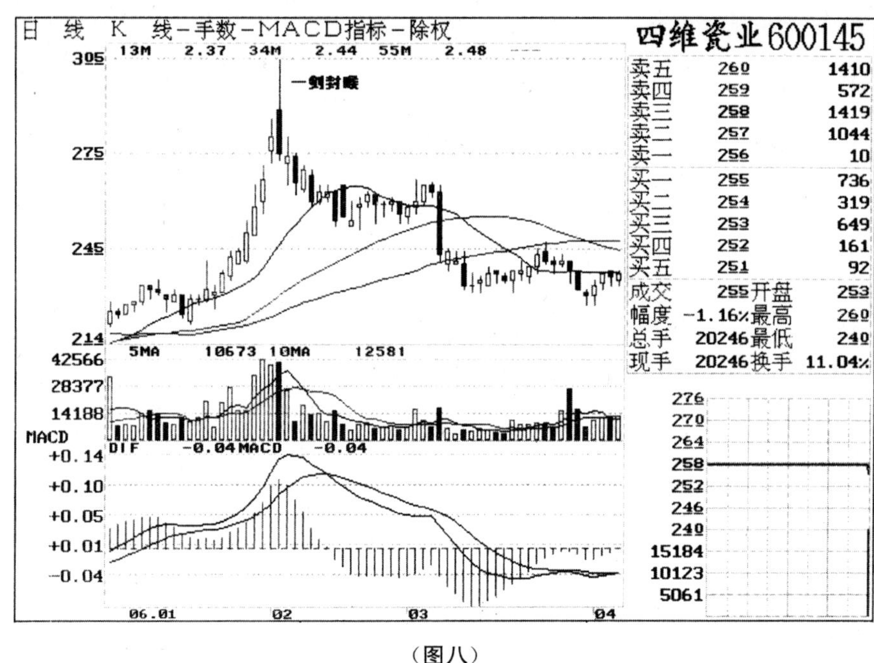

（图八）

卖出时机

（1）【一剑封喉】出现当天，立即果断清仓。

（2）当天误入的，翌日开盘即抛，或趁股价惯性冲高时不计成本地清仓出局。

友情提示

实战中，如果发现自己所持个股出现【一剑封喉】单日见顶信号，立即拔腿走人。翌日卖出不如在【一剑封喉】出现的当天卖出的价位高，如果收盘前10分钟股价仍无回天之力，形不成阳线实体，三十六计，走为上。

“上影线”是市场抛压的一种表现，如果出现在高位，更是庄家集中派发的见证。【一剑封喉】是股价下跌的临界点，切不可掉以轻心。无论在强市还是弱市，短期内股价一般不会再见到【一剑封喉】的高点。有人担心抛出后股价再涨起来，有这种可能，只是概率极低。说到底还是抱有侥幸的心理，没有真正意识到【一剑封喉】的巨大杀伤力。那些封停后又被巨大抛压冲开的个股，是庄家集中派发时留下的痕迹。即使【一剑封喉】出现在相对低位，也应先出脱持股，然后在调整结束时再把筹码接回来，这样既规避了风险，又多赚了股票。如果本身就是短线客，更应迅速撤离市场，投入新的战斗。

第11节
DIANFENG DUIJUE
小鸟依人

古为今用 《孙膑兵法》下篇：“兵见善而怠，时至而疑，去非而处邪，是而弗能居，不能断者也。”意思是，军队见到有利因素而不尽力利用，面临良好战机而犹豫不决，摆脱了不利处境而又处于另一个有害境地，对正确的、有利的条件而不能去占据，这是由于不能果断行事。

股市有风险，入市须谨慎。这句耳熟能详的话，究竟给了我们什么样的警示？风险究竟来自股市还是我们自身？其实，投资本身没有风险，不懂得投资的技巧和方法才是最大的风险。我们知道，炸药是危险品，可制造炸药的工人为什么会安然无恙？因为他们熟悉和掌握了制造炸药的程序和方法。投资也是如此。当你掌握了一套正确的交易方法并且把它运用得得心应手的时候，股市里所有的风险都会远离你。遗憾的是，很多人宁肯在股市里忍气吞声，受尽折磨，也不愿为提高自己的操盘能力去作不懈的努力。在快速多变和危机四伏的股市，如果我们还不知道去学习和改变，那么，今后的投资之路将会变得更加艰难。

形态特征 股价经过充分的整理，突然发力上攻，成交量急剧放大，当天以巨量中阳或大阳报收。第二天，股价平开低走或低开低走，给人以走软的假象。实际上是庄家在观察市场的抛压和跟风，是股价起动后的震仓，当天通常以缩量小阴小阳报收。我们把依附在昨日阳线上端的小阴或小阳称之为【小鸟依人】。这是拉升前的震仓，并非股价走软的信号。见图一。

第11节 ■小鸟依人

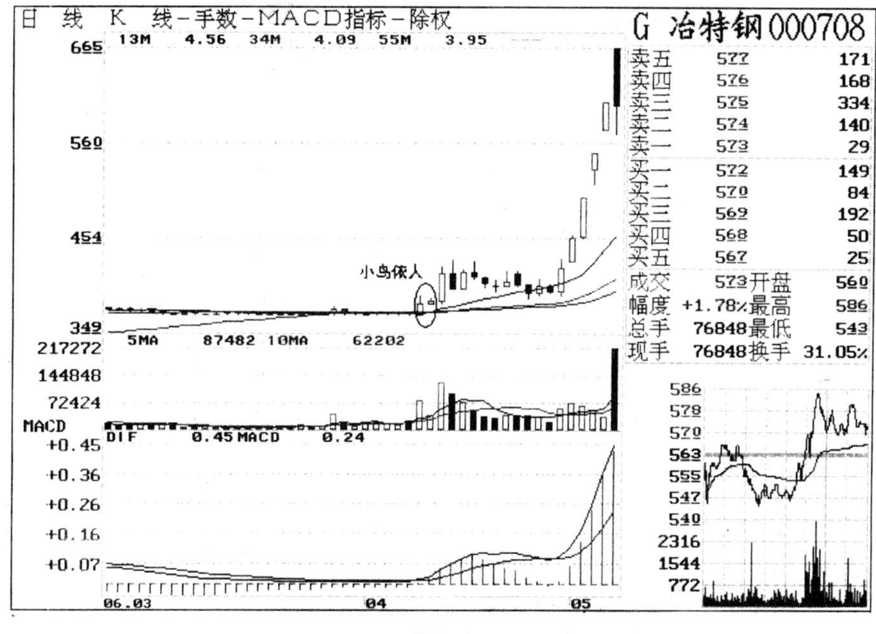

（图一）

● **形成机理**　股价的突然袭击，使人们生出各种各样的猜想和判断，先前跟进的抱着一种小富即安的心理纷纷获利回吐，持币观望的看到有利可图也纷至沓来。股价当天以巨量阳线报收（涨停板居多）。为了清洗获利筹码，第二天，股价平开低走主动示弱，故意给人造成一种草草收场的感觉，这也正是庄家所期望的。锐减的成交量，说明只是散户在抛。股价稍作停留，就会快速步入拉升通道。

● **经典记忆**

（1）**国电南瑞**（600406）。该股的起涨点是2006年3月14日的【梅开二度】和【揭竿而起】，学过135战法的人，即使不在这一天大胆跟进，起码不会纷纷抛出。因为这是非常经典的攻击形态，是股价开始拉升的重要标志。为了清洗获利筹码，第二天，股价低开低走，刻意制造一种走软的假象。不明真相的人纷纷退出，只有学过135战法的人才会在这时悄然吸纳，因为他们知道这是庄家利用【小鸟依人】进行震仓，股价很快就会步入拉升通道。

【小鸟依人】由两根K线组成。第一根是突破整理格局的巨量阳线，第二根是依偎在阳线上端的缩量小阴或小阳（十字星居多）。

正如人刚吃完饭不宜做剧烈运动一样，很多个股突破盘局以后，并不长驱直入，而是控制股价小幅波动，只有少数个股在【揭竿而起】或【红衣侠女】出现后一发而不可收。认识【小鸟依人】，旨在理解形态的市场含义，同时给昨天没有来得及进场的人提供一个买入的机会。见图二。

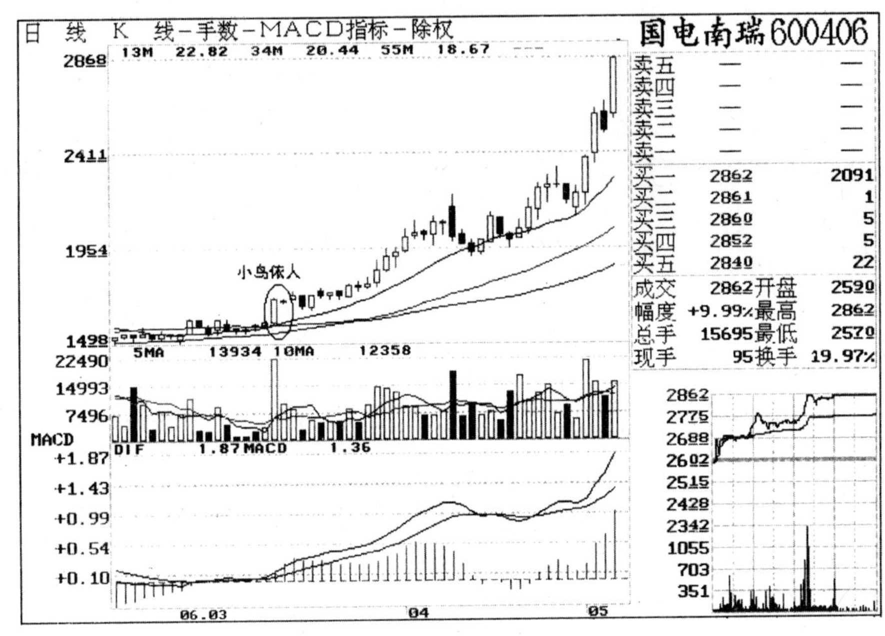

（图二）

（2）**大厦股份**（600327）。股价【揭竿而起】的第二天，那根阴线十字星就【小鸟依人】似的躲在昨日阳线的上端撒娇，因为均线系统尚未到位，所以股价的整理是必然的。我们发现，当13日均线上穿55日均线的时候，【红衣侠女】开始登场了。当【均线互换】完成以后，股价开始飞起来了。每一个技术形态都客观地揭示了股价在每个阶段的运行规律，若想把握规律，首先熟记形态。

“形”是135战法中四个核心内容之一，有着极其重要的意义。任何一个完美的技术形态，都必须具备“量、价、线、形”四个硬件，它们中间无论谁出了问题，135战法都不可能正常运转。“量”是心脏，“价”是身高，“线”是体形，“形”是五官，只有当“量、价、线、形”协调统一的时候，我们才可以说，这个技术形态是完美的。

【小鸟依人】经常与【红衣侠女】、【揭竿而起】、【一阳穿三线】结伴而行。如果你想成为股市中的白领，就要“趋炎附势”，唯强是从。在股市里，不任性、不放纵，【小鸟依人】式的服从指令没有什么不好，因为你依的是实力强悍的庄家。见图三。

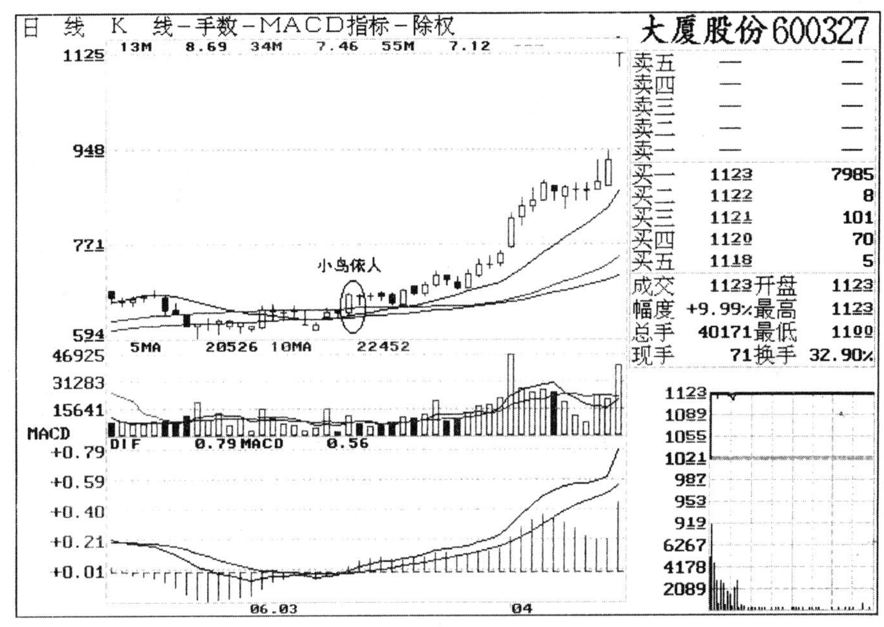

（图三）

（3）G **华资**（600191）。股评人士经常说，把握节奏，高抛低吸。但他只是点到为止，并没有告诉你如何去把握，怎样去高抛低吸。所以在实战中总是那么不尽如人意。现在我们就让 135 战法来告诉你，怎样把握节奏，如何高抛低吸。但有一个前提，了解并熟记 135 战法各种形态和指令的市场含义。我们就从下面这张小图说起：

【红杏出墙】表明股价底部已被探明，可轻仓试探，至于以后是主动性卖出，还是被动性卖出，完全以股价的客观走势而定（详见 2015 年版《黑客点击》，四川人民出版社出版）。

13 日均线上穿 34 日均线，K 线收阳，表明【投石问路】已经成功，依然可以买进，如果【投石问路】收阴线，持币观望，直至股价形成“阳克阴”再考虑进场（详见 2015 年版《胜者为王》，四川人民出版社出版）。

【蚂蚁上树】表明庄家仍在限价买入，在回抽确实时轻仓试探，一般都能抢到一个相对低点。

13日均线上穿55日均线，K线收阳而不收阴，说明庄家做多坚决，预示股价将会长驱直入，这就是【红衣侠女】揭示的市场意义。

【均线互换】支持股价连拉7根阳线，但获利盘已经很重，为了减轻未来拉抬阻力，庄家自然会对获利盘进行清洗，于是，【小鸟依人】就出现了。当然庄家也会采用【一石两鸟】、【三剑客】、【走四方】、【浪子回头】、【双飞燕】甚至用【暗度陈仓】进行清洗，究竟采用哪一种，完全视盘面情况而定，需要我们把握的是，当这些形态出来以后，首先要知道庄家这是在干什么？其次要清楚我们该怎么办？这才是135战法的真正价值。

庄家利用【小鸟依人】震仓以后，股价连拉两个涨停板，但第二个涨停板的成交量明显增加，说明庄家在利用涨停板出货，预示行情已接近尾声。这时候就要提高警惕，只要交易系统发出撤离指令，立即清仓出局。

【一枝独秀】是庄家集中派发的标志之一，是股价见顶的重要特征。由于它以做多的面目出现，结果弄得人们发疯似的往坑里跳。

通过以上分析，“把握节奏，高抛低吸”就不再那么抽象了吧？节奏、节奏，先节而后奏。就是对自己的行为要有所节制，然后踏准股价的波动节奏。既不能光节不奏，也不可以光奏不节。见图四。

（4）ST新智（600503）。股价从均线上【揭竿而起】，虽然不够规范和完美，但对T类股票来说，已经很难得了。由于T类股票受涨跌幅的限制，所以在形态上往往不及其他形态完美。为了减少判断失误，应重点从“线”上去把握。只要均线舒展流畅，在形态上是可以打点折扣的。

【揭竿而起】第二天，股价收了一根缩量小阳线，看来这只小鸟是雄性，既然是雄性，就应该比雌性更具阳刚之气。果然不负众望，【小鸟依人】的第二天，股价携量上攻，当天就站在了高高的枝头，然后又接着拉出4个涨停板。

股价连拉5个涨停板以后，就开始空方越位了。图表上那个既不像【独上高楼】，又不像【金蝉脱壳】的怪物，同样向我们发出了离场的信号。见图五。

日线K线－手数－MACD指标－除权
G华资600191
小鸟依人

（图四）

日线K线－手数－MACD指标－除权
ST新智600503
小鸟依人

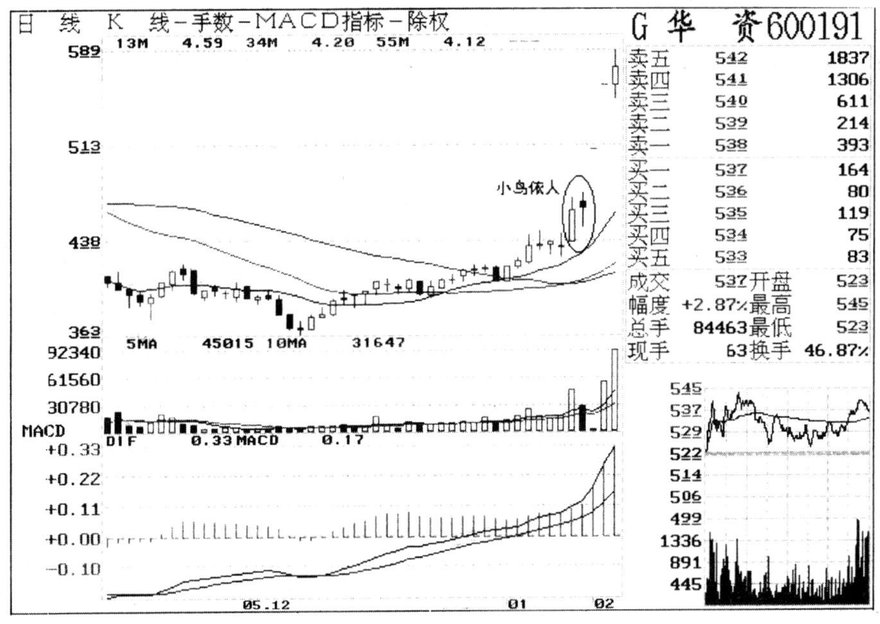

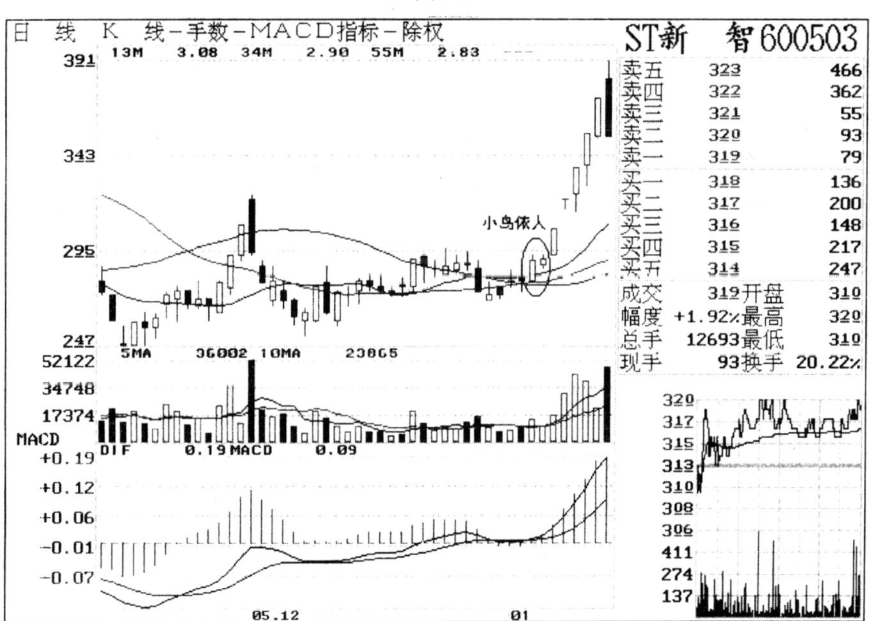

（图五）

（5）G **长园**（600325）。该股在【海底捞月】完成以后，股价从 13 日均线上【揭竿而起】，标志一波轰轰烈烈的拉升已经开始了。从这里大胆跟进，就等于踏准了股价的进攻节奏。当天，没有及时按照指令进场的，第二天立即知错改错，盘中择低点介入，【小鸟依人】给我们提供的这个机会，千万不能再放过。

【小鸟依人】出现后，股价强势整理一周，就再也不回头地一直往前走，做股票重在把握时机。机不可失，失不再来，就是这个意思。实战中犹豫、迟疑除了技术问题，还有心态问题。而解决心态的最好办法，就是严格执行交易指令。

知道了【小鸟依人】是庄家在震仓以后，持股的依然可以继续持股。缩量，说明只是散户在抛，持币的一定要把握入货比例。如果在这个点位人人都争分夺秒地抢进，庄家会误认为有大资金和他抢盘，就会加大震仓力度，甚至推倒重来。那样就不划算了。股价放量上攻时，敢于重仓出击，庄家震仓时少买为宜，就是为了把握节奏。见图六。

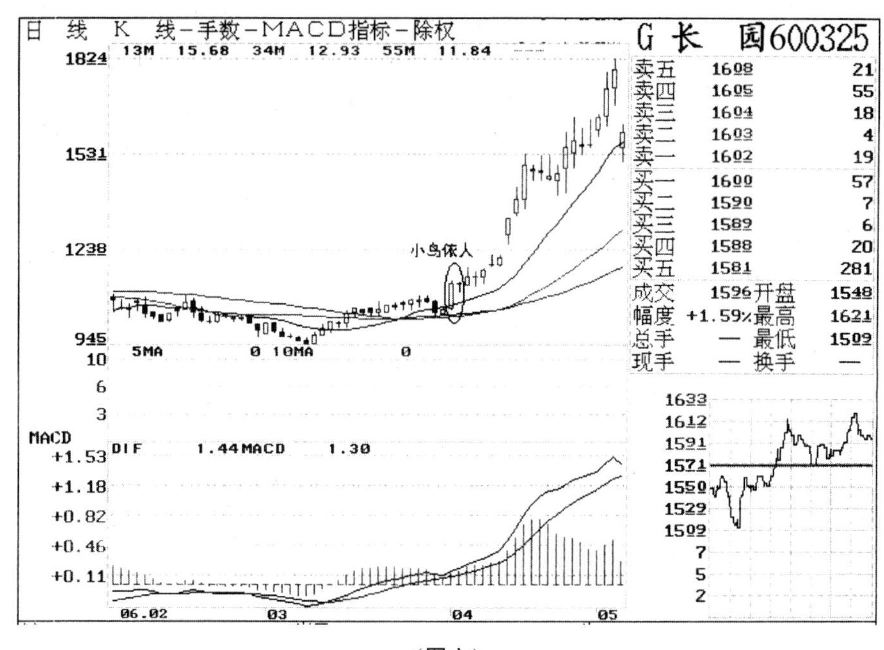

（图六）

（6）**豫园商城**（600655）。【小鸟依人】通常出现在【揭竿而起】之后，出现在股价的相对低位，出现在行情发动之初。出现在相对高位则是骗人的鬼把戏。实战中注意区分股价的位置。

图上的第一个【小鸟依人】由于出现在【动感地带】的中部，所以股价仍需时日整理。【黑客点击】的出现，标志着整理行将结束，一旦股价收复失地，就可以着手布局资金。【均线互换】的完成，标志着发动行情前的一切准备工作业已就绪，而这时的【小鸟依人】，则是一只幸福鸟，谁能逮住它，谁就会飞出苦海，飞向坚实的希望，飞向明媚的未来。

【小鸟依人】贵在一个“依”字，从不张扬，能耐住寂寞，与主人荣辱与共，从不计较个人的得失。在股市，在具体操作上，我们是不是也该杀杀自己的性子，改改自己的脾气，一切唯庄命是从呢？人不成功有两个原因：一个是总以为自己比别人强；一个是总觉得己不如人。总觉得比人强，就会失去前进的动力，总以为己不如人，则无法释放自身的潜能。见图七。

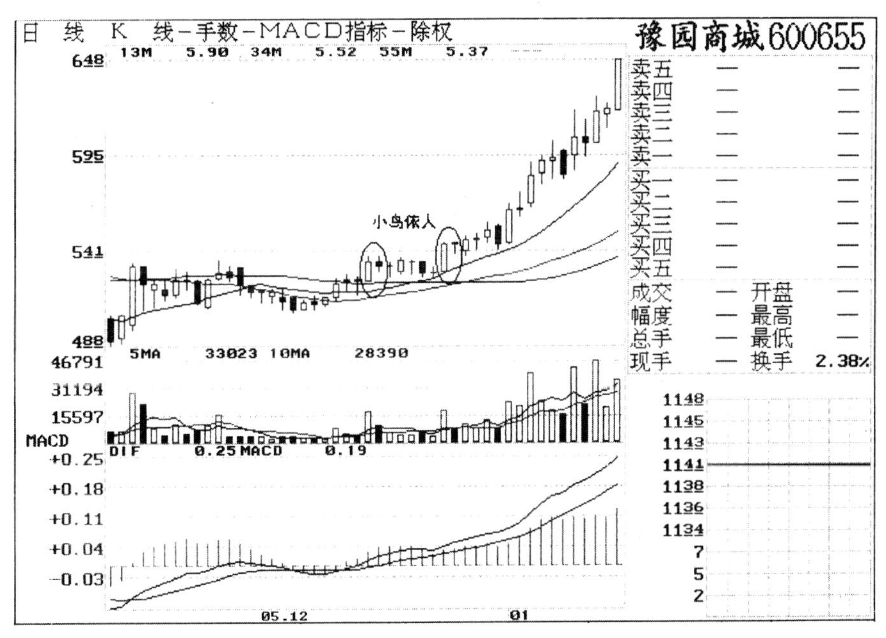

（图七）

（7）**联创光电**（600363）。这个【小鸟依人】出现在【动感地带】的尾部，这个小鸟是雌性的，因为股价收了根小阴线。13日均线的上穿，标志着【海底捞月】的完成，【黑客点击】居高不下，暗示股价不会调得太深。股价在高点附近【拖泥带水】，说明它还不是顶部，因为庄家不会雪中送炭，所以我们也必须学会锦上添花。庄家财大气粗，有恃无恐，跳到小山顶上【金屋藏娇】，如果你看不惯，财富将会失之交臂。股价的表现说明了这一点。我想再重复一遍，做股票一定要学会锦上添花，不要总是雪中送炭。

【均线互换】完成之日，正是股价见顶之时。如果不能正确区分股价的位置和形态，很可能就会在庄家【明修栈道】时追进去，那可就惨了。见图八。

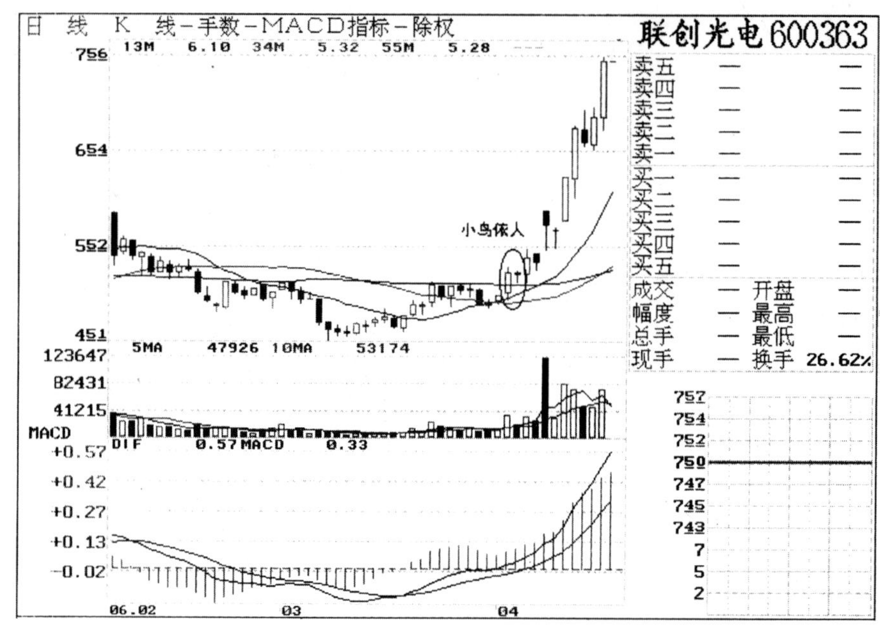

（图八）

● 买进时机

（1）【小鸟依人】出现当天，轻仓试探。

（2）股价重新发起上攻时，半仓跟进。

（3）越过前期高点，重仓出击。

● 友情提示

（1）发现【小鸟依人】只能轻仓试探，不可重仓出击。

（2）密切关注股价目前所处的具体位置。

（3）【小鸟依人】是所有震仓手段中最温柔的一种，也最容易被人忽视。

第12节

DIANFENG DUIJUE

九九艳阳天

古为今用 《唐李问对》卷下：“兵有不战、有必战，不战者在我，必战者在敌。”用兵有不战、有必战的说法，不与敌人作战，是由于我的条件不足；必与敌人作战，是在于敌人有隙可乘。在具体操作中，什么时候不战，什么时候必战，坚决服从交易指令的调遣。凡符合“量、价、线、形”的技术形态，又有大盘配合的是一定必战的；凡不符合“量、价、线、形”的技术形态，又没有指数环境配合的，是坚决不战的。

中国古代兵法，博大精深，应从中取其精华，然后把它运用到我们的实战中去，相信你的思维模式和行为模式都会有一个巨大的改变，操盘水准也会达到一个新的境界。

形态特征 股价经过长期下跌和反复筑底以后，13日均线开始由跌到平，然后由平到起翘，随着成交量的温和放大，股价小幅向上推高，K线图上持续9根小阳线是庄家限价买入时留下的痕迹，这是股价即将大幅拉升的信号，我们把持续拉出的9根阳线称之为【九九艳阳天】。见图一。

形成机理 庄家吸完货以后，为了不过早地引起市场的注意，往往会采取限价买入的方式把股价小幅推高，当市场开始关注的时候，股价要么开始横盘，要么小幅下挫，等市场对它开始遗忘的时候，突然发动攻击。【九九艳阳天】是主动性买盘的最后收集，是股价即将拉升的显著标志。

经典记忆

(1) **东北电气**（000585）。在股价的底部区域。庄家吸货迹象非常明

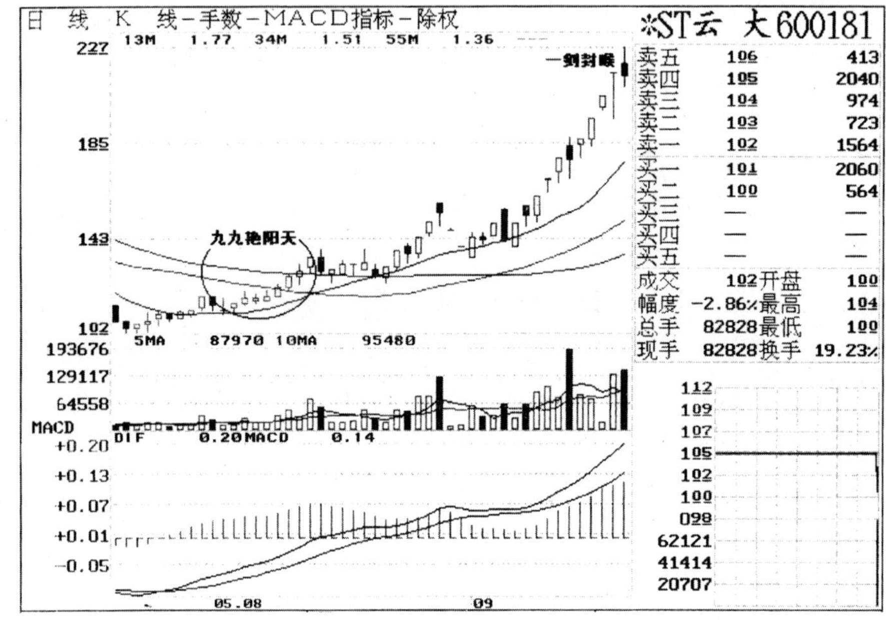

（图一）

显，在一个狭窄的区域，毛毛虫一样的阴阳十字星和长长的下影线都是庄家吸纳时留下的痕迹。股价站上 13 日均线以后，持续拉出 9 根阳线，说明庄家依然在限价买入，【九九艳阳天】及时地向我们传递出股价即将拉升的信息。庄家为掩藏自己的真实意图，采用【一石两鸟】震仓，但【海底捞月】在不经意间道破了天机。

正当人们迷惑之际，股价突然【揭竿而起】。面对浩浩荡荡的跟风盘，庄家立即用【一石两鸟】进行反击，然后股价又从 13 日均线上【揭竿而起】，火箭似的向上猛攻，三天后，股价跳空高开，加速上扬，但遭到空方顽强反击，股价冲高受阻，图表上出现【狗急跳墙】和【一枝独秀】的转势信号，指令就是命令，清仓出局。庄家【狗急跳墙】以后，又开始【过河拆桥】，股价重回起涨点。经过一个多月的调整，股价在 55 日均线附近获得支撑。【破镜重圆】把股价重新托到均线系统之上以后，【梅开二度】又发出了进场信号。随着股价的快速拉升，人们沉浸在一片欢乐的海洋里，尽情享受着【九九艳阳天】带给他们的幸福和欢乐。见图二。

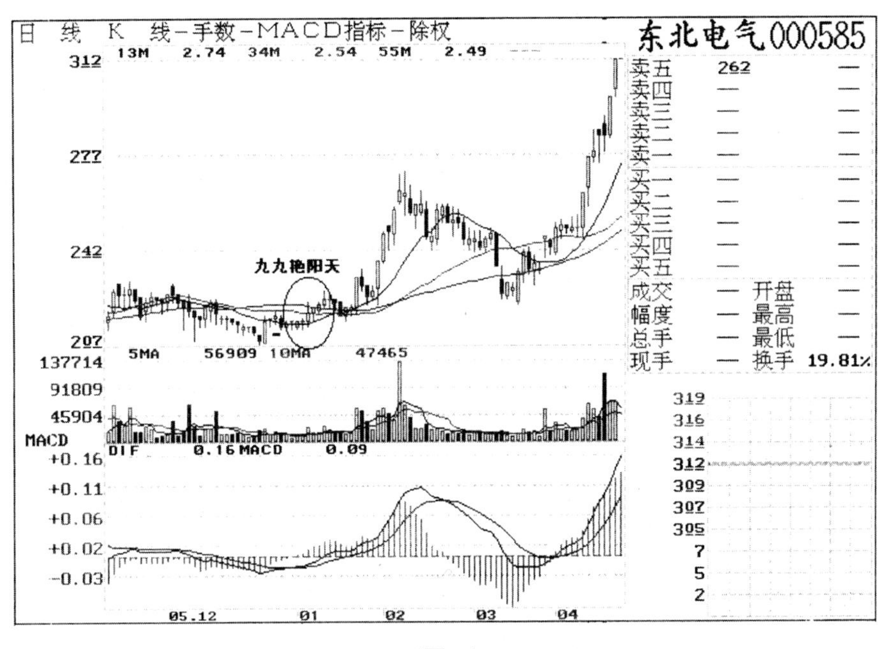

（图二）

（2）ST **江纸**（600053）。一组【蚂蚁上树】把股价推上了 13 日均线，暗示有主力在悄悄吸纳；一个【九九艳阳天】把股价送上了 55 日均线，说明庄家仍在拉高收集；【黑客点击】标志着股价整理的结束；【均线互换】把股价高高地嵌在天边；【拖泥带水】异常忠诚地帮你脱离危险。这就是 135 战法的实战价值。股价运行到每一个阶段，相应的技术形态就会告诉你如何处置。掌握一套这样的交易方法，然后严格地按照交易系统发出的指令进行操作，谁还能够伤害你。

过去为什么买进就跌，卖出就涨？那是因为不了解庄家的做盘手法，不了解股价的运行规律。很多时候我们都是在对着“影子”开战，所以命中率极低。其实，无论采取哪种操作方法，只要摸得透，都会给我们带来效益。怕只怕什么都不懂，什么也不精。见图三。

（3）＊ST **多佳**（600086）。该股经过长期下跌以后，13 日均线由跌到平，股价站在 13 日均线上，【红杏出墙】的出现，标志着股价的底部已被探明，但能不能涨起来，则取于成交量的支持。后来伴着温和的成交量，股价不紧不慢地持续拉出 9 根小阳线，表明庄家依然在抬高收集，预示着不久的将来就会迎来一个红彤彤的【九九艳阳天】。

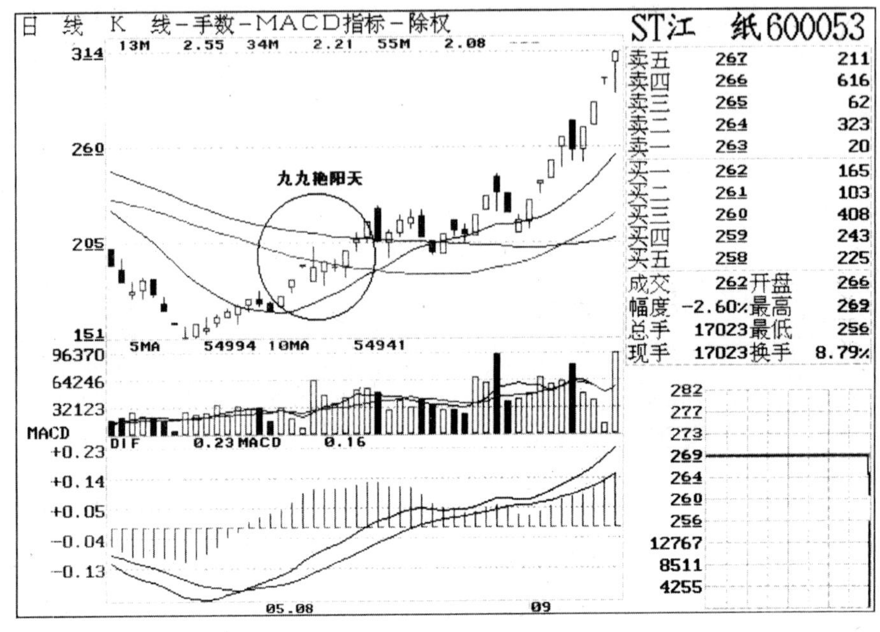

（图三）

【九九艳阳天】出现以后，股价稍作回抽就开始【投石问路】，获得成功以后，股价突破盘局，开始延伸。随着【海底捞月】的完成，股价开始加速上扬。庄家的一举一动，技术形态都作出了客观的反映。只要我们也能跟着作出相应的反应，就能分享一段利润。

其实，炒股就是这么简单，没必要把它搞得太复杂。当然，学习一种方法都有一个认识和熟练的过程，只能循序渐进，不可快速跨越。只有用心，才会舒心。见图四。

（4）**亚盛集团**（600108）。【九九艳阳天】出现以后，庄家用【暗度陈仓】震仓。翌日，13 日均线开始穿越 55 日均线，标志着【海底捞月】的完成。【红衣侠女】巾帼不让须眉，一举收复昨日失地，技术形态发出双重进场信号。凡是熟悉【红衣侠女】和【海底捞月】买点的人，在这里都不会无动于衷。

随后，股价犹如装满了燃料的火箭，动力十足地直刺蓝天。股价进入预定轨道以后，庄家用【浪子回头】清洗获利盘。股价在 13 日均线附近获得支撑以后，立即展开了新一轮的攻击。

《吴子》应变篇上说：“用众者务易，用少者务隘。”意思是，使用众

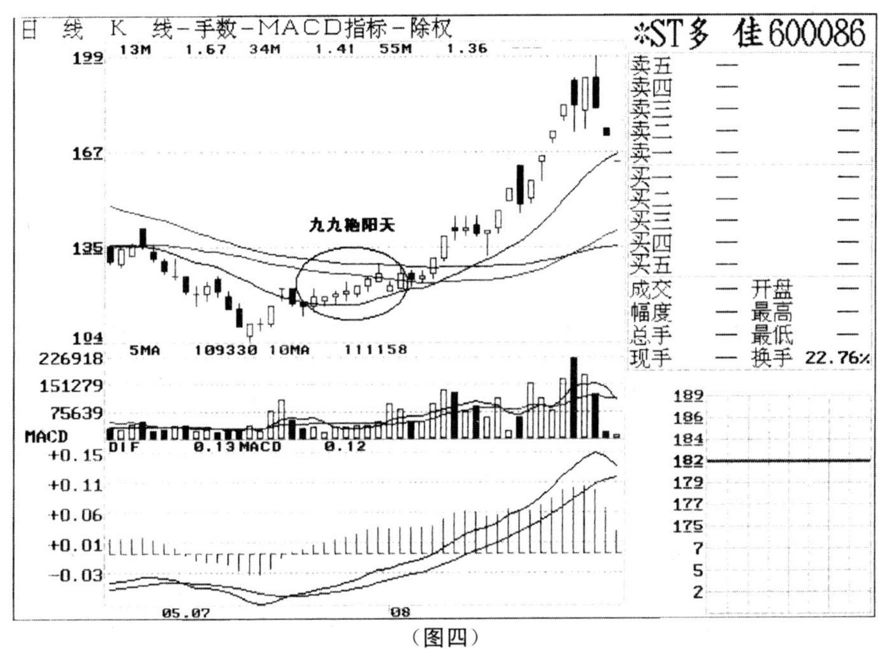

（图四）

多兵力，务必选择平坦地形，使用少数兵力，务必选择险要地形。译成股市语言就是：对形态完美的个股，要敢于重仓出击；抢反弹仓位一定要轻了再轻。

【九九艳阳天】是股价即将拉升的信号，发现这个图形以后，不要犹豫，不要迟疑。见图五。

(5) G南自（600268）。【蚂蚁上树】把股价送上55日均线以后，股价稍作整理，即从55日均线上【揭竿而起】，随着【海底捞月】的完成和【红衣侠女】的出现，股价终于迎来一片【九九艳阳天】。

在具体操作中，如果有明显的技术形态出现，不必非等【九九艳阳天】的出现以后再介入。实战中一定要灵活。如果错过了前面的买点，就不要再追了，耐心等待下一个买点的出现。但一定要坚持“进退有据”。我们追求的是，指令发出时的断然一击。

从【蚂蚁上树】到【明修栈道】，进出点位都非常的明确，在股价的运行过程中，庄家也给了我们无数次的进出机会，不管你是长线客，还是短线杀手，都应该养成按指令交易的好习惯。这个习惯可以使你快步进入股市赢家行列，让你既不破财还能免灾。见图六。

日 线 K 线－手数－MACD指标－除权
亚盛集团600108
13M 2.20 34M 1.97 55M 1.94
九九艳阳天
5MA 172371 10MA 226467
DIF 0.12 MACD 0.10
06.03
04
成交 244 开盘 220
幅度 +9.91% 最高 244
总手 208269 最低 220
现手 208269 换手 28.83%

（图五）

日 线 K 线－手数－MACD指标－除权
G 南 自600268
13M 14.26 34M 12.91 55M 12.35
九九艳阳天
5MA 20706 10MA 14064
DIF 0.53 MACD 0.64
05.12
01
02
03
04
成交 1368 开盘 1288
幅度 +4.83% 最高 1400
总手 16631 最低 1232
现手 16631 换手 24.82%

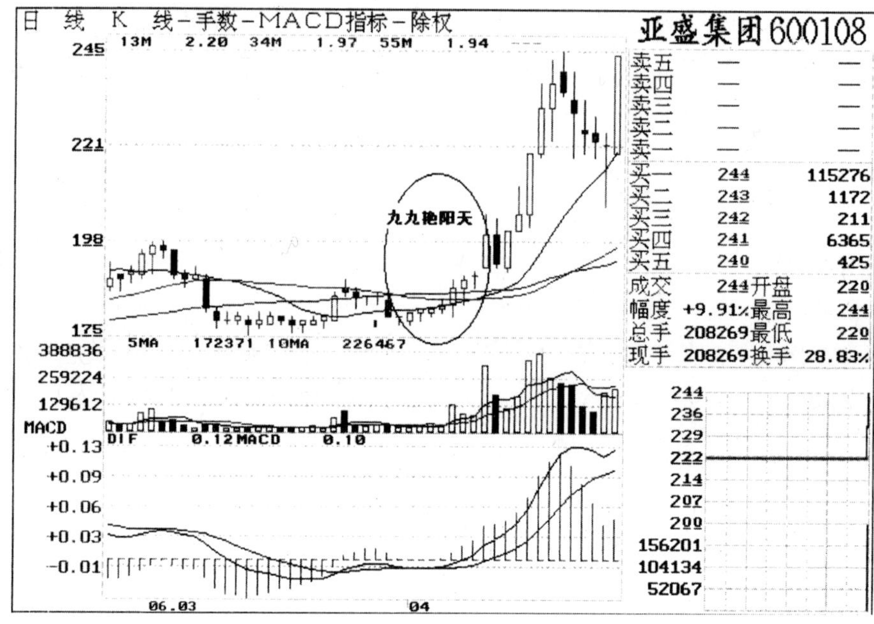

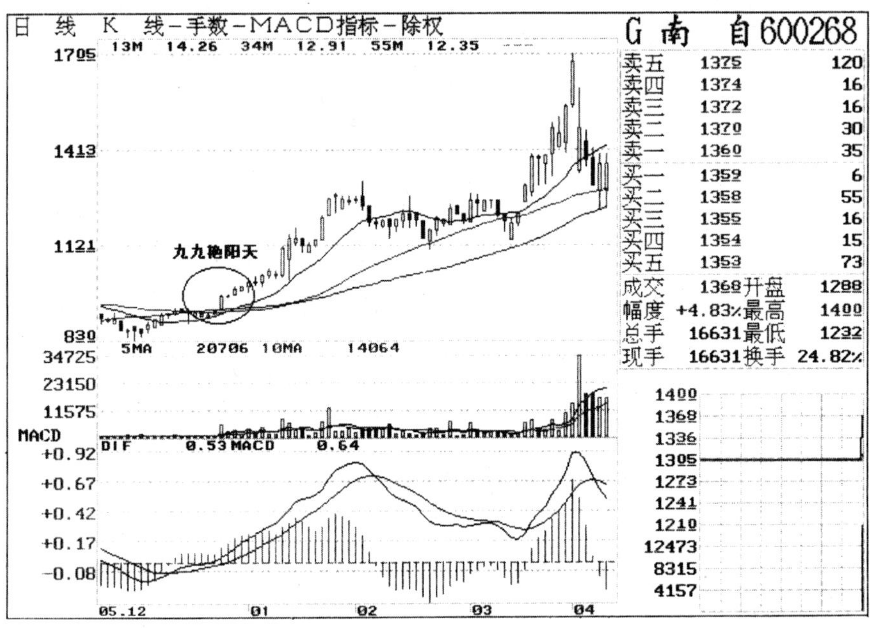

（图六）

(6) G**新安**（600596）。看过《黑客点击》的读者，一定对【三线推进】的技术形态记忆犹新。它分多头推进和空头推进两种，多头推进庄家控盘程度高，行情随时可能爆发；空头推进，一般还有一个【均线互换】的过程，对于大资金来讲，发现这样的走势就可以沿着均线系统的下沿限价买入，然后在股价开始向上攻击时加大仓位。对于小资金来说，等形态出现时断然一击就可以了。凡是形成【三线推进】技术形态的个股，未来的涨幅都不会小。

从图表上不难看出，股价在55日均线处获得支撑以后，成交量开始温和放大，股价持续拉出9根小阳线，这是增量资金进场收集时留下的痕迹，暗示股价将有新的转机。我们把这种走势称之为【九九艳阳天】。它的出现，标志着一轮新的行情即将呼之欲出，在股价回踩时及时跟进，一般都能买在一波行情的起涨点上。

【九九艳阳天】形成的第二天，股价又迎来了【梅开二度】，接着股价就从13日均线上【揭竿而起】，随后股价碎步攀升，但庄家不忘用【浪子回头】清洗获利盘，股价在13日均线获得支撑以后，立即向上发起新的攻击。【一枝独秀】告诉我们股价已进入顶部区域，而翌日的【金蝉脱壳】说明庄家已撤手而去。如果你持有这样的股票，还会像从前那样严防死守吗？不会识图的人，肯定这样做，那就让他在股市里再修炼一阵子吧。见图七。

(7) **中炬高新**（600872）。这个【九九艳阳天】出现在【三线推进】的尾部。成交量的不断放大，终于使均线系统呈现出多头排列。

【九九艳阳天】一般需要股价的回踩确认。时间为1～2天。在股价回踩时，可轻仓试探。形成“阳克阴”后，再加大入货仓位。有的个股形成【九九艳阳天】以后根本不等回踩确认，就直接展开攻击。对于这样的庄家就要打破常规，敢于大胆出击。在前言里，我们讲过135战法是股价运行的原理，而不是数学意义上的定理。所以任何时候都必须做到“心随股走，及时跟变”。

【九九艳阳天】出现以后，股价便开始强劲上攻，13个交易日，股价就翻了一倍多。学会识图，不但节约了大量时间和精力，重要的是把自己从自以为是的坏习惯中解脱了出来。养成一个良好的操作习惯，股市天天都是艳阳天。见图八。

日 线 K 线－手数－MACD指标－除权
13M 12.53 34M 11.23 55M 10.59
G 新 安600596
卖五 940 433
卖四 939 51
卖三 938 175
卖二 937 180
卖一 936 8
买一 935 14
买二 934 10
买三 932 121
买四 931 331
买五 930 962
成交 935 开盘 958
幅度 -3.61% 最高 958
总手 124808 最低 927
现手 124808 换手 112.36%
九九艳阳天
5MA 43311 10MA 33328
MACD
DIF 0.80 MACD 0.71
05.11
12
01

（图七）

日 线 K 线－手数－MACD指标－除权
13M 4.50 34M 3.48 55M 3.19
中炬高新600872
卖五
卖四
卖三
卖二
卖一
买一
买二
买三
买四
买五
成交 开盘
幅度 最高
总手 最低
现手 换手 19.02%
九九艳阳天
5MA 94823 10MA 108173
MACD
DIF 0.67 MACD 0.48
06.02
03
04

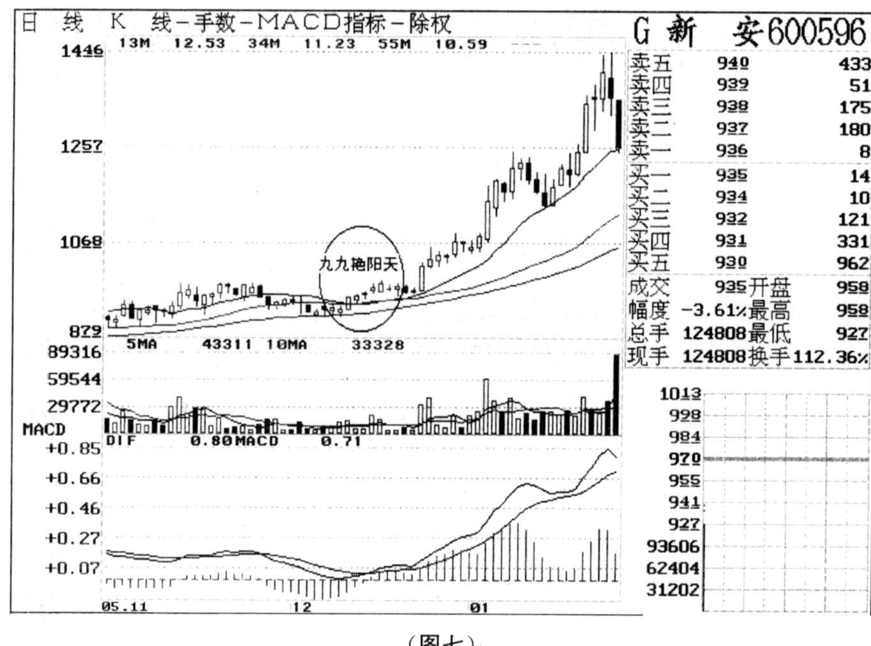

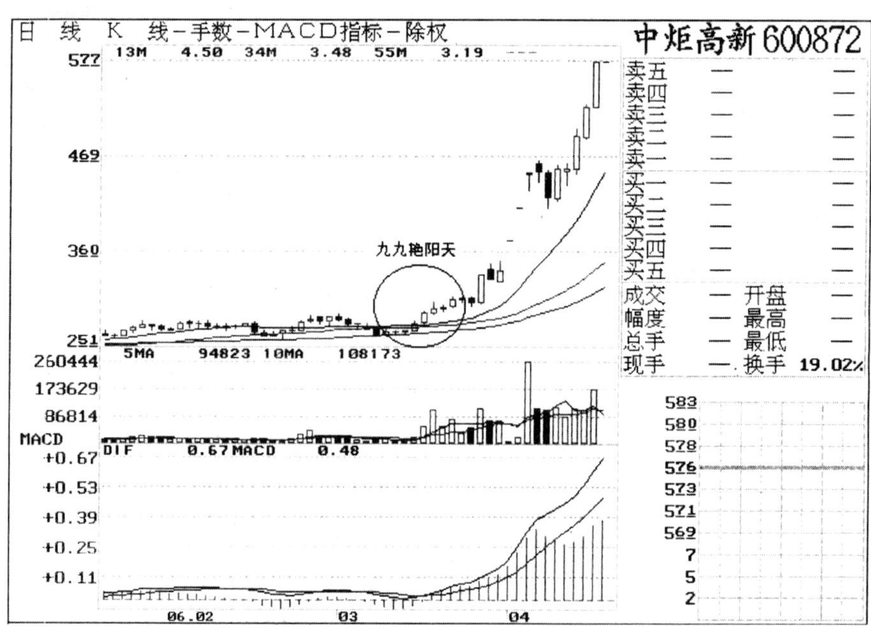

（图八）

买进时机

（1）在股价回踩确认时轻仓试探。

（2）股价形成“阳克阴”半仓跟进。

（3）突破前高点重仓出击。

友情提示

“静能守其所固，动能成其所欲。”在完美的技术形态尚未出现以前，要紧紧地捂住钱袋，耐心等待机会的来临。当机会确定无疑，要敢于集中兵力、大胆出击。135 战法的核心原则是：“逮住机会就往死里整。”

实 战 篇

我们不以精通技术作为前提，而以掌握技术作为结果。因为技术本身并不意味着什么，只有对它加以运用，才能显示它的力量。一个人的实战能力来自他对技术的深刻理解和实战中的灵活运用程度。

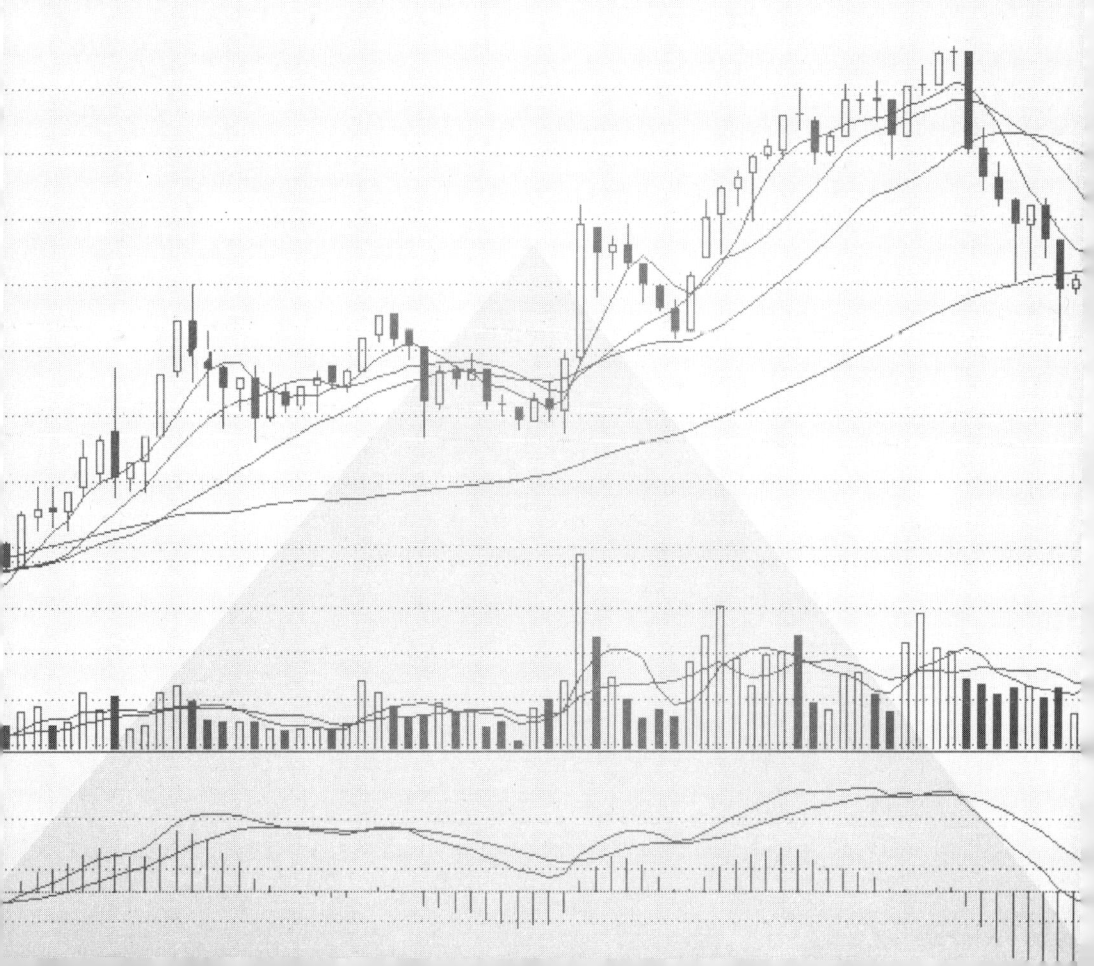

第1节

DIANFENG DUIJUE

千百次，我苦苦地将你寻觅

——点击G航天（600151）

股市的万花筒被利益之手摇动着，呈现出变幻不定的镜像，外资的不断涌入，促使市场结构不断变新，更加剧了这种利益分化与利益组合的不确定性，股市变成了一个在共同利益旗帜下的不同利益的追逐场。一个人若想在股市长期生存和发展下去，除了遵循股市的内在规律，战法上必须独辟蹊径。

2006年4月21日，G航天继【蚂蚁上树】和【一石两鸟】之后，终于按捺不住强烈的做多欲望，股价从均线系统上【揭竿而起】，它标志着新一轮的攻击开始。技术形态完全符合“量、价、线、形”四个硬件，重仓出击，绝不迟疑。见图一。

135战法不仅仅是一套精确的股价定位系统，也是实战操作的根本大法。凡是在大法范围之内进行适当操作的，基本上都能做到大赢小亏；凡是无视大法、践踏大法的，无一例外地会受到市场的制裁。生活中，我们要做一个遵纪守法的好公民；股市里，同样要做一个遵纪守法的好股民。只有遵纪守法，坚持“进退有据”，人身安全才有保障；只有遵纪守法，无条件地服从交易指令，资金安全才有保障。

由于懂技术的人越来越多，庄家在低位很难如愿以偿地收集到足够的筹码，于是，庄家改用拉高建仓，然后用收集来的筹码再凶狠地砸盘，即使不把你砸死，也会把你逼死。有时，明知道庄家在做空头陷阱，但也必须斩仓，因为我们不知道庄家会把井掘多深。对于实战经验丰富的人来说，可以在股价走势最恶劣的时候进场抢一点；对一般人来讲，一定要严

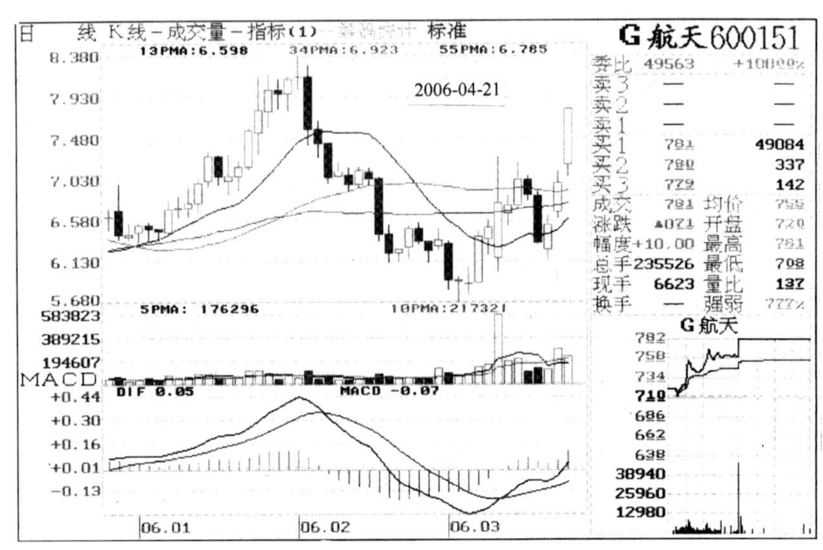

（图一）

格按交易指令进场，这样虽然价位稍高一些，但却规避了市场风险。

2006 年 4 月 24 日，股价跳空高开，稍作下探，即被拉到均价线以上成交，开盘不破昨收盘，回调不碰均价线，典型的强势牛股特征。盘中股价进退有序，三波封停，所有的经典攻击都不会拖泥带水。

盘中涨停板被撕开两次，这是股价冲击前高点阻力时所产生的自然颤抖，无须惊慌。技术功力低下的往往会顺着庄家撕开的缺口掉下去，当股价重新封停，他们依然处在惊魂不定之中，哪里还有勇气杀它个回马枪。结果，机会就这样一次又一次地从自己的指缝间溜走了。严格说来，投资的成功，不仅仅是技术上的提升，更重要的是理念上的突破和行为上的节制。见图二。

实战中需要解决的问题很多，像市场的敏感性、动作的协调性、执行纪律的自觉性等等。但困扰我们最大的问题还不是这些，而是什么都知道却总是做不到，不知道怎样把规律正确地运用到实战中去，学了 135 战法，刚开始的时候，还能坚持按指令去做，可一旦出现失误，就鬼使神差地转回到老路上去了。建立一套制约机制不仅迫在眉睫，而且刻不容缓，否则，“进退有据，速战急归”就会成为聋子的耳朵——摆设。

操作中的很多失误都源于我们的自以为是，这种自以为是不仅使我们

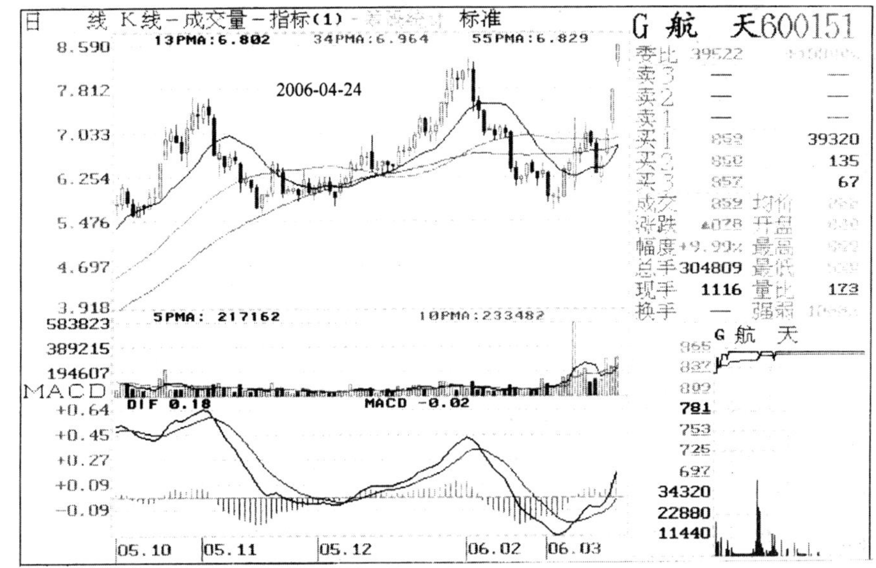

（图二）

丧失了很多机会，还可能给我们带来灭顶之灾。克制自以为是的最好办法，就是严格按交易指令操作。当你改掉自以为是的坏毛病，就懂得该如何尊重市场，就知道该怎样去执行指令。庄家即使有天大的本事，他也无法伤害那些视指令为生命的人。真正需要改变的不是别人而恰恰是我们自己。

2006 年 4 月 25 日，股价依然高开，急速下挫，快速拉升，典型的震仓手法。随后的走势显得有些拖沓，庄家不会就这样浅尝辄止，绝对不会让跟风盘轻松地赚钱，庄家总会出点花样让你心里不舒坦。人在不舒坦的时候，往往会作出错误的判断。

上午 11 时 28 分，股价突然携量上攻，然后以迅雷不及掩耳之势把股价封在涨停板上。要把证券投资事业做好，除了尽心尽力，还要增强自己的盘中抗震仓能力，抗震能力差的在股价上蹿下跳时，往往会被震荡出局。见图三。

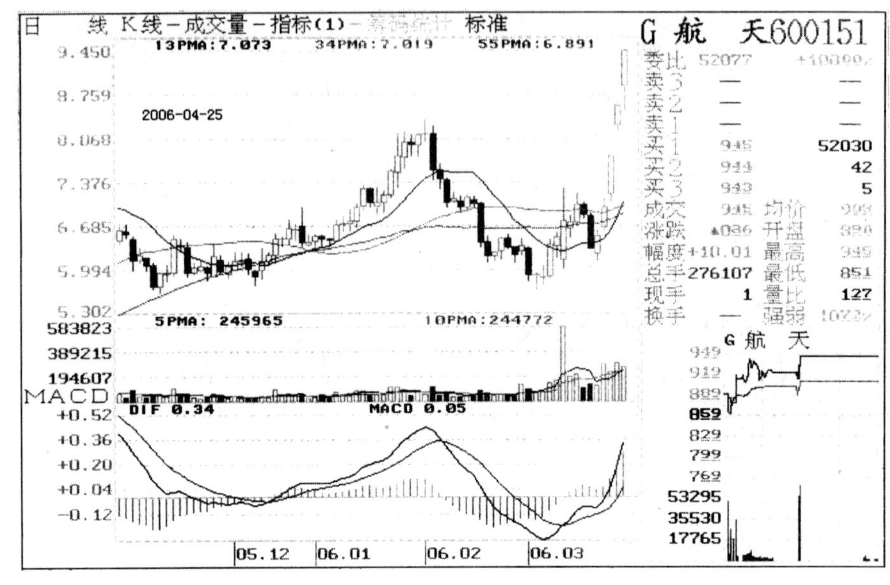

（图三）

没有抓到强势股，就抱怨自己笨；被套以后，又抱怨自己蠢，为什么总在不该买的时候买了，不该卖的时候卖了？为什么总是控制不住自己，我真他妈的蠢啊！其实抱怨是无能的代名词，过多的抱怨会使你陷入极度的忧虑之中，从而使你失去勇气和活力。其实，他们嘴上虽然这么说，心里却未必是真的认为自己就这么蠢。避免错误扩大化的最好办法就是立即认错，然后立即改错。

有时，失败的原因隐藏得很深，需要仔细挖掘，认真思考。由于人性共同的弱点，我们往往不会那么严厉地剖析自己，原则问题上的自我宽容往往会把一个大有作为的人，推向无所作为的境地。为了避免与失败背后的深层问题的较量，就会轻而易举地抱怨一番，日复一日，失败就形成了一种习惯。如果不能从失败中找到真正的原因，就会在心里埋下自暴自弃的种子，最终一事无成，承认己不如人，是为找到差距，而不是把它当成压力，成为前进的障碍。

林肯说："我最关心的不是你是否失败过，而是你是否对自己的失败感到无所谓。"如果不能从每次失败中吸取教训，而是抱着无所谓的态度，那么，在未来的岁月里，除了接踵而至的失败，不会有什么更好的结局。

2006 年 4 月 26 日，因股票交易异常波动，停牌 1 小时。上午 10 时 30

分复牌时，股价依然高举高打，刚刚触摸涨停板，就被庄家狠狠地砸了下来。然后封停—打开—再封停—再打开。经过几次反复，最终也没能封住涨停，从盘口看，庄家没有要出货的意思。K线形态既不是【一枝独秀】，也不是【拖泥带水】，更不像【狗急跳墙】，既然什么都不是，说明股价还不是顶，说明股价还会继续拉高，这时候一定要克服急躁心理，耐心等待见顶信号的出现。看盘至深夜，竟然忘记了把当天的图打出来，真是罪过。读者诸君，对不住了！

2006年4月27日，股价小幅低开，然后庄家十分耐心地控制着股价小幅波动。从盘口看，庄家的控盘能力还是很强的，当接盘不济时就瞬间推高股价吸引跟风盘，营造好氛围以后，庄家又开始慢条斯理地派发一些筹码，遇上这样的庄家一定要十二分的小心，我们赞美庄家边拉边出的技艺，但不要忘记庄家巧取豪夺的本质，股价越是急速拉升，越要保持高度警惕。瞬间推高后，股价一直维持高位震荡，形态有点【明修栈道】的味道，但操盘手法却是边打边撤的做派，既然庄家采取的是拉高派发，说明行情还没有要结束的意思，且不忙出局，好好欣赏庄家的演技吧。见图四。

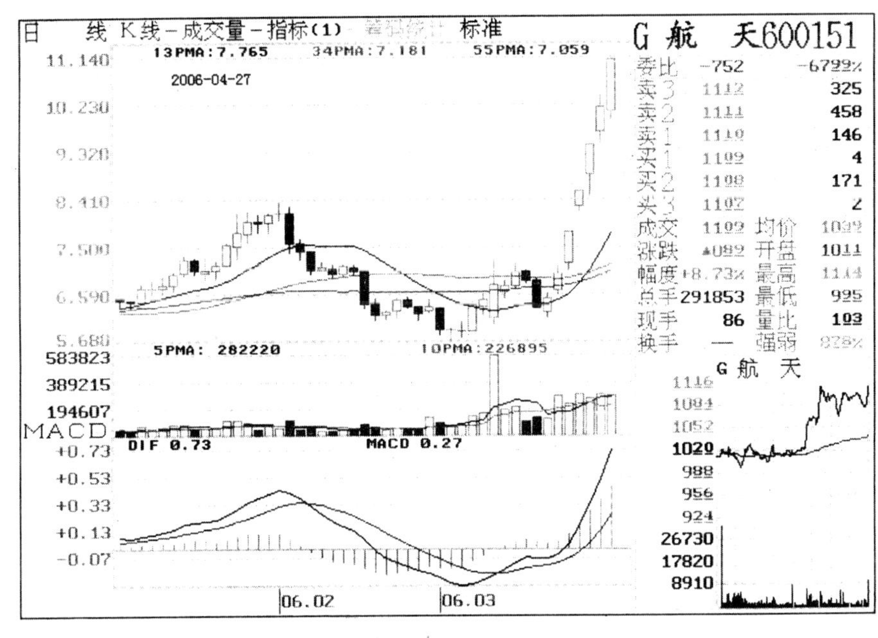

（图四）

收到一条短信，是浙江的项先生发来的："宁老师，按135战法介入600151，我已连抓5个涨停板了，这套方法太棒了。现在股价高位震荡，我该如何是好？请您指示。"

既然他能严格按照交易指令连抓5个涨停板，说明他已经对135战法有了较深的理解，相信他一定会像按执行进场指令那样执行出场指令。对于这种有天赋的人来说，无须明示他怎么做，而是看他究竟会怎么做，这时候任何一点点建议，就会扼杀他的天才，磁化他的功力。

2006年4月28日，受央行上调贷款利率的消息的影响，沪深两市发生激烈震荡，盘中个股，分化较大，地产股及有色金属股联袂回调，领涨品种出现疲态，鉴于市场的结构调整仍在继续，调整持仓比例已势在必行。

G航天低开低走，如果不能迅速地把股价拉上去，技术形态很可能就要演变成【金蝉脱壳】，如果真是这样的话，就要择高点出局了。但现在下结论未免太早，不管是好的结论还是坏的结论。多一点耐心，少一点烦躁，此时此刻，需要的正是这种临危不惧的素质。

5分钟以后，股价直线上升，在均价线上稍作停留，立即展开第二波攻击。接着又紧锣密鼓地发动第三轮进攻，从盘中走势看，庄家根本没有要歇手的意思。刚才的担心多余了，但新的问题也出现了，股价在高位震荡加剧不是什么好的兆头。但股价依然没有明显的见顶形态，系统里依然没有接到出局指令。我反复告诫自己，稳住，一定要稳住，该撤的时候，庄家自然会通知一声，现在最最需要的是克制和坚持。

下午开盘后，股价快速下跌，在均价线附近获得支撑后，继续向上攻击时显得有些犹豫。13时43分，股价终于封住涨停，但涨停板上留下许多不易察觉的小锯齿，庄家是盘中的老大，搞点小动作也是正常的。只要行为不太出格，我们就宽恕他吧。看看股价的涨幅10.01%，那意思分明在向人们诉说："我是千里挑一。"这是"五一"前的最后一个交易日，庄家如此善解人意，给了我们这么一个过节的好心情，让我们谨祝庄家节日愉快！见图五。

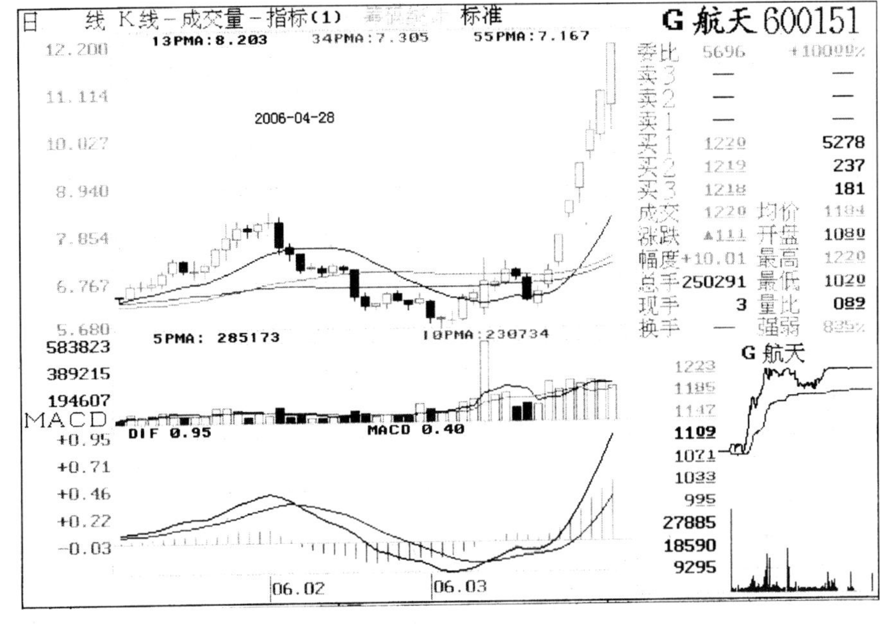

（图五）

“五一”那天，给学员上完课回来，看到门口卖肉饼的杨师傅正忙得不亦乐乎，就上去跟他打招呼：“过节也不休息啊？”杨师傅说：“五一是劳动者的节日，劳动才是最好的休息。”一个看似普通的人，却说出这么一句不普通的话，我不禁对他肃然起敬，是的，成功者是没有节假日的，正是这种只争朝夕的精神加快了他们前进的步伐，成就了他们辉煌的事业。

2006 年 5 月 8 日，节后第一天，股价大幅高开，然后大角度直奔涨停，航天人果然厉害，他们不但把“神六”送上了天，也让我们这些普通人过了一把飞行的瘾。除了向 G 航天深深地致意，任何词语都是苍白无力的。G 航天自从它进入轨道那一天起，就一刻不停地向上冲，这样的股票的确是“千里挑一”，对于特殊走势，就需要特殊的对待，这也是规律的普遍性和特殊性在股市里的具体表现。

从形态上说，这根阳线属于经典的【狗急跳墙】，它是庄家集中派发的标志。在形成机理中，我们是这样表述的：股价一旦进入急拉阶段，便意味着行情已经进入尾声，为了掩盖自己的真实意图，吸引跟风盘，庄家刻意使股价跳空，营造一种继续向上突破的假象，然后将筹码在高位易

手。它是股价即将转势的信号，万万不可粗心大意。（根据形态的共性来表述的）请大家翻阅教战篇第 5 节“形态的共性与个性”，就不难理解它们的辩证关系了。

我们知道，【狗急跳墙】是庄家集中派发的标志，这就是说，派发一定要有大的交易量。而 G 航天的【狗急跳墙】不但没有放量，反而还缩量，而且涨停板上的封单比节前最后一个涨停板的封单大了将近九倍。这说明了什么？说明了庄家虽然一路派发，但手里依然还有不少存货；说明若想继续派发，就必须继续向上拉高，聪明的庄家都是这么干的！见图六。

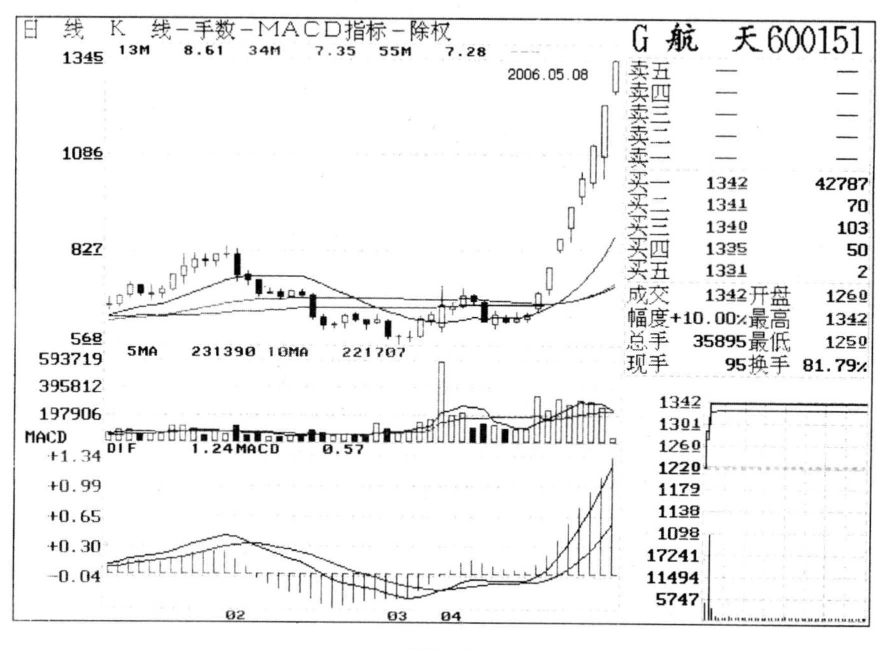

（图六）

2006 年 5 月 9 日，股价开盘即停。在如此高位，庄家还敢这样干，简直是疯了，不过，对于一个疯了的人来说，干出任何不可思议的事情，都不能算出格。一个精神病患者，在他发病的时候，如果你硬是按住他的头，不让他仰望蓝色天空，不许他看天空中的白色弧线，他敢跟你拼命，最好的办法，就是让他尽情地去喊，尽情地去叫，喊够了，叫累了，他就折腾不动了。

现在的庄家就是这样的一个疯子，他想怎么着就怎么着，谁也别想拦住他。如果你跟的庄家走道四平八稳，和正常人没有什么两样，我们不能说他没有实力，但起码说他不具备领军人物的能力。跟庄就要跟疯庄。心理学家研究表明，一个思维模式和行为模式都与众不同，甚至表面上略带一些神经质的人，往往更容易成功。

回想一下，自从你炒股以来，除了那些亏损的往事让你心痛以外，你疯过吗？如果你还没有为探索规律而疯过，为知识与能力的对接而疯过，而是像一个正常人一样每天都按部就班地到证券公司上下班，收盘后又像一个正常人那样聚在一起酗酒、打麻将，可以断定，你醉过，输过，但在股市一定是很少赢过。贫穷不一定把人逼疯，但欲望一定能把人逼疯，你要想成为股市赢家，就要有赢家的欲望，那就是锁定目标，坚持不懈，不达目的誓不罢休。为了你的梦想和欲望也去疯一次吧！见图七。

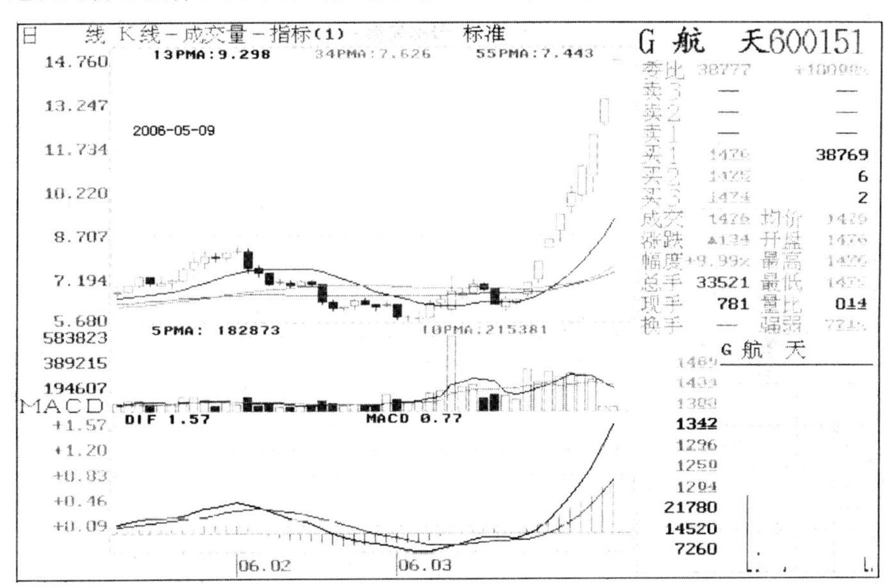

（图七）

2006 年 5 月 10 日，股价又是开盘即停。且不管庄家将来如何出货，因为那不是我们所关心的事，我们所关心的就是指令。无论是买还是卖，完全服从于指令的调遣，而绝不能是其他，也不可能是其他。

风险与利益成正比。一般讲，技术功底越是深厚，胆量就会越大，但一定要衡量冒险的价值，也就是说，在机会面前要有赌性，而在风险面前却不能当赌徒。

读书也好，析盘也罢，都是为了寻找股价运行规律，然后把规律灵活地运用到实战中。我厌恶那些把股市当赌场的人，但我从不拒绝冒险精神，因为，炒股要有赌性，没有赌性，在机会面前就放不开手脚，但不能当赌徒，也就是说，赌是有条件的，这个条件就是交易指令。见图八。

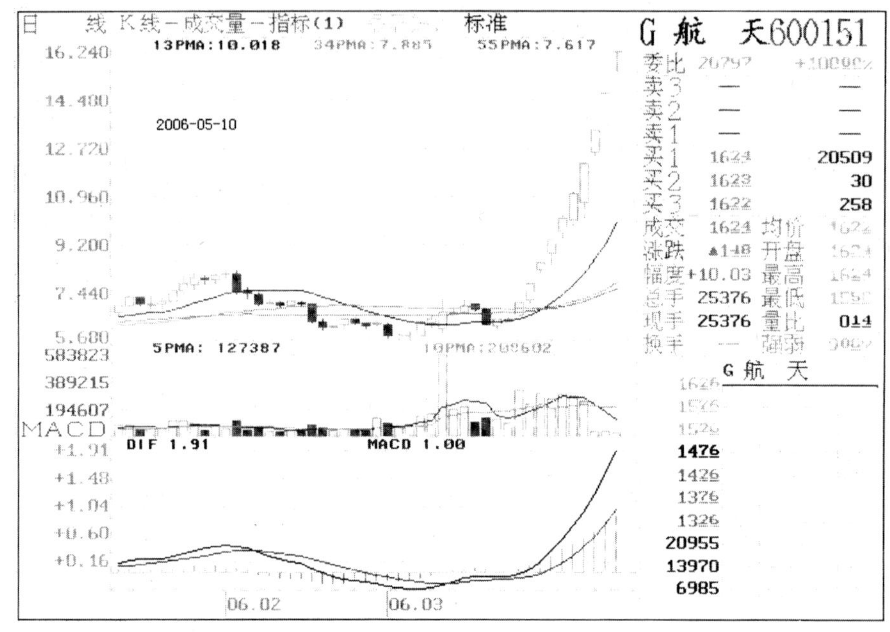

（图八）

2006 年 5 月 11 日，股价还是开盘即停，但十分钟以后，涨停板被打开，成交量倾泻而下。瞬间，股价重被推上涨停板，仅仅两分钟，涨停板又被巨大的冲浪撕开，而且股价跌得义无反顾，庄家无所顾忌大开杀戒了，K 线图上朦胧地出现了【独上高楼】的影子，盘中择高出局。见图九。

收盘以后，学员们纷纷围拢过来，他们个个的眼睛里带着微笑，与刚参加培训时的表情简直判若两人。处于赢利状态时，无论怎样克制都无法掩饰脸上的喜悦；资金被套，即使看赵本山的小品也难挤得出一丝笑容。学员们讲，以前的操作纯属瞎蒙，现在赢利全在把握之中。

一个人没有个性不好，然在股市个性太强则容易吃亏。股市风云变幻，需要的是见风使舵的弄潮儿；庄家唯我独尊，需要的是“及时跟变”的顺从者。仔细想一想，股市没法亏待你，庄家也没法亏待你，只有自己

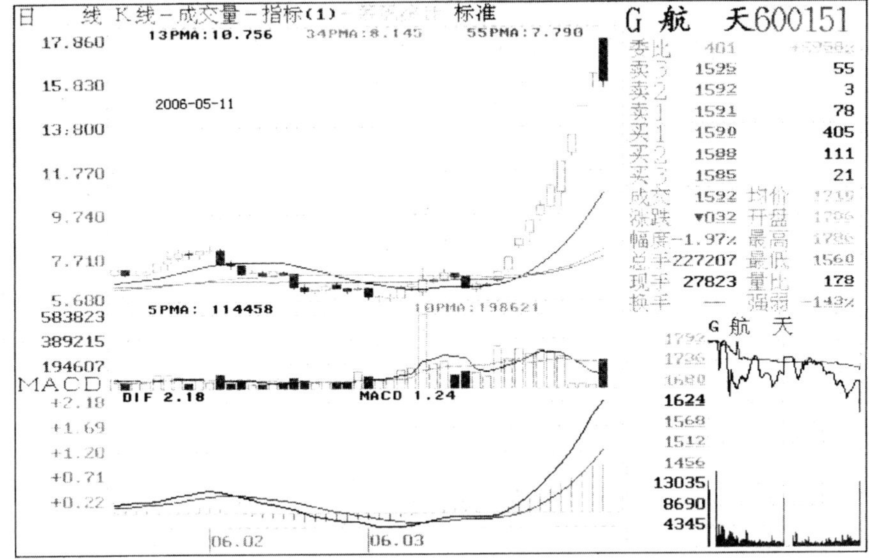

（图九）

才能亏待自己。因为，股市对谁都是平等的，同样的机会，为什么别人抓住了，你却抓不住？说到底还是自己的功力不够。股市虽然残酷无情，但它无时无刻不在期待着你的成熟！

第2节

DIANFENG DUIJUE

寻觅着你涨跌的秘密
——点击G龙元（600491）

衡量一种战法的有效性，主要不是看战法的属性和它是否合乎常理，而是要看它是否符合一个原则，即实现赢利的最佳途径原则。

2006年4月3日上午10时许，在5分钟涨幅榜上出现了G龙元的名字。调出日线一看，股价从55日均线上【揭竿而起】，同时它还是【红衣侠女】和【海底捞月】，三种技术形态重叠在一起，成功的概率更大，而且“量、价、线、形”均符合进场要求。从即时图上看，股价的上攻显得很有节奏，量价关系也很完美。时不我待，重仓出击。少顷，股价便开始第四波攻击，股价携量直攻涨停板，10分钟后涨停板撕开，但很快就被拉了回去。这是庄家在震仓，不用紧张。买进不到半小时，账面已有5个点的利润，这是对严格执行指令者的最高奖励。见图一。

在已空前复杂化的股市里，手段的样式和适用范围也处于不断的变化中，再好的单一手段也不会比多种手段更有优势。只有从视野上拓宽对手段面的认识，懂得“心随股走，及时跟变”的道理，才不至于在手段的运用上捉襟见肘，黔驴技穷。

什么是能力？别人不敢干的你敢干，别人干不了你能干，别人无法忍受的你能忍受，这就是能力。但实战中你会发现，有时候无论你怎么努力，都不可能把每一次实战都做得天衣无缝，完美无缺。追求技术上的精益求精，旨在提升操盘水平和成功率，绝不是指进出点位上精确无误。只要能够在指令发出后采取相应的行动，就应视作完美。实战追求的是成功的概率，而不是数学意义上的精确度。

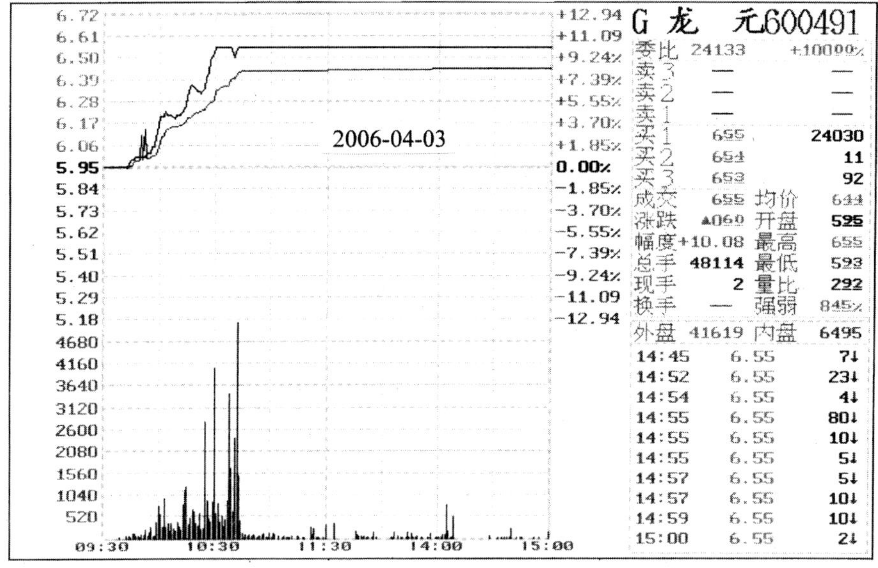

（图一）

2006 年 4 月 4 日，股价高开高走，大有炸平庐山之势。10 分钟后，股价的攻击力逐渐减弱，先是破了开盘价，庄家摆出一副不杀穷人不富的架势，对谁接盘就往死里整。其实，抛盘积极，接盘积极，庄家在玩自卖自买的把戏，但也把唱戏的、看戏的吓得脸色煞白。知道什么叫“巧取豪夺”吗？看看盘中的宽幅震荡，便会明白一二。

图表上留下的这个星线酷似【星星点灯】，却又不是【星星点灯】，因为它的上影线不够长，成交量也不够大，但形态市场意义非常接近【星星点灯】，都是为了通过巨额换手垫高市场的平均持股成本，减轻未来的拉升阻力，不了解这一点，很可能会被盘中宽幅震荡驱逐出局。正确判断 K 线的不同性质，是检验技术功力的重要标准。只有摸清了庄家的意图，“心随股走，及时跟变”才会变成一种自觉的行动。

在股市，究竟谁赚谁的钱？赚庄家的钱？赚上市公司的钱？都不是，是赚散户的钱。庄家虽然财大气粗，但从不敢放松对散户的研究，你若想赚钱，除了下大功夫研究庄家的做盘模式和操盘风格，重要的是要管住自己。

虽然不能说散户是任人宰割的羔羊，但如果没有一个正确的交易方法，这种“人为刀俎，我为鱼肉”的局面是很难被改变的。

最近，我总在想这样一个问题：股市里为什么赚钱的少，赔钱的多？如果股市的本质就是让少数人赢利，让绝大多数人亏损，我们究竟怎样才能从失败中脱颖而出，成为股市中的少数人呢？仅凭强烈的挣钱欲望恐怕是不行的，苦苦挣扎未必就能摆脱失败的纠缠。只有树立正确的理念，找到一套可以重复获利的方法并且把它运用得得心应手的时候，梦想才有可能变成现实。如果在心理、知识和技术上都准备不足的情况下就仓促应战，并且在实战中不善于总结经验，肯定还会沿着失败的路子继续走下去。

在接下来的几天时间里，股价碎步盘升，缩量上涨，一眼就能看出，庄家采取的是边拉边洗的蘑菇战术，这种战术虽说维护了市场人气，但获利盘越来越多，庄家肯定不愿别人瓜分自己的拉抬成果，而且一定会想着法子清洗获利筹码。实战经验丰富的，已经做好了随时离场的准备，只有那些先前的套牢者，或者稀里糊涂蒙混进来的人，才会傻呵呵地盼着股价涨了再涨，甚至在心里做着翻番的美梦。

2006 年 4 月 11 日，股价低开，稍作上冲，便掉头下探，庄家洗盘开始了。有筹的应适量减仓，即使知道庄家不是在出货，也要主动减仓。我们只能用庄家想要的东西换取自己想要的东西。庄家在洗盘时，他希望得到你手中的筹码，别心疼，先给他，然后你会在更低的价位上把它再如数捡回来。庄家在拉升时，希望跟风的越多越好，因为这样可以营造良好的市场氛围，节省拉升成本。

这是一个温和的庄家，只用了一个小【浪子回头】对获利筹码进行清洗，股价尚未触摸 13 日均线便转身向上，庄家也太急了点，如果再拉一条阴线，效果可能会更好些。

2006 年 4 月 14 日，股价平开，小幅冲高后，便绕着均价线窄幅波动。但只要仔细观察就会发现，股价的高点在逐次抬高，股价线离均价线的距离越来越大，主动性买盘在增多，说明新一轮攻击即将展开。这时候，应把先前抛出的筹码再如数捡回来。也许你会说，这中间没有什么差价呀，何必这样瞎折腾？大错！回避洗盘的目的不是为了做出多少差价，而是为适应股价的波动频率，躲避市场风险。

下午 1 时 25 分，股价经过大半天热身运动后，突然翘头向上，然后一鼓作气把股价推上涨停板，动作迟缓的人，只有捶胸顿足的份了。

5分钟后，涨停板被打开，成交量倾泻而下，好在股价跌幅不大，而且很快就拉了上去，重新封住涨停板。即时图上的缺口属于震仓性质。如果涨停板被打开，又迟迟封不住，股价又偏偏在相对高位，出货的可能性就相对大一些。庄家利用涨停板一举攻陷前高点，肯定是为了深化行情，否则，庄家不会让你在涨停板上出货。其实，庄家很聪明，用涨停板攻击制高点，反而会减少盘中的巨大抛压。想想看，假如你被套在前高点，股价涨停后你会卖吗？见图二。

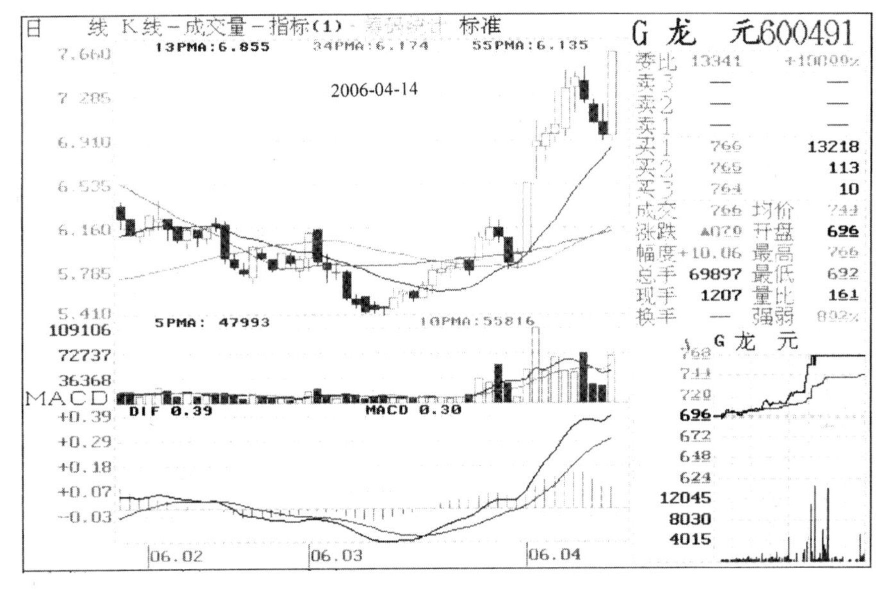

（图二）

收盘以后，一位文质彬彬的股民对我倾诉了他的苦恼：他说自己很勤奋，每天看盘至深夜，但付出没有得到相应的回报。而且越是努力，亏损就越厉害，他感到挺困惑，他搞不清楚，究竟是自己下的功夫不够，还是股市在有意折磨他？

他的苦恼与我当年的经历有着惊人的相似，那时候我每天看盘都在10个小时以上，每天把自己弄得疲惫不堪，长时间的吃苦，虽然让我适应了这种超强度的工作，但却使我的神经变得麻木。成功与“劳其筋骨，饿其体肤”、“头悬梁，锥刺骨”没有必然的联系，能吃苦并不代表具备了走向成功的资本，绝大多数能吃苦的人最终贫困一生。比如建筑工地、采石场、煤矿的打工者，他们在困苦中顽强挣扎，但很少有人能发达。吃苦是一个人在关键时候能否生存在这个世界上的必备素质，但走向成功不是全靠能吃苦，而是在于你要有成功的愿望和追求，要敢于在高风险的股市迎接挑战，参与竞争。我给他讲了一个奥修的故事：

说有位老人在德里附近的一处坐着，一个年轻人刚好开车路过，他停下车来问老人：“德里还有多远?”老人说：“如果照你自己的路线和方向走的话，你必须绕过整个地球——因为德里就在你背后两英里的地方。”

“你是说我的努力方向错了?”他睁大眼睛看着我。

“很可能是你的理念出了问题。”我也不敢确定。

股市里，游荡着无数有才华的穷人，他们有知识，但却不知道如何把它们正确地运用到实践中，因为他们的心灵没有受到启示，思想没有得到点拨。

人是需要点拨的，否则你一辈子只能在黑暗中探索，也许一句话，一个理念，就能使你峰回路转，起死回生。

我承认那位先生很努力，可股市和庄家不认可的努力是毫无意义的。付出不一定有回报，但不付出绝对没有回报。他的问题十之八九出在理念上。理念决定行动，行动决定结果。抱怨和诅咒都无济于事，重要的是反思和检查自己的思维和行为模式是否与股市、庄家相吻合。

2006 年 4 月 20 日，股价高开高走，冲高后又是转身下探，庄家在这个位置宽幅震荡，派发的可能性在加大。任何庄家都不会把股价拉到某个具体价位再出货，而是进入既定区域后就开始派发。高明的操盘手，往往是边拉边出，而且拉升中绝对不会增加仓位。仓位重的盘中要择高点出一些，仓位轻的不妨继续观望一两天。

2006 年 4 月 21 日，股价又创出新高，但量能在减弱，说明跟风的越来越少，跟风的少了，股价还会继续攀升吗？会。除非是不知天高地厚的庄家，比如亿安科技。不过，眼下盘中并未出现明确的出货信号，那就不妨再多一点耐心。

2006 年 4 月 24 日，股价小幅高开，稍作下探，便拉到均价线以上成交，急速下跌后开始横盘，股价在高位横盘意味着什么，意味着庄家在悄悄出货，如果发现接货的少了，庄家就会瞬间推高股价，引诱跟风盘入货。图表上出现了变形的【一枝独秀】和【一剑封喉】，但它们都是出局信号。中国有“事不过三”的说法，庄家已经使用了两个十字星，如果说第一个是换挡十字星，第二个是加速十字星，那么第三个肯定就是出货的十字星。

“进退有据，速战急归”是135战法的一个原则，既然交易系统已经发出了出局的指令，就应该无条件地去执行。在卖出指令面前，要表现出一种本能的恐惧，比如【一剑封喉】、【独上高楼】等，如果对这些技术形态不感到恐惧，说明你只是一个股市二段，而二段选手在股市里是赚不到钱的。（见图三）

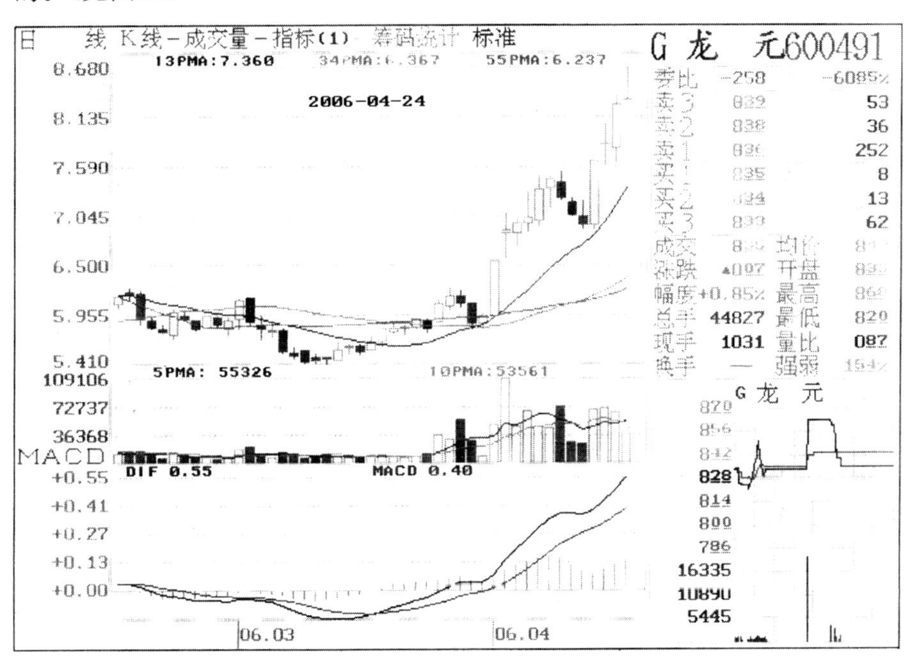

（图三）

第3节

DIANFENG DUIJUE

千百次，我在心里默默地问自己

——点击贵研铂业（600459）

爱因斯坦说：“人的真正价值在于他能够在何种程度与何种意义上摆脱‘自我’。”由于股市不是为哪一个人设计的，所以股价的发展变化不会以人的意志为转移。让股价完全照着自己的想象或预期去发展，无异于揪着自己的头发上天，是根本不可能的事。只有在熟练掌握一套交易方法的基础上，做到“心随股走，及时跟变”，成功才是可期的。摆脱自我、战胜自我、超越自我是成就投资事业的前提。

2006年3月24日，在贵研铂业的图表上出现了【红衣侠女】、【海底捞月】和【揭竿而起】的三重买入信号，技术形态的“量、价、线、形”四个硬件完全符合进场要求。完美的技术形态就是我们买入股票的全部理由，在完美的技术形态面前犹豫不决，或表现出一种不应有的恐惧，不仅是对金钱的唾弃，更是技术功力和心理素质低下的突出表现。见图一。

股价连续三天缩量整理，庄家除了换手的需要，主要是为了修复技术形态，营造良好的市场氛围。没有耐性的人往往会被其他强势股抢走眼球，很多机会往往因为我们没有足够的耐性才与它失之交臂的。有时候，你按某种形态买进后，股价突然不涨了，庄家仿佛有意和你作对似的，可等你刚刚抛出，股价便一根阳线接一根阳线地往上拉，这是为什么？原因很简单，庄家就是通过不停地变换手法，借以隐藏自己的真实意图并考验你的分辨能力，让你付出辛劳和探索的代价。

稍有常识的人一眼就能看出庄家的意图，3天的整理都是在阳线的0.89位置附近进行的，而且股价始终不碰13日均线，这说明了什么？说

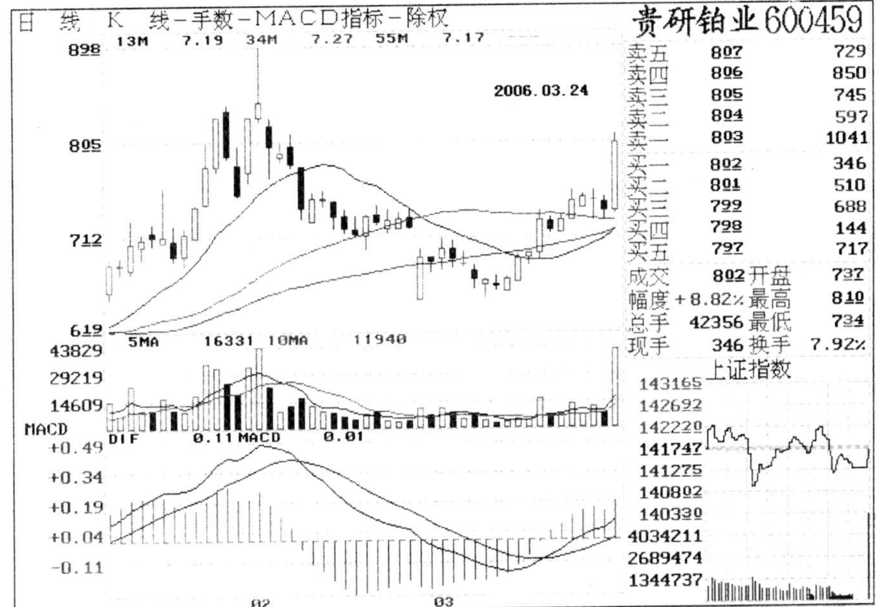

（图一）

明庄家不愿意让别人捡到廉价的筹码。分析庄家，研究个股，一定要有一个归零的心态，具体问题具体分析，切忌先入为主，添加个人的感情因素。135 战法恪守“进退有据”，无论是买，还是卖，一定要有充分的技术依据，用交易指令调节思维，规范行为。

2006 年 3 月 31 日，股价低开低走，然后被迅速拉到均价线以上成交，温和放大的成交量轻松地吞噬了整理平台并创出新高，表明股价新一轮的攻击已经开始了。先前被震出局的，应立即停止空头思维，以做多的实际行动修正错误。持币观望的，不要再袖手旁观，是该行动的时候了。见图二。

认识股市需要知识，临盘实战需要能力。能力潜藏在吃苦中，只有经过艰难的探索，忍受别人所不能忍受的痛苦，迎接别人所不敢接受的挑战，才能最终跨入股市赢家的行列。

从纵向说，人们进行投资的过程酷似链条，连接了学习知识、理解知识、获取知识、转化知识等多个环节，缺乏其中任何一个环节都会在实战中“掉链子”，不能将知识变成自己的实际操盘能力，达不到实现赢利的目的。从横向讲，人的学习能力包括理解能力、获取能力、转化能力等，

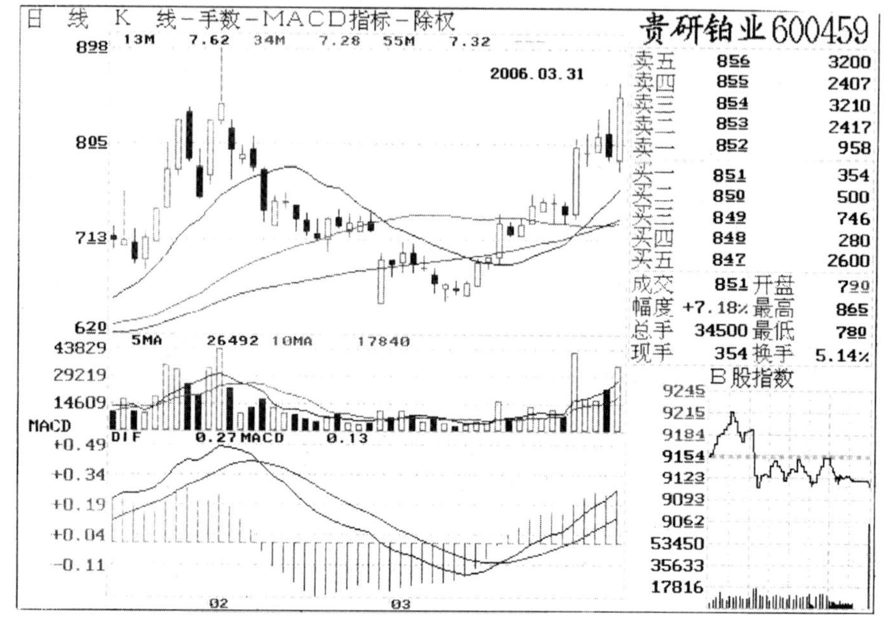

（图二）

由多种能力综合形成，缺少任何一种能力，都不能把投资转化成财富。在构成学习的诸多能力中，有一种能力主宰着操盘水准的提升，只有把这种能力挖掘和释放出来，投资才能获得真正的成功。

2006 年 4 月 20 日，股价开盘即停。不按交易指令及时进场的又被关在了胜利的大门之外。这种遗憾想必谁都会有过，但并没有见到聪明者从此增多。由此可见，知识转化成能力的确不是一件容易的事。其实，操盘的第一能力，就是知识的转化能力。见图三。

先让我们重温一个历史故事：战国时赵国名将赵奢的儿子赵括，少时学兵书，善谈兵，父亲也难不倒他。后赵括代廉颇为赵将，依然只有书本知识而无实际指挥作战的能力，导致长平之战中为秦军所败。这里的“善谈兵”，说明他已经获得了不少书本上的知识，学习是努力的，获得知识的能力是强的。问题在于他没有把获得的知识转化为自己的实际作战能力。这样一来，尽管他读了不少兵书，自身指挥作战的能力并没有提高，依旧只能“纸上谈兵”。这个流传至今的历史故事蕴涵着一个哲理：知识如果没有转化成自己的实际操盘能力，就没有实现学习的根本目的；转化知识的能力在构成学习能力的诸多能力中格外重要，堪称操盘的第一能力。

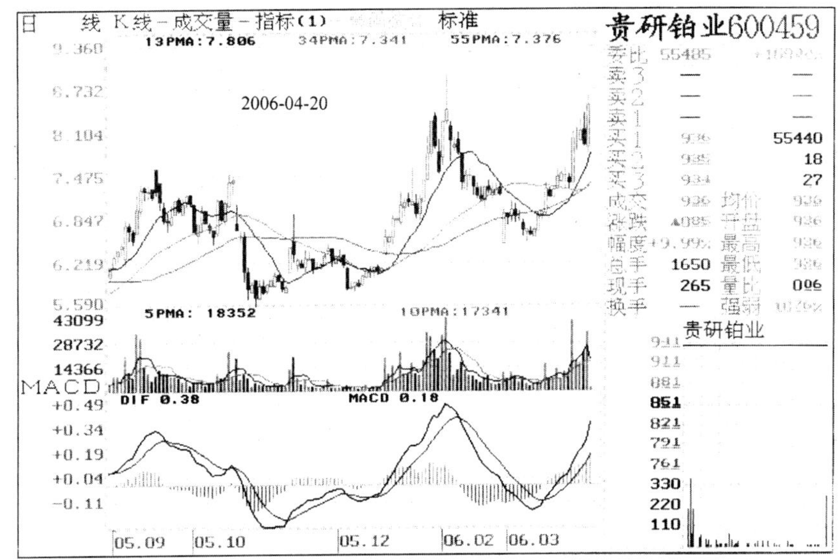

（图三）

毛泽东在《实践论》中有一段耳熟能详的话：“马克思主义哲学认为，十分重要的问题不在于懂得了客观世界的规律性，因而能够解释世界，而在于拿了这种对于客观规律的认识去能动地改造世界。”如果学习仅停留在了解股价的运动规律上，既不能最终实现获利的要求，也不能从根本上改变亏损的现实，“心随股走，及时跟变”，是对每个投资者的要求，是适应股价变化需要，也是学习的最终目的和投资的最高境界。要达到这种境界，没有较强的知识转化能力便无从谈起。

强调转化知识，并不否定理解、获取知识的重要性。知识与能力有密切的联系，知识是认识股市、提高操盘水准的基础，没有这个基础，能力就成了无源之水，无本之木。换言之，没有对知识的理解和获取，就没有转化的依据，但知识只为提高操盘能力提供了一种可能，并不等同于实际操盘能力。没有经过转化的知识是一堆包装美丽的垃圾，可以装点门面，却无法抵御风寒。转化能力是操盘的第一能力。

怎样提高转化能力呢？首先学习目的要明确。“读书是学习，使用也是学习，而且是更重要的学习”。对于基本的证券知识、股价的运行原理和操盘常识要能够精通，精通的目的全在于应用。学习是为了“使用”，“应用”离不开转化。只有目的明确了，才能提高学习的积极性和转化的

主动性。其次，要联系实际学。从学习内容、学习程序到学习方法，都要贴近股市实际、贴近自身实际，学那些管用的、急用的东西，千万不要漫无边际地积累知识，这样就为转化提供了一种接近性。再则，要掌握转化知识的方法。除了“知识就是力量”外，培根还有一句名言：“聪明的人利用学习。”我们在知识转化上要学得聪明一些，好一些。转化能力提高后，操盘能力就会有一个质的飞跃。

2006 年 4 月 21 日，股价又是开盘即停。此时的贵研铂业就像一列刚刚驶出站台的火车，即使把世界上所有的大力士都请来，也别想阻止它勇往直前的步伐。见图四。

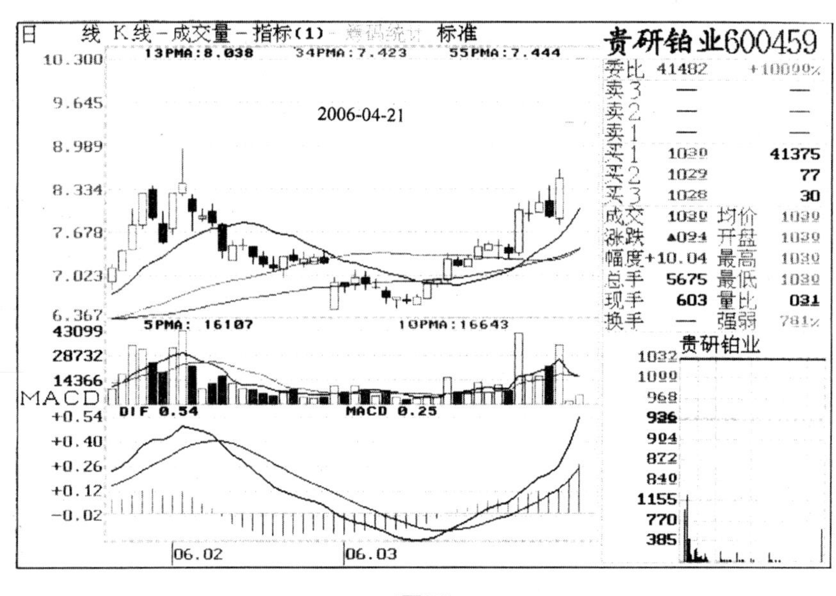

（图四）

世界上牵引力最大的火车头停止在铁轨上，为了防滑只需在它的 8 个驱动轮前面各塞一块 1 英寸见方的木块，这个庞然大物就无法动弹。然而，一旦这个巨型火车头开始启动，这小小的木块就再也挡不住它了，当它的时速达到 100 英里时，一堵 5 英尺厚的钢筋混凝土墙也能轻而易举被它撞透。从一块小木块令其无法动弹到能撞透一堵钢筋水泥墙，火车头威力变得如此巨大，原因就是它已经开始动起来了，有了向前的惯性。这就是股价的动势。

股市里没有天才，比你赚钱多的人除了比你付出得多，重要的是他的学习能力比你强。如果你也想成为他们，就必须下大功夫提高自己的学习能力。毛泽东从未进过军事学院的大门，但他却把那些科班出身的将领打得落花流水。他的方法就是在战争中学习战争，既然战争都可以学习，世界上还有什么东西不能学呢？

人的神经系统是一样的。就是说，别人能做到的，你也能做到，关键在于找到一个正确的方法。向股市赢家学习是走向成功的捷径，比如说，你邀请我到你家去做客，而我不知道去你家的路，如果想节省时间，少走弯路，最好的办法就是你带我去，因为没有比你更熟悉这条路的人了。如果你想使自己更快地成功，那就拜股市赢家为师。股市赢家用数年、数十年的时间研究总结出的东西，我们没有必要再把他们的路重新走一遍，只需把他们的成功方法拷贝过来灵活使用就行了。

2006 年 4 月 24 日，经过双休日的养精蓄锐，庄家更加意气风发，股价还是开盘就停。我在想，庄家的这种做盘模式也太枯燥了，应弄点新花样刺激更多的人参与进来。目前的涨停板制度从某种意义上说限制了市场活跃程度，规范的市场应该是在交易时间段自由交易。庄家是聪明的，也许他意识到这种单一的做盘模式会给将来的派发带来很大的麻烦，于是，在开盘 10 分钟以后，庄家果断地把涨停板撕开一个口子，除自己顺势派发一些外，也给那些一路追击却始终没有得手的人一个进场的机会，僵局一旦被打破，市场气氛就开始变得活跃起来了。

又过了 10 分钟，股价重新封住涨停，但 K 线图上留下了一个不长不短的小尾巴，【拖泥带水】的出现，标志着庄家已进入派发阶段，但行情还没有结束，股价依然会继续拉高，否则庄家的货就无法派发出去。见图五。

2006 年 4 月 25 日，由于贵研铂业连拉三个涨停板，致使股价异常波动，被停牌 1 小时。复牌后，股价依然高开，迅速下探后立即被拉到均价线以上成交，盘中震荡开始加剧，预示着庄家已开始进入了派发阶段。

庄家忙活了一阵子，也许累了，也许为了维护市场人气，下午一开盘股价很快地被推上了涨停板，直到收盘也不曾打开。

K 线图上留下了第二个【拖泥带水】，这是庄家派发时在盘面上留下的痕迹，知道了庄家的意图以后，就不要再提高自己的预期了，此时此刻，应加强戒备，提高警惕，随时准备清仓出场，但在没有接到卖出指令

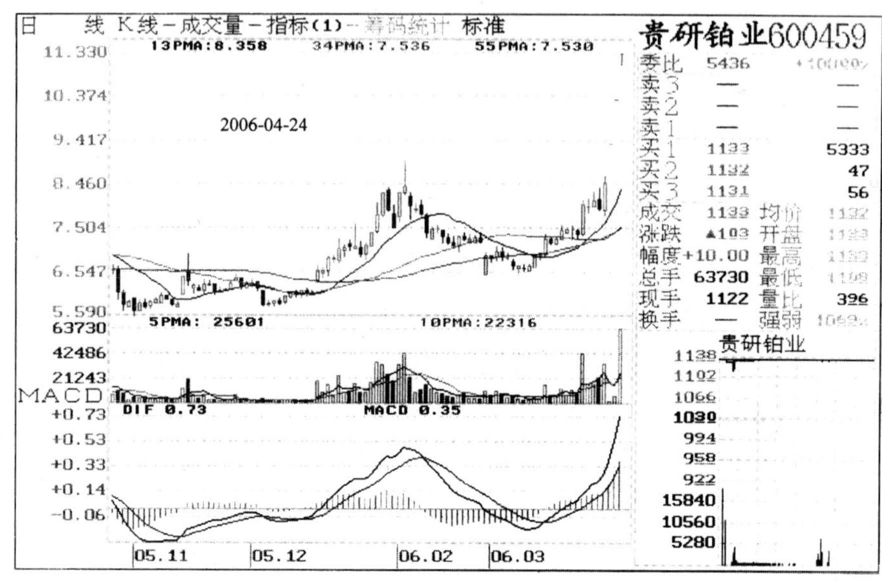

（图五）

以前，一定要少安毋躁。见图六。

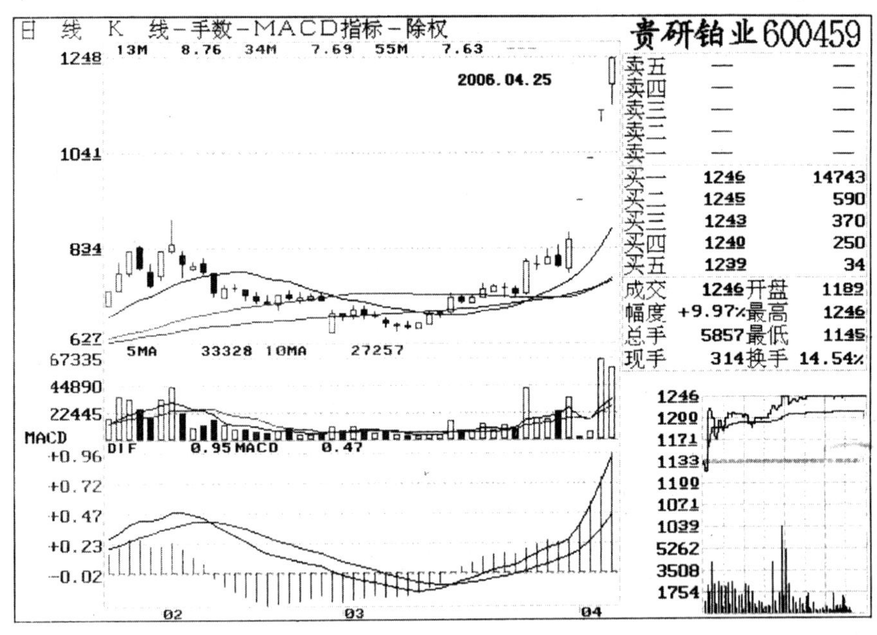

（图六）

投资犹如打仗，必须知己知彼。知己，就是知道自己有哪些优势，哪些劣势，擅长使用什么战术，亏损的底线是多少，要知道自己的目标，以及实现目标的方法和途径；知彼，就是最大限度地了解庄家，不论买哪一只股票，都是在同人打交道，除了了解庄家的脾气性格和做盘的习惯，更要清楚股价目前的位置，均线方向，成交量的大小，指标反应等等。

2006 年 4 月 26 日，股价大幅高开，然后一波就把股价推上涨停板。在如此高位，庄家还是这样凶悍，可见实力还是蛮强的。只要股价不出现明显的出局信号，就一直躲在里面不出来，看看庄家究竟要干什么鬼名堂。

下午 1 时 57 分，涨停板被撕开，但连续冲了两次，都没有把缺口封住，K 线图上出现了【一剑封喉】的技术形态，这是清仓出局的指令。军令如山，不可违抗，撤！见图七。

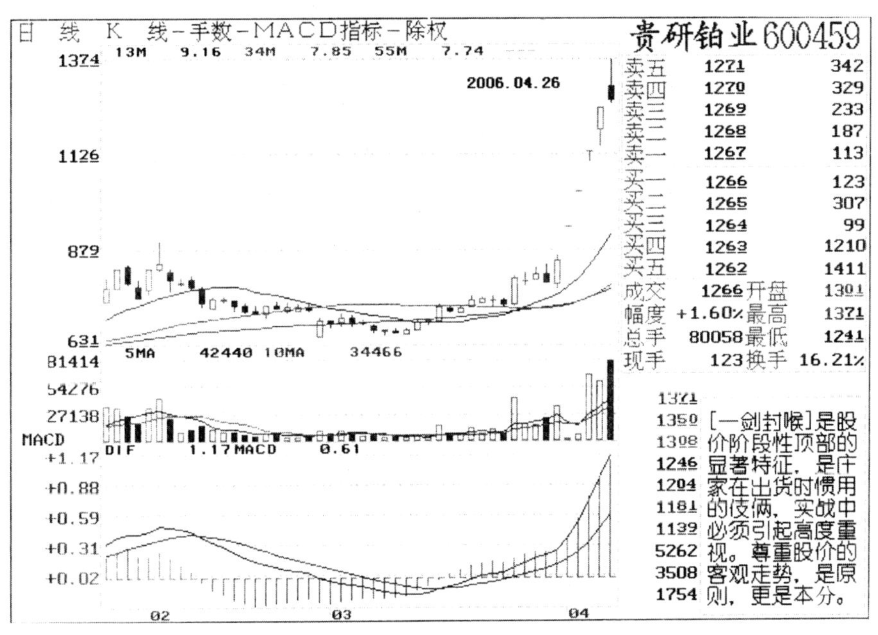

（图七）

投资是一门行为艺术，它不允许你去想象和发挥，只能在尊重股价客观走势的基础上，努力提高动作的精确性、及时性和协调性。

第4节

DIANFENG DUIJUE

问自己哪一天才能走出亏损的沼泽地

——点击长城股份（000569）

因为历史会重演，所以温故而知新。尽管涨与跌的历史重复了一次又一次，但赢与亏的主角却更换了一批又一批。因此说，无论是研究庄家，还是破译股市密码，都是对历史的总结。历史和现实的区别在于：任何事物的兴亡都遵循着相同的规律，而实现这些规律的形式和过程，却有着很大的差异，发展变化是股市永恒不变的规律，千奇百怪的形式变换着循环往复的结局，这就是股市的过去、现在和未来。

股市里有一种奇怪的现象，不少人面对飞速上扬的股票恐惧万分，而对急速下挫的股票却能够坦然处之。这是一种非常典型的病态。此病不除，就不可能在投资之路上顺顺当当地走下去。积极健康的心态是：重仓出击并牢牢捂住正在上扬的股票，及时果断地除掉正在下跌的股票。

2006 年 4 月 6 日，经过将近两个月的盘整，长城股份终于结束了【三线推进】的技术走势，股价从 13 日均线上【揭竿而起】，一波轰轰烈烈的行情开始了——

【揭竿而起】是一种非常经典的攻击模式，在这里重仓出击，不仅买在了股价起涨的临界点上，重要的是彰显了一个人的操盘能力。见图一。

2006 年 4 月 7 日，股价大幅高开，然后急速下跌，可成交量却一直没有消停下来。从盘口看，似有隐性盘在空中对敲。从理论上讲，股价越过前期高点以后，要抖落一下筹码吓唬吓唬胆小的，把技术功力低下的扫地出门，同时给勇敢者一个进场博弈的机会。但庄家解放别人，肯定不是为了拴住自己。盘中打压气势汹汹，但股价始终未破昨收盘。这说明了什

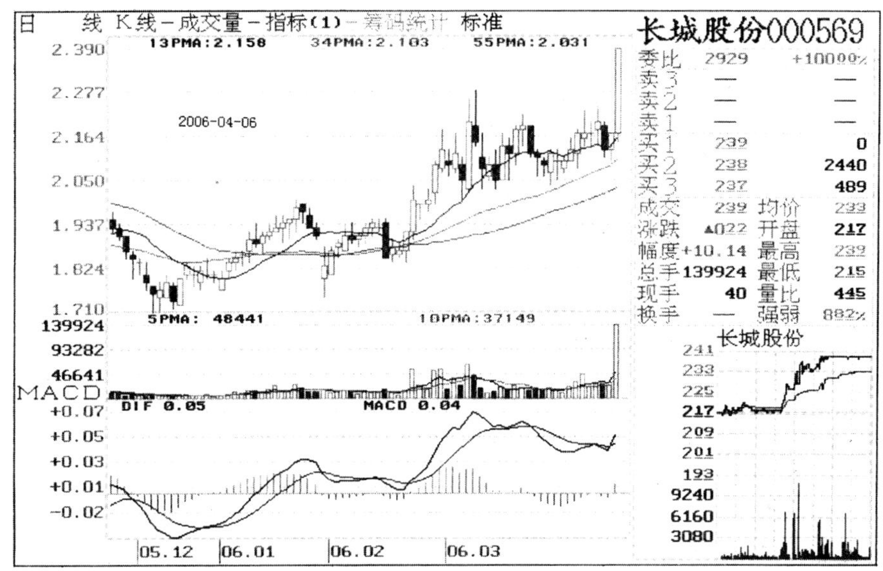

（图一）

么？说明庄家不愿让别人捡到相对便宜的筹码，说明行情将会进一步深化。庄家折腾了大半天，发现已经无利可图，于是，就把股价推上了涨停板，狐狸尾巴终于露了出来，那些先前被骗出局的除了破口大骂庄家不是东西，抱怨自己时运不济外，他们能忍辱负重，把抛出去的筹码再如数捡回来吗？见图二。

从理论上说，买卖股票的依据是看股价是否具备了上涨或下跌形态，和你目前持有的股票是否赢利并无必然联系。然而，在实际操作中，许多投资者都是根据自己是否已经赢利，或者是否已经赚够了手续费来决定是否卖出的。如果没有赢利，或处于浅套状态，即使股票继续下跌，他们依然会持股不动，这种情况带有很大普遍性。如果不是依据交易指令进行交易，而是根据自己的交易成本来决定操作的话，即使税费再低，总有一天也会把你的老本吞噬个精光。

2006 年 4 月 10 日，股价开盘即停。昨日抛出的心里会是一种什么样的感觉？让我替你说了吧。那感觉就像被狗咬了一口，却又不能反咬它一口。心里窝着一团火，烧得你坐立不安，想摔东西，又觉得摔坏哪样都可惜，酸楚中透着几分无奈，愤懑中又胡乱买进别的股票，来寻求内心的平衡。

股市里的很多悲剧不在于亏了多少钱，而在于股市给你钱的时候不敢

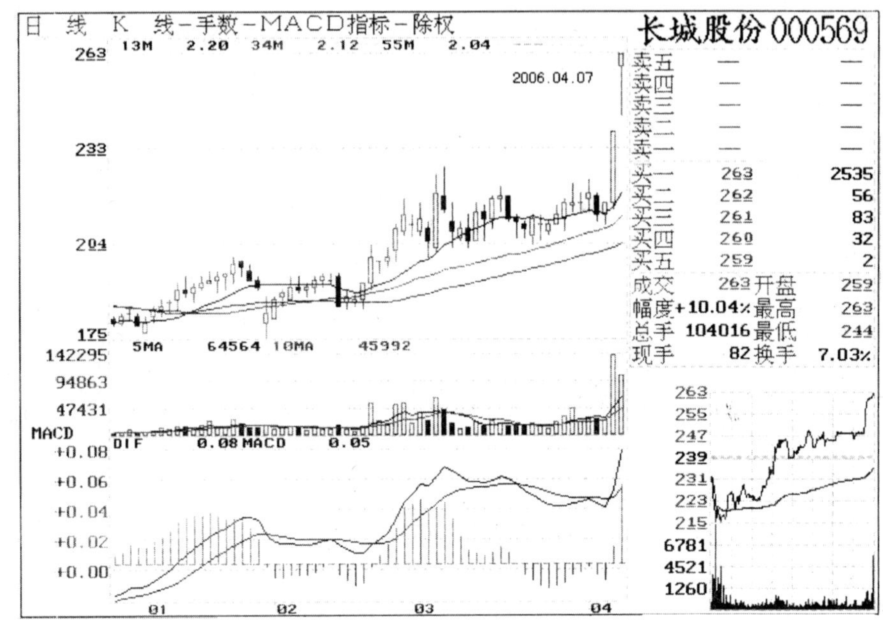

（图二）

要，特别是在庄家对你进行敲诈勒索的时候，往往会出现两种极端情况：要么逆来顺受；要么表现出一种惊人的慷慨。正是这种愚蠢和麻木，把自己一步一步地逼成了亏损者。什么是亏损者呢？亏损者就是同金钱的关系空前恶化的人。

改变过去的操作模式，一定包含变化。首先从思想上愿意接受改变，然后在行为上主动作出改变，墨守成规的时间越长，越难作出改变，如果一直陷在原有的思维和操作模式里，就会感觉不到它的不合理。

人们总是绞尽脑汁地寻找如何成为股市高手的绝招，其实任何“如何”都只是手段，绝不能成为投资的目的。不要把投资贬低至技巧的层次，投资如果沦为只是技巧的话，它就失去喜悦与欢乐了。见图三。

2006年4月12日，又是开盘就停。既然庄家酒兴大发，那就索性让他喝个痛快，人生能有几回醉，人生能有几回搏啊！

波浪理论创始人艾略特说：“生命之河中灿烂辉煌的时刻在身边匆匆流过，而我们只看到沙砾；天使也曾降临并探访过我们，而他们飞走后我们才恍然大悟。”有时机会明明就在眼前，自己却没有能力去抓住它，这是为什么？因为，你对机会没有认知能力。

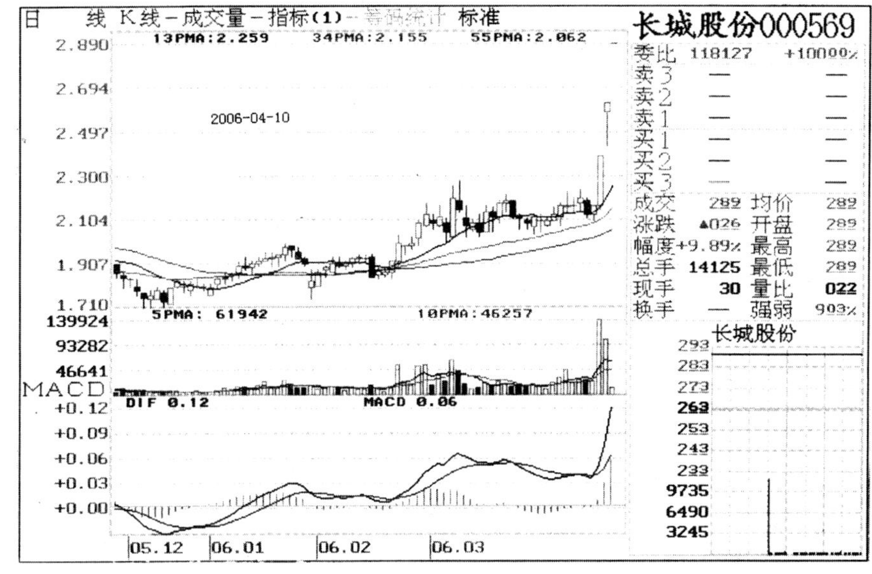

（图三）

探险家是什么？就是面临挑战从不畏惧的人。如果哥伦布担心自己在航行的时候会遭遇暴风骤雨放弃了行动，就不会有新大陆的发现。

发明家是什么？就是在别人司空见惯的地方发现了机会的人。如果牛顿不对苹果落地冥思苦想，怎能发现地球引力？

投资家是什么？就是当机会来临时就紧紧抓住不放，思想和行为都与众不同的人……

机会是什么？机会就是交易系统里预设的各种指令。只有了解和熟悉指令的含义，才知道什么是机会，什么是陷阱，不然的话，就是在股市里搏杀一辈子，机会的阳光也不会照耀你的大门。停止叹息，发奋努力，张开双臂迎接为你而来的机会吧！机遇不会总是光顾别人，它也会在你的门前停留，你之所以没有抓住它，不是它太刁钻，而是你的功夫修炼得还不到家。见图四。

2006年4月13日，股价以涨停板开盘，但涨停很快被打开。成交量泥沙俱下，庄家有派发嫌疑。图表上暂时形成了【狗急跳墙】和【独上高楼】技术形态，如果不能重新把股价拉上去，意味着阶段性顶部就会形成。9时46分股价直线拉升，然后把股价重新送上涨停板。图表留下了【拖泥带水】，虽然技术形态发生了变化，但却没有改变股价即将调整的信

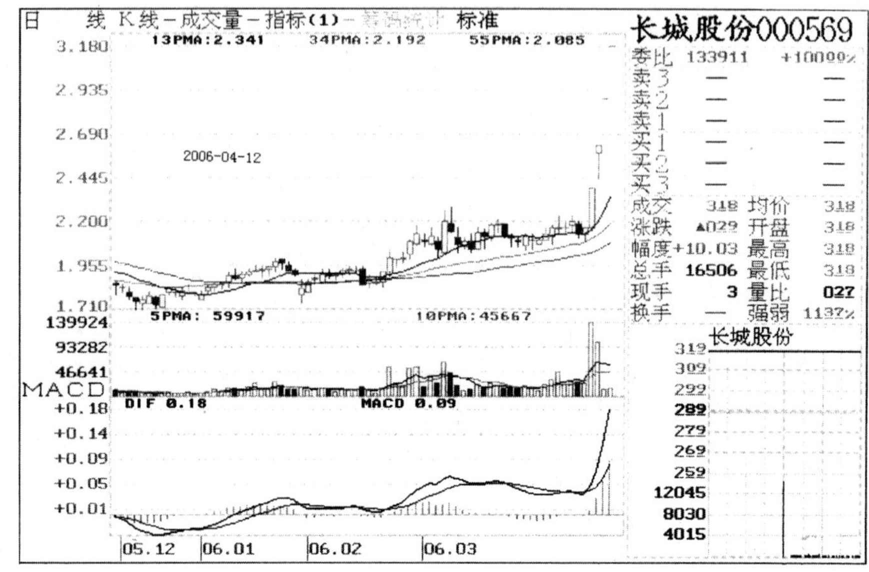

（图四）

息。【拖泥带水】出现以后，一般情况下，股价还会创新高，但股价的调整已不可避免，谁知道它会调整多长时间呢？还是先出局观望吧。见图五。

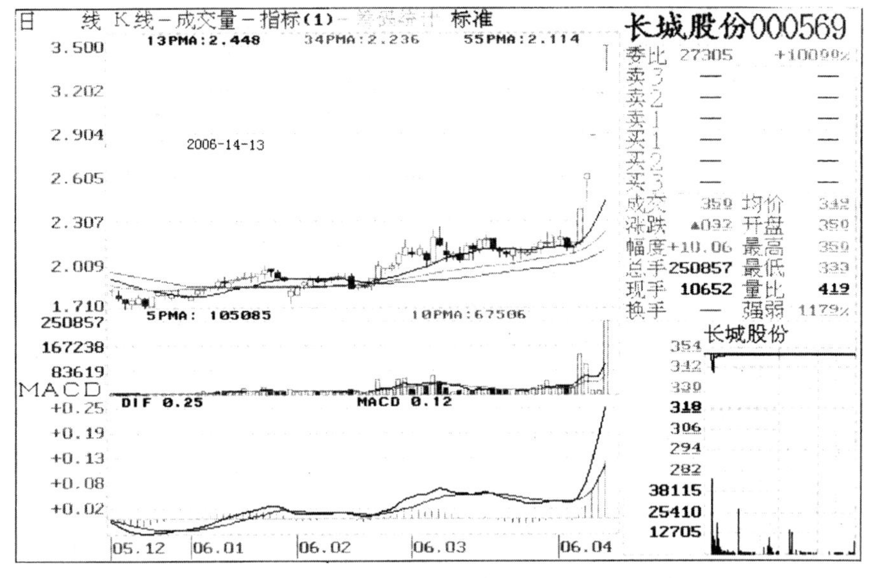

（图五）

股价调整4天之后重拾升势，但资金已锁定其他目标，实在无兵可分。股市里的机会多得数不胜数，可鱼肉与熊掌不可得兼啊！

股市是投资的载体，其本身是虚无的，它的意义在于你赋予它什么。投资的意义就是一种选择，在买进指令发出时，选择大胆跟进，在卖出指令发出时，选择忍痛割爱，这样就能锁定胜利和快乐。

第5节

DIANFENG DUIJUE

迎着风雨，从不畏惧

——点击新疆众和（600888）

股市是利益冲突最为明显的地方，不同利益群体之间的厮杀，虽然看不见硝烟，但仍不乏血腥气。对这种完全超乎军事空间之外的战争，不是每个人都有足够的精神准备，但这却又是每个投资者都必须去面对的严峻现实。随着股市结构的不断调整，庄家操盘手法的日新月异，每个人在保障安全，扩张胜利之前，先扩张视野，那就是：拂去战云遮在你眼上那条狭长的荫翳。

一般情况下，年初发动的行情持续性较好，发动行情的月份越靠后，持续的时间越有限。学会判断行情性质有时候比选择个股更重要，它是确立思路和制定计划的前提。对炒股有两种态度：一种是投资。这种人在大行情中必有大赚，但在小行情中容易不赢或反亏，甚至会被高度套牢。另一种是投机。这种人在小行情中频频得手，但在大行情中容易踏空，一轮行情结束，依然囊中羞涩。

2006年3月27日，新疆众和继【黑客点击】之后，又形成了【梅开二度】的技术走势。技术形态非常完美，交易指令非常明确，这就是选择新疆众和的全部理由。老实说，在决定买它以前，没有查看过它的基本面，不知道它是做什么的，更不知道它的每股公积金和未分配利润是多少？甚至连它的流通盘是多大也不清楚。狙击它的决心，完全来自精细的技术分析和交易系统发出的交易指令。见图一。

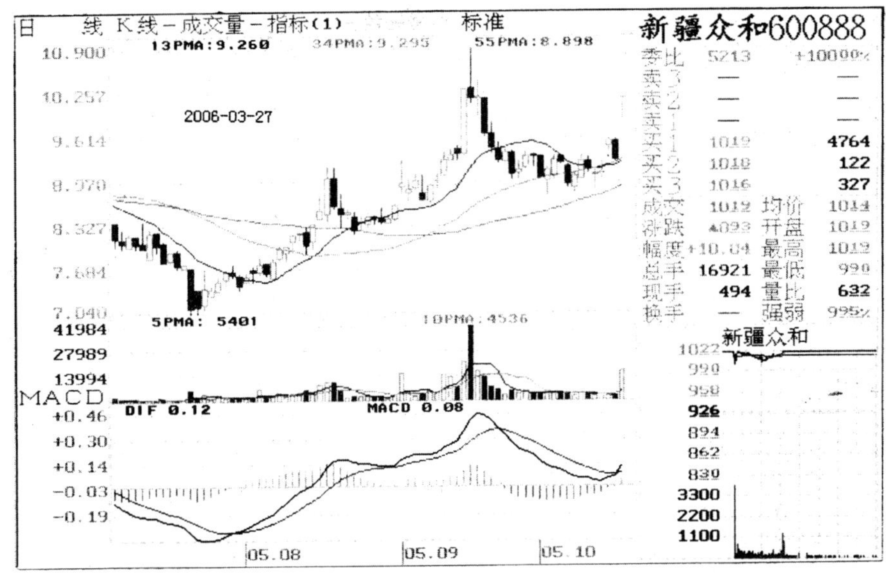

（图一）

现在我们回过头看看它的前期走势：该股经过长期下跌以后，萎缩的成交量，表明做空能量已经销声匿迹。随着成交量的温和放大，股价站上 13 日均线，【红杏出墙】标志着股价的底部已被探明，可轻仓试探。

我们知道【黑客点击】是股价的缩量止跌点，它的出现标志着调整的结束和新一轮攻击的开始。按照 135 战法的“双十获利”原则，【黑客点击】出现以后的拉升幅度应在 20%左右，也就是说，股价应见到 10.20 元，实际是 11.30 元。2006 年 2 月 8 日的【一剑封喉】准确地发出了出局指令，这时候无论怎样看好它，也要先退出来。

在回调过程中成交量一直没有放大，说明庄家依然潜在其中。股价经过一个月的窄幅整理，13 日均线开始止跌趋平，暗示市场的平均持股成本在逐步垫高。先前看好它的，或者曾经做过一波的，也许早已把它忘得一干二净了，而身陷囹圄的由于无法忍受股价的沉闷气氛，也另攀高枝去了，或许，这就是庄家敢于发动突然袭击的缘故。

其实，任何个股都不会一味地上涨或沉闷，只有耐得住枯燥、失败、沮丧、痛苦、无味……加之付出自己的艰辛、孤独，就一定会等来一个美妙绝伦的精彩。

有时候，耐心比技术更重要，可多数人已经被技术的光环迷住了双眼，但不要忘了，技术是由人去掌握的，技术解决的只是具体的进出细节，并不能从根本上解决人们的心态和谋略。

如果说，技术是认识股价运行规律的前提，那么运用规律凭的则是一种操盘直觉。因为市场瞬息万变，根本不允许我们做过多的思考，买和卖全凭下意识来控制，这种下意识就是多年实战积累沉淀下来的操盘直觉，这种直觉就是你的实际操盘能力。为了尽快地把感觉过渡到直觉，实战中要严格规范自己的操作行为，无条件地尊重和服从交易指令。而且，无论是买进，还是卖出，都不要把注意力过于集中在结果上面，因为，把结果看得太重，心理压力就会加重，平时学习的方法和训练水平就发挥不出来，实战中的动作就会走样。

股指这只无形手，无时无刻不在进行着利益再分配，无时无刻不在调整着股市的平衡。是的，炒股就像走钢丝，只有把握了精巧的平衡，才有继续向前走下去的可能。

2006 年 3 月 28 日，股价小幅高开，然后带量上攻，不大工夫就爬上了涨停板，那根红红的大阳线着实让人的精神为之一振。见图二。

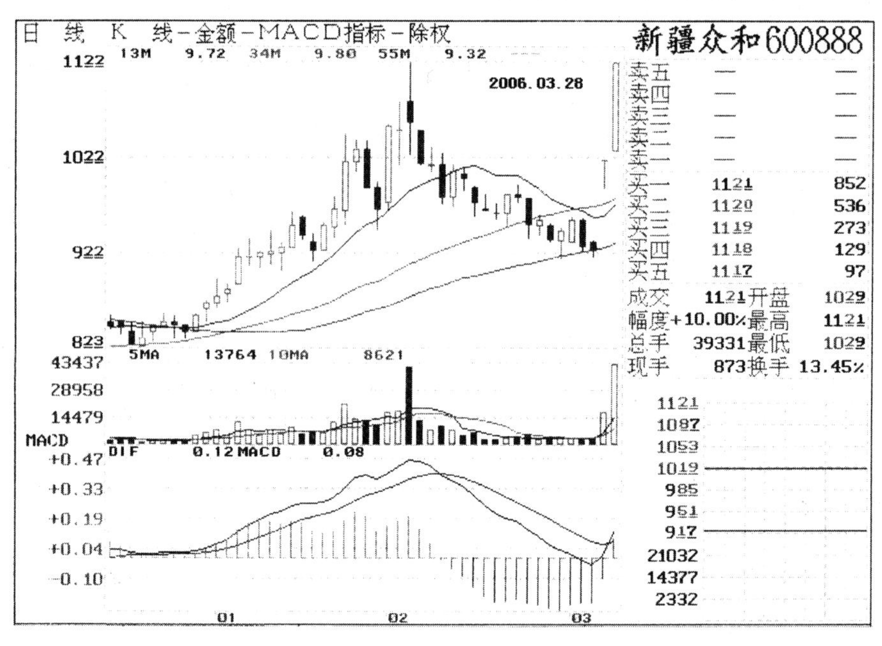

（图二）

抓住应该抓住的机会，放弃应该放弃的东西，关键在于一定要搞清楚什么是应该抓住的，什么是应该放弃的。实践表明，一个人能否在股市里获得投资的成功，取决于两个条件：

条件一：选择能力。买什么，不买什么是你的选择；什么时候买，什么时候卖也是你的选择，选择了形态完美的热门股，你就赢了；选择了没有任何形态的冷门股，你就输了。从这个意义上讲，成功就是一种选择。

当然，要在上千只股票里作出正确的选择，不是一件容易的事。如果没有一个正确的理念，没有一个正确的交易方法，没有一个严格的操作纪律，在机会和陷阱面前往往不能作出正确的选择，而一个经常作出错误选择的人，是不能够在股市获利的。

条件二：跟变能力。做多不做死多，做空不做死空，持股持币完全取决于个股的具体走势，而不是对大盘、对个股的主观分析。股市是头桀骜不驯的猛兽，庄家是唯我独尊的封疆大吏，谁也无法改变他们。只有“心随股走，及时跟变”，才能不受伤害或少受伤害。

鼓起自信的勇气，提升自己的能力，运用自己的智慧，激励自己勇敢地去实践，然后在实战中不断地总结和完善。同时，从技术上考虑运用什么手段，从行为上考虑如何严加控制，始终把自己摆在一个正确的位置上，在适当的时候把握住适当的机会，你就成功了。但只有不停地看图和大胆的实战才能争取到这种权利。别太在意媒体的指点江山，也不要恐惧那琢磨不透的灾难在哪天降临。一切从实际出发，一切让指令当家，努力使自己成为一个忠于指令的勇士，而不要沦落为一个指手画脚的谋士。

2006 年 3 月 29 日，股价跳空高开，然后放量上攻。庄家聪明至极，采取跳空越过前高点，这样反而形不成太大的抛压，场内的看到有利可图惜售严重，场外资金发现股价有效突破鱼贯而入。这样一来，阻力反而变成了动力。聪明的庄家都是善于借力的高手。想没想过我们如何向庄家借力？见图三。

表面上看起来，庄家与散户似乎是一对水火不容的冤家，其实是一个矛盾的两个方面，两者既相互对立，又相互依存，虽然有时双方拼得你死我活，可又谁也离不开谁，只不过庄家居于矛盾的主要方面，散户居于矛盾的次要方面。只要不和庄家较劲，很多麻烦都是可以避免的。

庄家是一只股票里面的老大，奉行的是“顺我者昌，逆我者亡”的高

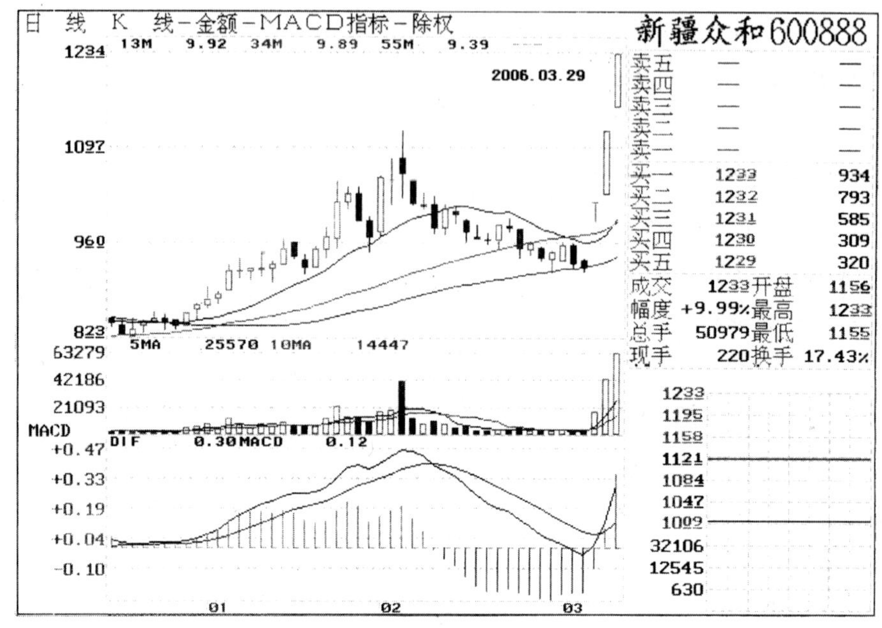

（图三）

压政策。若想在股市生存下去，就必须面对和接受这个现实。“螳臂当车，不自量力”，势必被庄家的铁轮碾得粉碎。尊重和服从庄家，应该成为每个人的自觉行动，除非你活得不耐烦了。

操作的成败源于每个人的理念。在交易指令面前，一点点失衡便意味着彻底的毁灭，因此，我们必须是绝对地尊重和服从指令。

只有提升自己的思想，然后才能提升自己的操盘水准。如果你对某种操盘理念和操盘模式本身就持抵触态度，那又怎样去接受和运用它？思想通，事事通。如果不能疏通自己的思想，就很难控制自己的行为。一个毫无节制在股市横冲直撞、随心所欲的人，最终结果就是被庄家的一阵乱棍打死。

在自律、决心、执着、理念的指导下，提升自己的思想境界，锤炼自己的操盘技艺；在冲动、放纵、懈怠、杂乱、散漫和盲目的思想干扰下进行操作，除了失败不会有第二种结果。

无论哪种投资，都要有一个明确的理念。理念清楚了，才知道要什么，不要什么；才知道该做什么，不该做什么，进而寻找正确的方法，规范自己的行为。

2006年3月30日，股价依然跳空高开，但盘中震荡幅度在加大，多空双方经过一番激烈的较量之后，多方以绝对优势胜出。但K线图上长长的下影线，向我们传递出股价行将调整的信息，只是还不清楚庄家会以什么样的方式来调整，调整多长时间。一个学员问："新疆众和明天会怎么走?"答曰："它会继续波动。"

法国数学家巴里亚，1916年出版了一本名叫《论投资与投机》的小册子，书中通过对巴黎股市的研究，得出"股票和期货价格测不准"的结论。

1929年的美国大股灾，把美国数学家考尔思推上了股市预测的道路，他曾花巨资成立了考尔思经济研究委员会，在一些计量学家的帮助下，通过24种不同量的直线回归法演算，得出的结论是，股市走势不能准确预测。但考尔思仍不甘心，1944年，他又在计量经济学报上发表《股市预测》一文，分析了1929～1944年专家做的6904次预测，结果看涨与看跌的比率是4∶1，但股市却掉下去一半，于是他得出了"所有的预测都无法使投资者满意"的结论。

美国斯坦福大学教授霍金在1934年，英国伦敦经济学院肯杜尔教授在1935年，分别以大量的统计数据，证明了法国数学家巴里亚的"股票和期货价格测不准"的结论是正确的。

由此可见，对于尚未发生的未来，经验不是万能的；对于尚未出现的走势，预测是徒劳的。我觉得，只要能够正确区分目前的股价是上行、下行或平行就足够了。坦率地说，我真的不知道新疆众和明天会怎么走，我只知道今天该怎么做：今天还没有抛出的必要，因为交易系统至今尚未发出明确的出局指令。

图上的【拖泥带水】只是一个预警信号，从目前股价的位置看，上涨空间刚刚被打开，庄家可能在这里进行换手，但不会半途而废。但【拖泥带水】传递出股价行将调整的信息，这时候可进入撤离状态，但不是立马走人。见图四。

2006年3月31日，股价小幅高开，瞬间推高，然后急速下挫，整个上午反复了好几次，但我发现，股价上有阻力，下有支撑，说明庄家一直在控制着股价的发展，当股价失去控制的时候，股价就会兵败如山倒，变

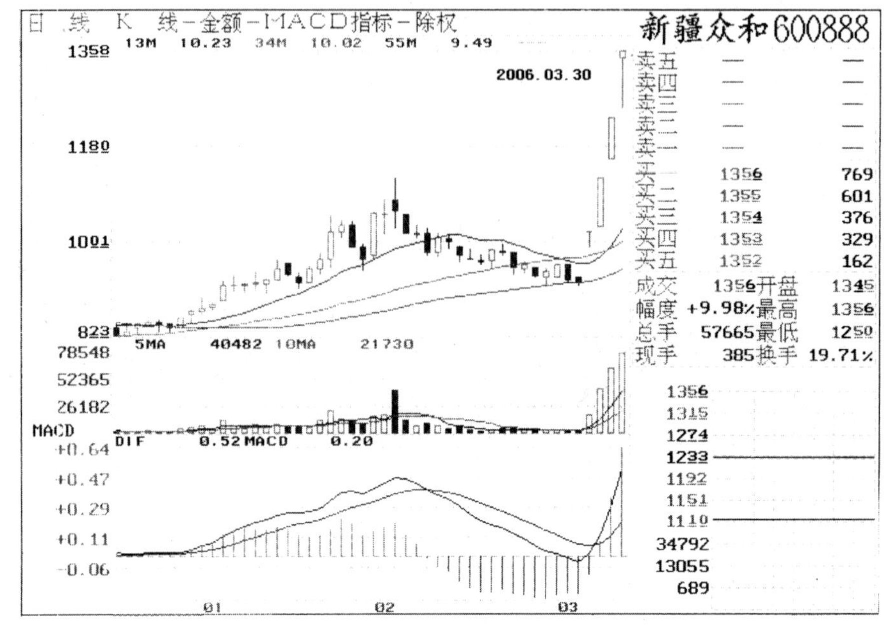

（图四）

成乌合之众。庄家的意思很明显，给获利盘一个兑现的机会，也给先前那些因这样那样的原因没有进场的人一个“亡羊补牢”的机会。其实，庄家没有如此善良，只是为了自己的切身利益才不得已而为之。通过市场的充分换手，庄家的拉抬负荷减轻了，再上涨起来就会轻松许多。

从盘面上看，回调缩量属于正常，顶多明天再收一根缩量阴线，股价就有望结束整理。有筹的暂时不抛，无筹的暂时不进。见图五。

有人炒股失败，是因为接受了不正确的知识和信息的缘故，现在证券书籍可谓汗牛充栋，但良莠不齐。柏拉图说：“如果一个人没有真正理解真善美是什么就去学习，那是一种冒险的行为，因为他可能学到一些坏的东西，从而把你引入歧途。”

接受什么样的理念、接受什么样的操作模式是你的选择，而这种选择往往决定你投资的成败。如果你接受的知识和信息有误，并且以此作为操作的依据的话，那你的死期也就快到了。

2006 年 4 月 3 日，股价平开，稍作下探便急不可耐地转身拉升，走势一波强于一波。股价仅仅调整了一天就重拾升势，可见庄家做多的心情是多么的迫切。遇上这样的个股，要敢于大胆追击。跟着强庄走，赢利年年

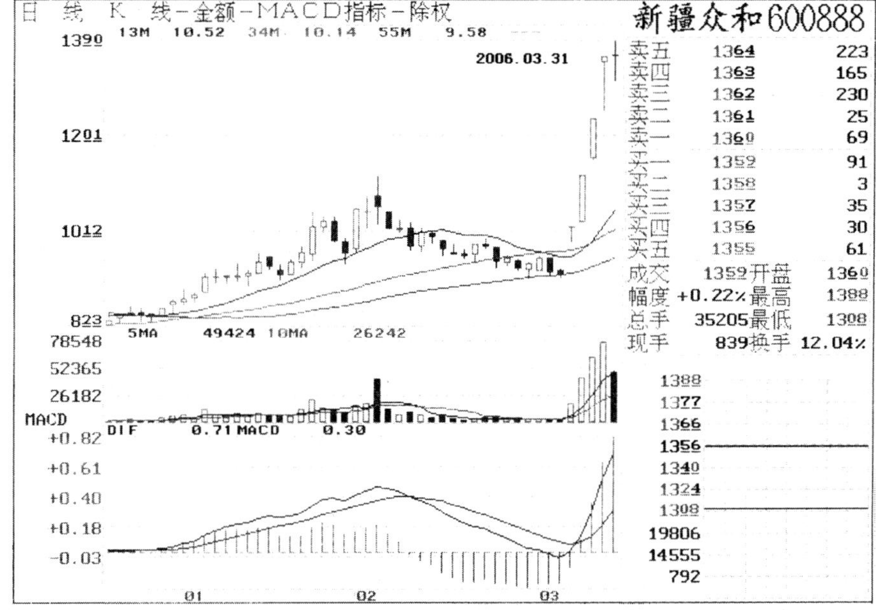

（图五）

有；跟着弱庄走，吃喝都发愁。在股市，很多时候，往往是“撑死胆大的，饿死胆小的”。反正横竖都是死，何不“生当做人杰，死亦为鬼雄”呢？股价最后三波封停，非常经典的攻击手法。见图六。

场外三年功，场内10秒钟。在培训过程中，我让学员们抽出专门时间练习击键速度，从输入账号，交易密码，股票代码，股票价格，交易数量到回车确认等一系列动作，必须在10秒钟之内完成。股价的涨跌，很多时候都是在瞬间完成的，只有平时反复训练自己的这种快速反应能力，战时才能做到“心随股走，及时跟变”。从一定意义上讲，技术过关以后，速度就是制胜的关键。

有人问我，买什么样的股票最安全，我说不买最安全。股票是个易爆品，它可以使你的财富产生巨大的裂变，也可以把你的财富炸得荡然无存。关键看你如何去把玩它。

投资之旅，犹如一条朝圣之路，路上布满了荆棘坎坷，只有敢于承担危险和迎接挑战的人，才会最终步入成功的殿堂。

2006年4月4日，股价大幅高开，而且开盘价就是最低价，迹象表明，股价已经进入快速拉升阶段，可在这么高的位置出现这样一个缺口，

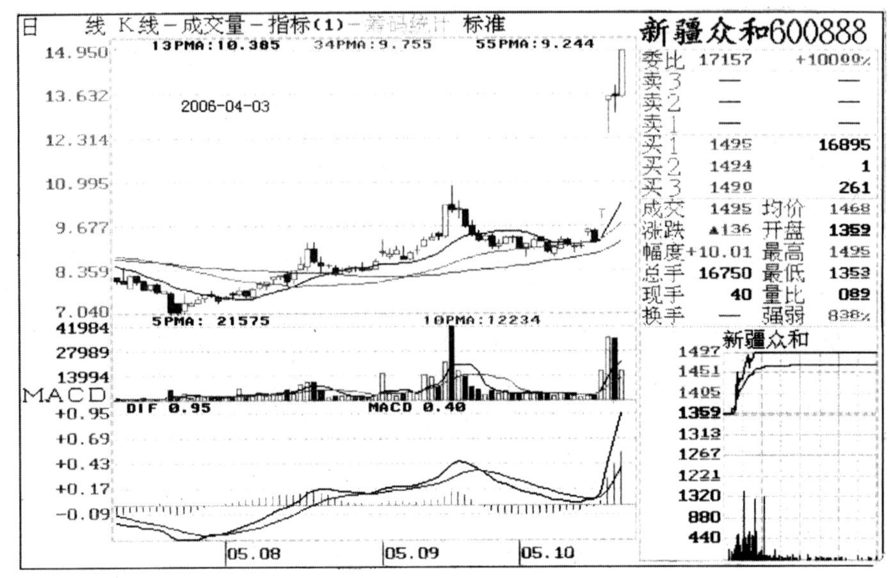

（图六）

多少有点【狗急跳墙】的味道，只要股价能够封住涨停就暂不理它，因为【狗急跳墙】之后，股价还会有新高。

你给庄家想要的，庄家才会把你想要的给你。这话听起来是不是有点别扭？事实就是如此。比如说，庄家在打压时，要主动示弱，即使不把筹码全给他，也要分给他一部分。如果太吝啬，甚至反其道而行之，庄家就会加大打击力度，不但让你的资金缩水，而且让你的精神崩溃。在庄家拉升时，加大进货力度，而不是向下砸盘。想想看，庄家拉升时你帮他抬轿子，使他节省了拉抬的成本，感谢还来不及呢，哪有反目成仇之理。遗憾的是，人们往往被个人的利益蒙住了双眼，对庄家的利益不管不问，这种专门利己，毫不利人的做法只能使你的投资之路越走越窄。只有想庄家所想，急庄家所急，帮庄家所需，庄家才会把你需要的给你。见图七。

2005 年 4 月 5 日，股价大幅高开，然后高举高打，拉出 5 个点以后回落，股价尚未碰到均价线即掉头向上。攻击态势还蛮像那么回事，离涨停板还差两分钱的时候，股价戛然止步，转头向下，然后一直在均价线附近窄幅波动，庄家有派发嫌疑。从 K 线形态看，见顶迹象不是太明显，说它是【狗急跳墙】，但头上戴着上影线，说它是【一枝独秀】，成交量又不够大。从盘口看，庄家的护盘意识还很强。由此断定，股价还会有新高，不

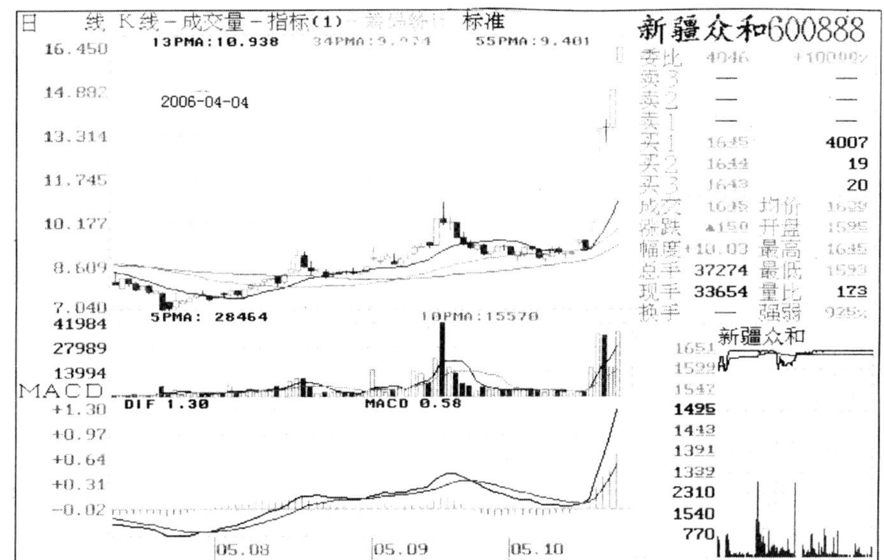

（图七）

然的话，庄家就不会主动护盘，既然主动护盘，说明庄家的持仓量还不少，震荡派发不一定能出多少货，但能维护一定的市场人气。有一点可以肯定，只要庄家的货出不完，股价暂时就不会掉下来。

明天股价究竟会怎么走，现在谁也说不清楚。但可以模拟几种走势，模拟一：涨停开盘，然后一路打压派发，形成【独上高楼】，出现这种情况是必须走人的。模拟二：高开高走，边拉边出，以【明修栈道】报收，出现这种情况也是要走人的。只是走得较为风光。模拟三：以【一枝独秀】、【一剑封喉】或【金蝉脱壳】报收，无论出现哪一种走势，都是应该出局的。只有一种情况可以继续持股：开盘就封停，一直到收盘。股价涨幅已超过 0.89 刻度线，即使庄家想把它做到 1.618 的位置再出货，现在也该调整一下，乖离率太大了。见图八。

通过以上分析，撤军时间定在明天比较合适。再晚些也能走得了，只是走得不会那么愉快。决心已定，现在就开始着手准备撤离的具体事宜吧。

2006 年 4 月 6 日，股价小幅低开，然后瞬间下探，再快速拉升，股价在均价线附近徘徊一阵后，于 10 时 28 分开始发力上攻，然后一鼓作气把股价推上涨停板。少顷，涨停板被打开，窄幅整理半小时后重新封停。那

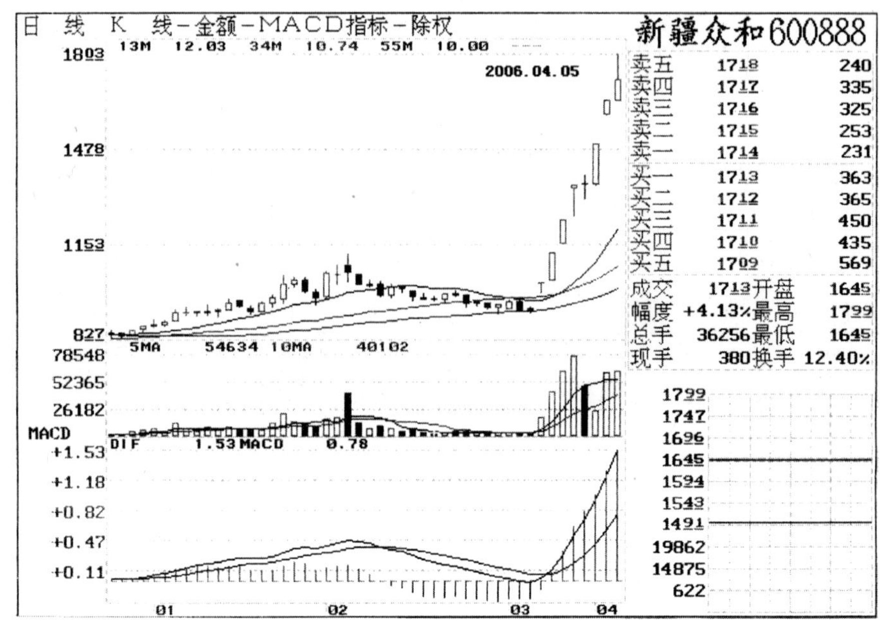

（图八）

根红红的阳线，十之八九是庄家在【明修栈道】，不管是真是假，股价已进入高空运行。风险正在悄悄逼近，侥幸不得。

放弃该放弃的是明智，放弃不该放弃的是无能，不放弃该放弃的是无知，不该放弃的却不得不放弃是无奈，不放弃不该放弃的是执着。见图九。

在实战中，很多时候我们必须在冒险和谨慎之间作出选择，但有一点可以肯定，在完美的技术形态面前去冒险，它所带来的机会往往比谨慎大得多。

凡是到股市来的人，都是利益的追逐者。但股市本身并不创造价值，只有把别人口袋里的钱掏出来放进自己的口袋里，你才会变得富有。我们常常把巧取豪夺看成一种强盗行径，然而在股市里，如果不具备这种巧取豪夺的本领，就只能忍气吞声地任人宰割。

如果你想知道既冒险又不招致失败的技巧，那就请你记住并且严格遵守“进退有据，速战急归”这个操盘规则。

日 线 K线－成交量－指标(1)－筹码统计 标准
13PMA:12.157 34PMA:10.791 55PMA:10.033
18.840
16.984
2006-04-06
15.127
13.270
11.414
9.557
7.700
5PMA: 35512 10PMA:29095
57665
38443
19221
MACD
DIF 1.62 MACD 0.80
+1.62
+1.23
+0.85
+0.46
+0.08
05.12
06.01
06.02
06.03
新疆众和600888
委比 4877 +100.00%
卖3
卖2
卖1
买1 1884 4858
买2 1883 11
买3 1882 8
成交 1884 均价 1843
涨跌 ▲171 开盘 1700
幅度+9.98% 最高 1884
总手 30669 最低 1650
现手 40 量比 077
换手 强弱 100%
新疆众和
1887
1829
1771
1713
1655
1597
1539
2640
1760
880

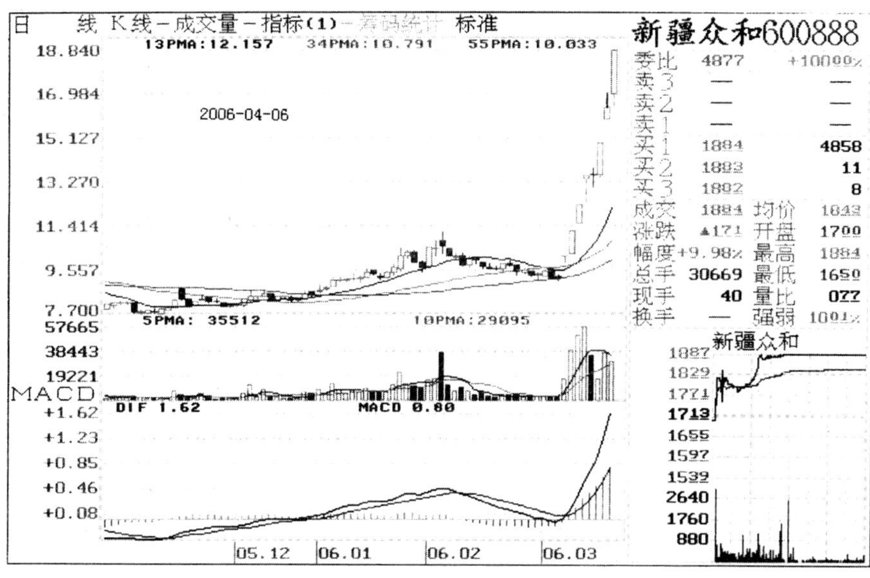

（图九）

第6节

DIANFENG DUIJUE

秋去秋来，记忆潜聚

——点击大西洋（600558）

每个股民都在辛苦地忙碌着，不知疲倦地奔波着，然而由于没有找到自己在股市的生存方式，所以尽管他们付出了很多，但却没有得到相应的回报。其实，方式就是方法，方法犹如鞋子，只有穿着合适，才能大步流星地赶路。

2006年3月29日，在大西洋的走势图上，13日均线上穿55日均线，股价报收缩量阴线，【黑客点击】和【海底捞月】携手而来，它的出现，标志着新一轮攻击即将展开。由于股价离均线的结点处太远，我们也是鞭长莫及，所以只能在13日均线附近迎接它。

其实，在【黑客点击】出现以前，该股就已经发出了两次买入信号。一次是2006年3月20日的【红杏出墙】；一次是2006年3月21日的【一阳穿三线】，只要看盘仔细些，股价的这些异动应该在我们的脑子里留下记忆，而且从此以后再也不会放弃对它的跟踪。庄家的任何意图都会清晰地留在盘面上，由于我们的粗心和大意，使得机会就这样一次又一次地从我们的身边溜走了。见图一。

股市是一个考体力、考心力、考耐力、考能力和考财力的地方，如果对这些认识不够，或心理准备不足，就匆忙入市，那么等待你的不仅仅是劳民伤财，还有斩不断、理还乱的烦恼和郁闷。当你还不了解股市的时候，它就是魔鬼；当你真正认识了股市的时候，它就是天使。

【黑客点击】出现以后，由于股价离均线的结点处太远，股价又拉出一根小阴线，这是为了修复技术指标，并非点击失败。股价在13日均线处

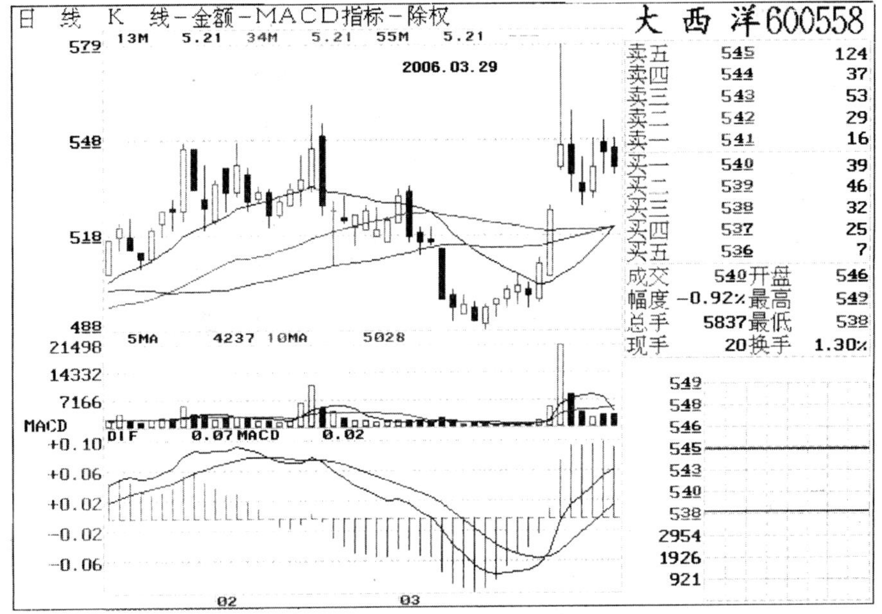

（图一）

获得了有力支撑。翌日的“阳克阴”意思到了，但成交量没有跟上来，因此断定股价不会立即飞起来，为了避免参与调整，提高资金的利用效率，等股价携量上攻时介入也为时不晚，怕只怕股价上攻时，你怀疑它是假突破，从而又丧失了追进的勇气。

在给学员们上课时，我反复强调，无论买还是卖，一定要坚持“进退有据”，严格按交易指令规范自己的行为，等你们熟练掌握了135战法，并且将它们运用得得心应手以后，方可采取“短促出击，急战速归”的战术，专门做股价最具爆发力的那一段。

股价经过小幅推高以后，在前高点附近庄家利用【暗度陈仓】清洗获利盘，这是股价即将拉升的信号，是黎明前的黑暗。如果你被这根阴线震仓出局，那实在是太不幸了。区分股价位置，把握K线实质是实战的基本功。

庄家的【暗度陈仓】在13日均线处戛然止步，说明庄家只是为了虚张声势，制造恐慌气氛，自己再顺手捡些廉价的筹码。如果把这根中阴线理解成庄家的出货，那就大错特错了。看看股价的位置，股价并没有拉升多少，有在如此低位出货的吗？再看均线的走势，【均线互换】业已完成，典型的多头排列，如果翌日股价收复失地，短线黑马就会呼之欲出。做股票要学会技术分析，切忌毫无根据的瞎猜，过去，我们在这方面吃的亏还少吗？该不该长点记性？

2006年4月14日，股价高开高走，庄家以气吞山河之勇收复昨天失地，然后又以排山倒海之势创出上涨以来的新高。昨日受蒙蔽的，今天该反戈一击了；场外观望的，也不要再袖手旁观了。机会面前人人平等，但只有那些知道什么叫机会的人，才懂得如何去捕捉和利用机会。见图二。

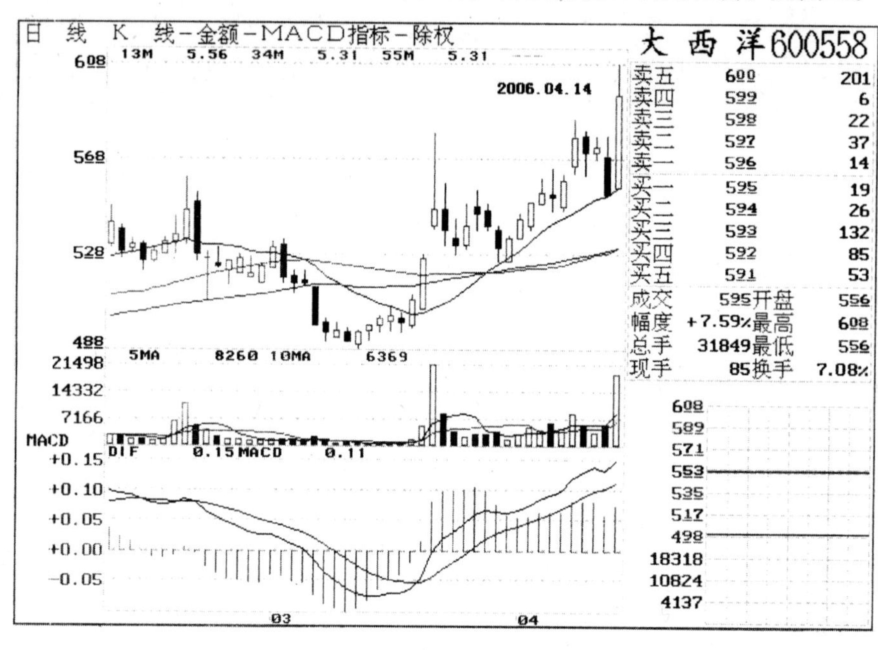

（图二）

捕捉短线机会，重在捕捉强势股。判断该股是否处于强势，主要看它的量比与涨幅。量比大，说明参与的人多；涨幅大，说明有人在倒腾它。如果某股的量比与涨幅同时出现在排行榜上，表明该股目前正处于强势，如果又有合适的形态相匹配，买入信号则更加可靠，可适量参与。大西洋完全符合这些条件，先看它的量比：10.31，接近前期那根巨柱的量；再看它的涨幅：7.59%，已是榜上有名；再看它的技术形态：典型的“阳克阴”，“量、价、线、形”无懈可击。这就是我们买进股票的全部理由。

在运用量比与涨幅时，首先要判明目前股价所处的位置；其次，通过“技术合成”，进一步判断形态的真伪。重点把握以下四点：（1）在股价底部区域或股价循环低点出现这种情况，往往是主力资金大规模进场的标志，短线出击，必有斩获。(2) 在【动感地带】的末端出现这种情况，往往是股价开始拉升的强烈信号，参与价值较高，适合短线出击。(3) 在股价的高位区或升势末端出现这种情况，往往是庄家在【明修栈道】，构筑诱多陷阱，一般情况下，第二天庄家就会【金蝉脱壳】，逃之夭夭，注意股价的位置，应及时出脱持股。(4) 在大盘走势相对低迷时出现这种情况，往往是弱市牛股，应立即转变空头思维，大胆出击。

2006 年 4 月 17 日，股价小幅低开，然后携量上攻，但越过昨日高点以后却不涨了。创新高必回调，几乎成了庄家做盘的一种惯例。庄家这样做的目的，主要是为了抬高市场的平均持仓成本，减轻未来拉升阻力。在股价上涨途中，适当增强自己的抗震仓功能是必要的，也是必需的。持股期间，无论盘中如何震荡，只要交易系统不发出明确的离场信号，一定要有与庄家共存亡的决心，心浮气躁是做不好股票的。观于长处，动于短处。

股价缩量整理了三天，13 日均线开始跟了上来，意味着调整将要结束了。

2006 年 4 月 21 日，股价小幅低开，稍作上探即被打到均价线以下成交，而且走势一波低于一波，情况有点不妙，看来调整仍将继续。11 时 15 分，股价开始向上反抽并被拉到均价线以上成交，庄家开始护盘了。有护盘动作，说明调整行将结束。

下午开盘后，股价一直在均价线附近小幅波动，暗示庄家正在选择突破方向。14 时 10 分，股价先是温和上攻，然后加速上攻，最后干脆发起了猛攻。收复昨日失地后，庄家继续向上扩大战果，股价已经跨入快速拉升阶段，让我们为庄家鼓掌加油，迎接更加绝伦的精彩吧！见图三。

2006 年 4 月 24 日，股价大幅高开，然后高举高打，一波就把股价推上涨停板。掌握了 135 战法，挣钱就是这么快。任何方法没有的，纯靠瞎蒙的，亏起钱来比这还快。

盘中庄家强悍到了极致，我真的喜欢强者，但却惧怕那个高位缺口。庄家的【狗急跳墙】曾闪过我的腰，此后我对这种走势极为谨慎，发现不妙，我会不惜成本地把筹码向庄家的头上砸去。在与狼共舞的股市，如果

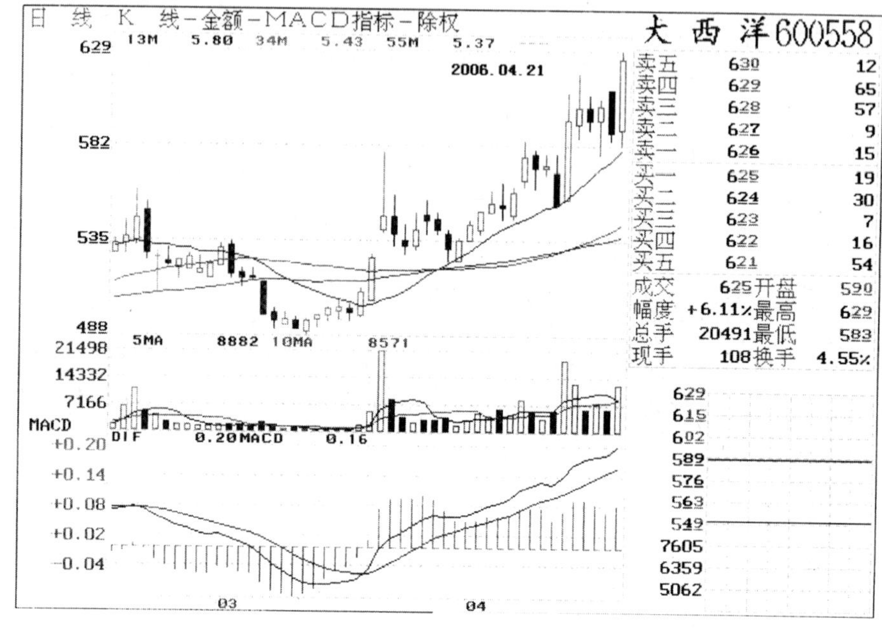

（图三）

你不想让对方吃掉，最好的办法，就是让自己也变成一只狼。

【狗急跳墙】的出现，标志着股价已进入顶部区域，不要被眼前那根诱人的阳线所迷惑，保持头脑冷静，发现异常，立即跳出界外，虽然股价线笔直地走到收市，但一刻也不敢放松对它的警惕。见图四。

每个投资者都有成为股市高手的雄心壮志，但普遍缺乏脚踏实地、埋头苦干的精神。他们不愿意一步一个脚印地走崎岖的小路，不愿意一点一滴地积累操盘经验，总是期望有朝一日福从天降，财源滚滚，“一锄头挖出一个金娃娃，一夜之间变成为百万富翁”。在他们看来，投资大师、股市高手的辉煌战绩，不是长期经验、技术和失败的积累，而是天才灵感爆发的产物。有人认为化学家门捷列夫是在玩纸牌时偶然发现化学周期表的，门捷列夫听了大笑起来：“这个问题我大约考虑了二十多年，而您却认为是突然的成就，事情并不是这样的！”苏联伟大的园艺家米丘林说：“有什么东西不是经过了人类的艰苦卓绝的劳动和忍耐而获得的呢？需要寻求方法和道路。”

如果你真的想成为一个股市赢家而不仅仅是来碰运气的，我就告诉你一个成功的公式。

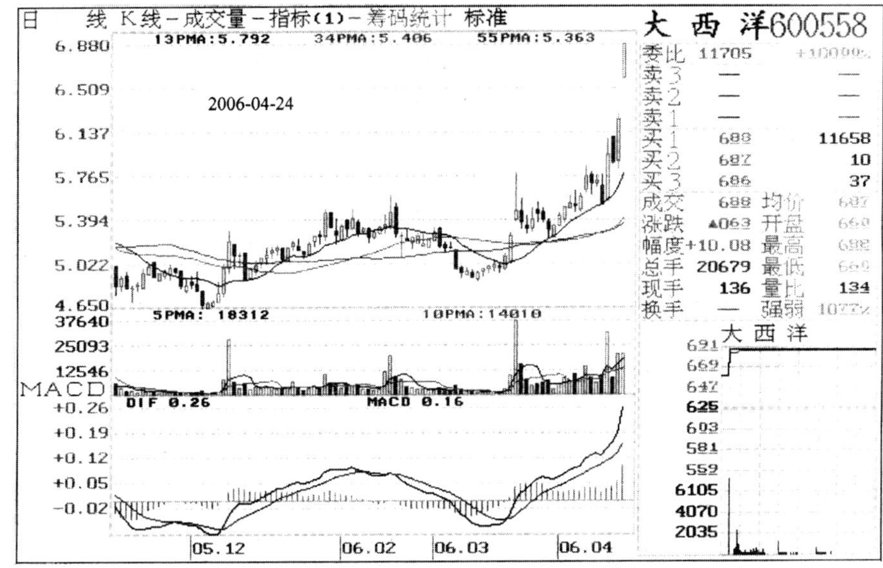

（图四）

一个英俊少年，在他16岁那年，喜欢上了同班的一个女孩。他壮着胆子给她写了一封情书，女孩子竟然把情书贴到了学校的宣传栏里，他被深深地刺痛了。于是他转了学，在后来的两年里，他拼命地学习，考上一所重点大学。

22岁他大学毕业，顺利地进入令人羡慕的政府机关。一次，他到乡下走亲戚。亲戚竟然把一只狼像狗一样养在家里看家护院。他惊问其故，亲友告之，这狼的模样都有些像狗了，更别提什么狼性了。没多久，他就在别人的一片惋惜声中辞了公职去了深圳。

他到那些有名的外企去求职，而且他总能想方设法直接地向外企老总面呈自荐信。后来他真的被一家外企录用了，那一年他24岁。3年后他因为成绩突出，被调到地处丹佛的美国总部。上班的第二天，他按国人的习惯请美国的新同事共进午餐。然而，就在他准备买单的时候，同事们却一个个不近人情地坚持自己付自己的账，他尴尬的同时，也明白了些什么，于是工作比以前更加努力了。

这是一个人的真实经历，他叫王其善，现在是全球第四大电脑公司的技术总监。他告诉我们：16岁的经历让我明白，一个人要想被他人尊重，首先要自己尊重自己；22 岁我开始明白：狼之所以丧失了狼性，是因为它没有学会自立；24 岁我知道，要想求职成功，首先自己要有自信；27 岁在美国上班的第一天，我知道了美国人为什么要实行 AA 制——每个人都不能指望别人会为自己的人生买单，要想获得成功，你就得自己去努力，这就叫自强。自尊＋自立＋自信＋自强＝成功。

这个公式在股市适用吗？是的。这个公式适合一切有人群的地方，适合一切渴望成功的人。

2006 年 4 月 25 日，股价依然是大幅跳空高开，先是壁削式下跌，然后直线拉升，但股价刚一触摸涨停板，就条件反射似的被弹了回来，股价的第二波攻击显得毫无斗志，以致连上冲均价线的勇气也没有了，从盘口看，庄家已经开始阶段性派发了。K 线又留下一个【狗急跳墙】式的【独上高楼】，交易系统给出非常明确的出局指令，这时候，无论你有多少想法，也必须先执行。这是纪律，是原则。见图五。

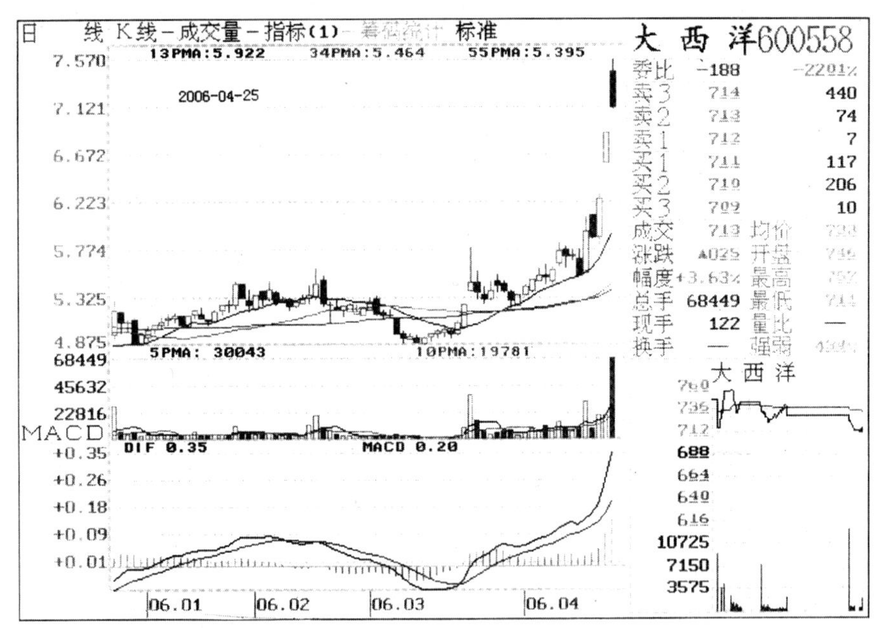

（图五）

交易程序是事先设计好的，交易指令是千锤百炼提炼而成的。实战中严格照着做就是了，用不着七想八猜。但就是这样简单的事情，为什么我们就是做不到？当买进指令发出时，看着飞速上涨的股价，我们总在担心庄家会制造骗线，直到股价扬长而去，才追悔莫及；当卖出指令出现时，总是认为这是上涨中的回调，谁知股价一去不复返，最后落得个不赢反亏。这种事可谓司空见惯，但人们已习以为常，可怕的麻木！

按指令进行操作，表面上看起来很机械，但它不需要你左思右想或反复斟酌，且有立竿见影的效果。如果按指令买进的股票立即就能处于获利状态，按指令卖出的股票立即开始下跌，我们为什么不严格执行指令呢？人们总是企图让自己比市场更加聪明，虽然聪明反被聪明误的例子不胜枚举，可是并没有看到多少人从此变得聪明起来。这难道不是人的悲哀吗？

第7节

DIANFENG DUIJUE

让持仓不再是一年四季

——点击天坛生物（600161）

如果成功是以金钱来衡量的话，股市则是一条通向财富的捷径。但股市又是一座独木桥，有人就是过不去，因为股市太拥挤了。

长期以来，人们已经习惯于用一种定式进行思维，即看大盘炒个股。可是在股票数量日益增多，外资不断涌入，股市结构已经发生很大变化的今天，那种仅凭跟着大盘走，就能迎来胜利旭日的愿望，恐怕多半会在“只缘身在此山中”的痴迷下落空。只有从旧思维模式中脱离出来，对理念来一次血液透析，扩张视野，审时度势，凭借过硬的技术功力，拨开投资路上的迷雾——去山那边迎接美丽的日出。

2006年3月24日，在天坛生物的走势图上，出现了【梅开二度】的技术走势，它的出现预示着一轮新的攻击即将展开，在这里勇敢地介入，往往能取得预期的胜利。见图一。

该股前期已有一波拉升，然后在7元附近窄幅波动，萎缩的成交量表明庄家尚未出局。但股价若想重拾升势，还需新的量能的支持。随着成交量的温和放大，股价小幅推高，13日均线也开始由平到上翘，暗示一股新的增量资金已经开始悄悄地进庄了。

135战法是一个精确的股价定位系统，它从技术上解决了人们在山前就知道“山后面有什么”的难题。只要养成“进退有据”，严格按指令操作的习惯，实战中就会大大减少许多不必要的麻烦。可以肯定地说，如果“心随股走，及时跟变”的理念能够在每个投资者心里登陆，相信在未来的实战中一定会大有收获。

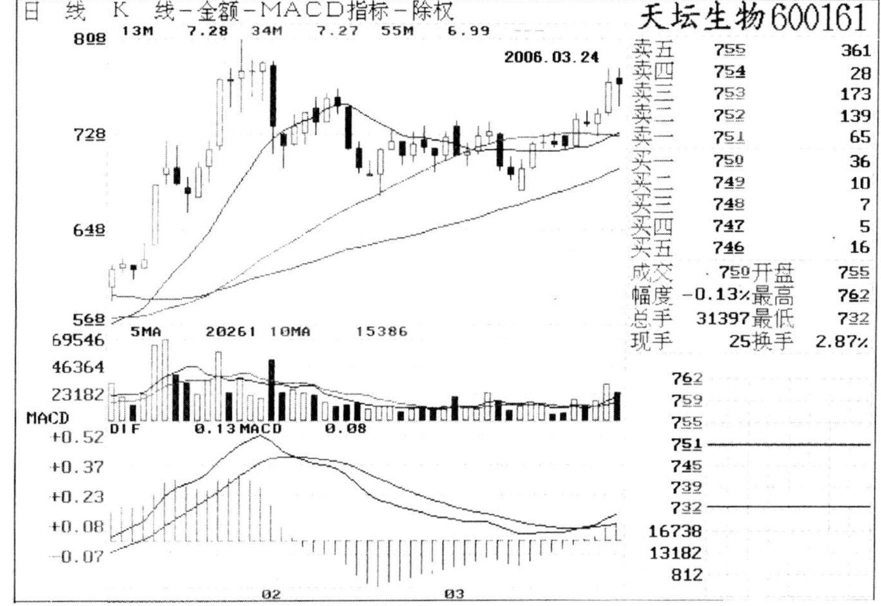

（图一）

2006 年 4 月 25 日，公布股改预案以后的天坛生物开盘即停。8 万多手的大单往那里一托，你立即会明白什么叫实力。庄家真的好聪明，这招一举扫平威虎山还真灵，把场内持股的吓得不敢再卖了。场外资金急得嗷嗷叫，就是出双倍的价钱也挤不进去。没有一套正确的交易方法，不严格执行交易指令，类似事情还会经常发生。抱怨和指责，实际上是在掩盖自身存在的问题，是逃避责任；人类的最大缺点，就是认为我自己没有缺点。敢于认错，勇于改错，才是摆脱困境的最有效方法。见图二。

成功学家洛恩说：“成功不是追求得来的，而是被改变后的自己主动吸引来的。”人最应该反省的是自己，最应该改变的也是自己。

犯同样的错误，却妄想有不同的结果，无论是谁都是不可能的。若想有不同的结果，就得有不同的思维模式和行为模式。

如果你现在的投资不是很成功，那就静下心来，认真地分析和查找原因，看看自己究竟有哪些需要改进的地方。然后下大力气去改变它。你如果想成为股市赢家，就一定要有股市赢家的思维和行为模式。改变理念，就会改变操作模式，改变了操作模式，就会改变现状。

2006 年 4 月 26 日，股价又是开盘即停，看庄家那架势，如果不拉出

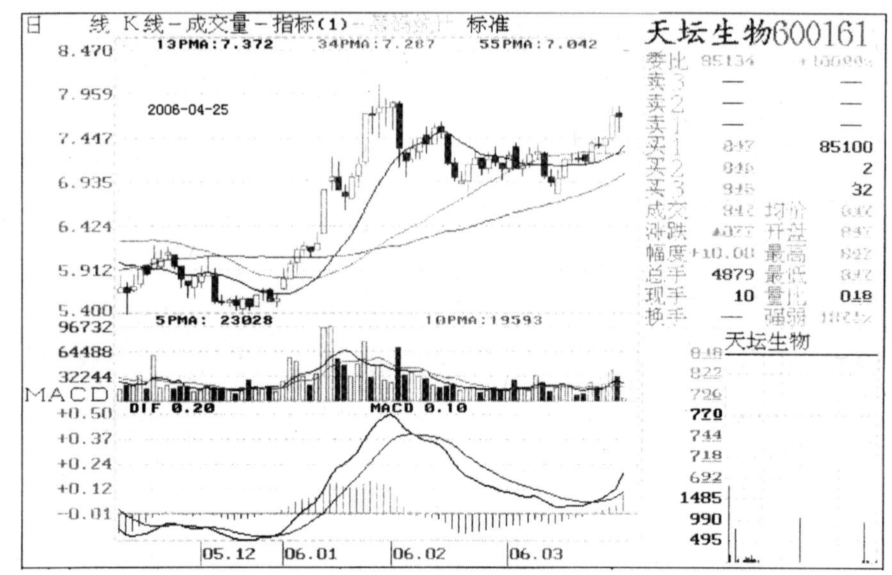

（图二）

三五个涨停板，恐怕就会把他给憋死。对于开盘即停的个股，要敢于在集合竞价时大胆挂单，这不仅仅是个胆量问题，重要的是个战术意识问题。庄家为什么敢开盘封停？除了自己力量强大，还不是对未来大势看好吗？跟着强者走，胆小的会变得胆大，亏损的会逐渐变得富裕起来。无论对庄家抱有多少成见，但必须承认，庄家在判断大势方面要比我们散户高出一筹。如果我们总是判断不对大势，何不向庄家借力，跟着庄家走呢？在培训中我一直重复强调两句话：一句是，炒股的成功，不是技术上的提升，而是理念上的突破和行为上的节制；另一句是，炒股的风险不是来自危机四伏的股市，而是来自规则不明的操作。这两句话是我多年的实战总结，并不难理解，但我真诚地希望它能变成每个人的自觉行动。见图三。

2006 年 4 月 27 日，又是开盘即停。5 分钟后涨停板被打开，成交量如洪水般倾泻而下，很显然这是庄家在利用涨停板出货，遇到这种情况一定要沉着冷静，看股价能不能迅速的拉上去，如果不能，而且股价走势一波弱于一波，技术形态就会形成【独上高楼】，那就非走不可。如果股价能够重新封停，技术形态就会形成【拖泥带水】，这个形态虽然也是出局信号，但股价还会有新高，翌日择高出局也不迟。千万不能看到涨停板被打开就恐慌出局。如果在低位出现这种情况，属于庄家刻意抖落筹码，加大

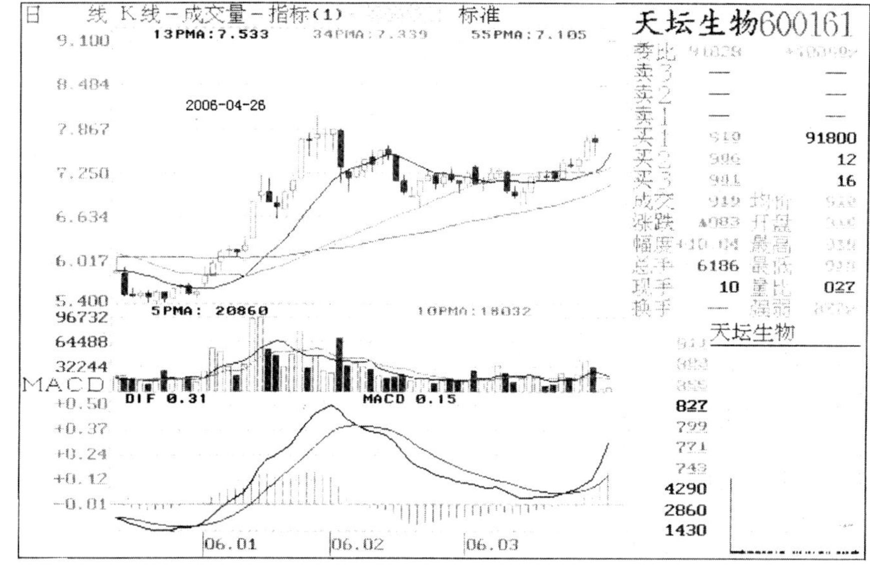

（图三）

收集力度，更要牢牢捂住。对于相同的技术形态，除了分析它的结构，更要注意区分股价目前所在的具体位置，这一点很重要。

15 分钟以后，股价被强行拉至均价线以上成交，然后在均价线附近窄幅波动，庄家依然在悄悄地派发，但为了维护市场人气，也为了自己能卖个好价钱，庄家最后还是把股价推上涨停板，但股价已经进入阶段性顶部。仓位重的，应考虑先走一步了。见图四。

人的最大风险就是什么风险也不敢冒，但没有不幸经历的人才是真正的不幸者。只有完成了对原有理念的超越，才能使人们摆脱禁忌，才有手段选择的自由。经验表明，仅仅通过现有手段去实现目标是不够的，还需要找出实现目标的最佳途径，即如何正确有效地运用手段，换言之，就是如何有意识地把不同的手段组合起来，然后把“心随股走，及时跟变”具体落实在行动上，贯穿到实战中的每一个细节。

日 线 K线－成交量－指标(1) 标准
13PMA:7.769 34PMA:7.422 55PMA:7.183
天坛生物600161
2006-04-27
5PMA: 39777 10PMA:27837
MACD
DIF 0.46 MACD 0.21
06.01
06.02
06.03
委比 15782
卖3
卖2
卖1
买1 1001 14956
买2 1000 522
买3 999 304
成交 1001 均价 987
涨跌 ▲091 开盘 1001
幅度+10.00 最高 1001
总手117068 最低 962
现手 17 量比 561
换手 强弱
天坛生物

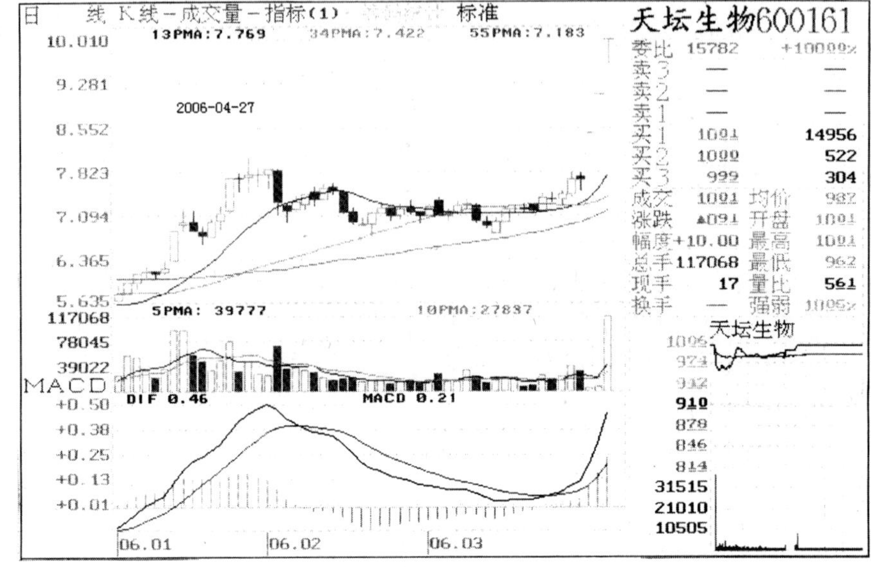

（图四）

第8节

DIANFENG DUIJUE

速战急归，进退有据

——点击G燃气（000793）

谁见过明天的股市是个什么样子？谁也没有。但它的种种现象，早已通过大大小小巫师式的预言家之口定格在人们的大脑屏幕上。它既影响着人们的思维，又左右着人们的行为。这究竟是好是坏，我说不准，但股市的规则是：后果自负。思路决定出路，脑袋决定口袋。

2006年4月26日，股改后的燃气股份走过一小段贴权行情以后，终于开始重新走强。这一天，它的图表上出现了【一阳穿三线】的买入信号。还记得【一阳穿三线】的形态特征吗？在《胜者为王》里面是这样表述它的：股价经过长期下跌和充分整理以后，均线系统的下跌斜率开始趋缓并逐渐向一起靠拢，股价波幅日益收窄，某一天，股价突然放量穿越所有均线，这是庄家展开大反攻的突出标志，是一次难得的进场良机。看看它的技术形态符合这些特征吗？见图一。

现在我们一起分析一下它的技术形态：先说它的“量”，量比为1.33，不够理想，但超过了1.00，基本符合要求；再看它的“价”，涨幅为10.15%，远远超出规定幅度；接着看它的“线”，13日均线上翘，指标线上翘，量价线平移，线的方向有点美中不足；最后看它的“形”，完全符合【一阳穿三线】的要求。一位来自深圳的学员问，“是不是形态具备了，就可以大胆出击?”回答是否定的。任何一个技术形态，只有完全符合“量、价、线、形”四个硬件，成功的概率才会高。

米开朗琪罗在精心雕塑时，一位朋友到访。小谈之后，朋友离开，不久他又返回，发现米开朗琪罗仍在同一座雕塑上工作。刚才来访时他就觉

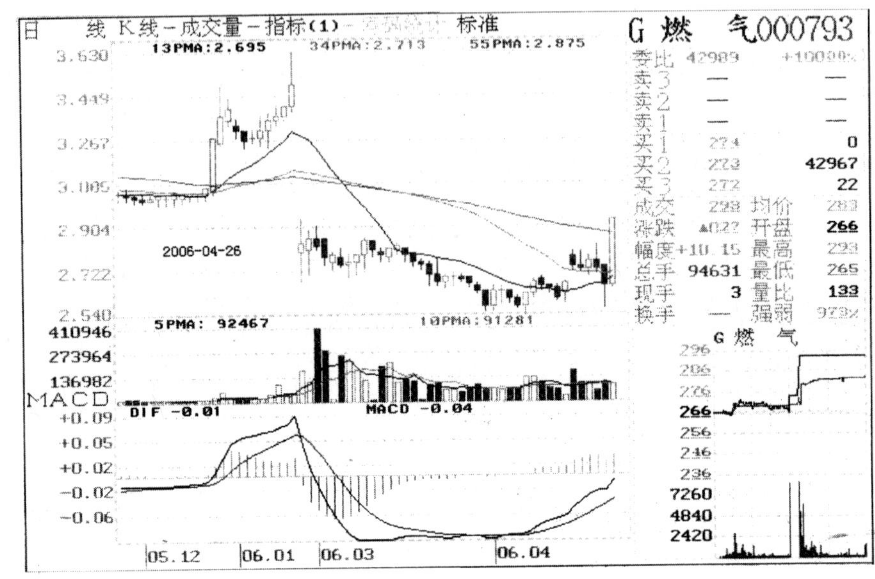

（图一）

得作品已经接近完工，这次并没有看到明显的变化，于是他问道："刚才你并没有一直在雕塑这件作品，是吧?"

"我的确一直在工作，"米开朗琪罗回答，"我正在修饰面部特征，润色腿部肌肉，磨光躯干部分，刚才我将某些部位的表现处理得更柔和一些，加强了眼睛的表现。"

"但这都是无关紧要的，"来访者说，"它们只是琐碎的细节。"

"也许是的，"米开朗琪罗回答，"但是细节构成完美，完美无小事。"

实战中，任何一点顾此失彼都会给我们带来意想不到的麻烦。只有严把买进关，以后才能找到更加宽松的出局线路。这个【一阳穿三线】除了量能不济，其他方面还真是挑不出毛病来。像这样的形态，明天可能会出现两种走势：一是低开低走，在阳线实体里收缩量阴线，用【立竿见影】震仓诱使场内筹码出局；二是跳空高开，然后利用急跌方式进行充分换手。无论明天出现哪种走势，今天都应该进场。只是在持仓比例上保持适度，给自己多留一点自主权。如果明天形成【立竿见影】的技术走势，就适量补仓；如果高开高走，就加码追进。

通过对K线的分析基本上就知道该怎么做了。现在我们把目光移到下面这张即时图上。因为从即时图上也能发现庄家的蛛丝马迹，窥视庄家的真实意图。

26日那一天，股价平开，开盘价就是最低价，说明庄家已由做空转入做多。整整一个上午，股价十分耐心地在均价线附近小幅波动，从盘口上看，庄家的收集意图非常明显，只是还不清楚股价会选择什么突破方向。

下午开盘后，5分钟涨幅榜里出现了燃气股份的名字，即时图上的股价线猛地翘头向上，这是135战法中非常经典的【眼镜蛇】走势，这种走势是短线黑马脱颖而出的重要特征，是我们敢于大胆敲进的重要技术依据。见图二。

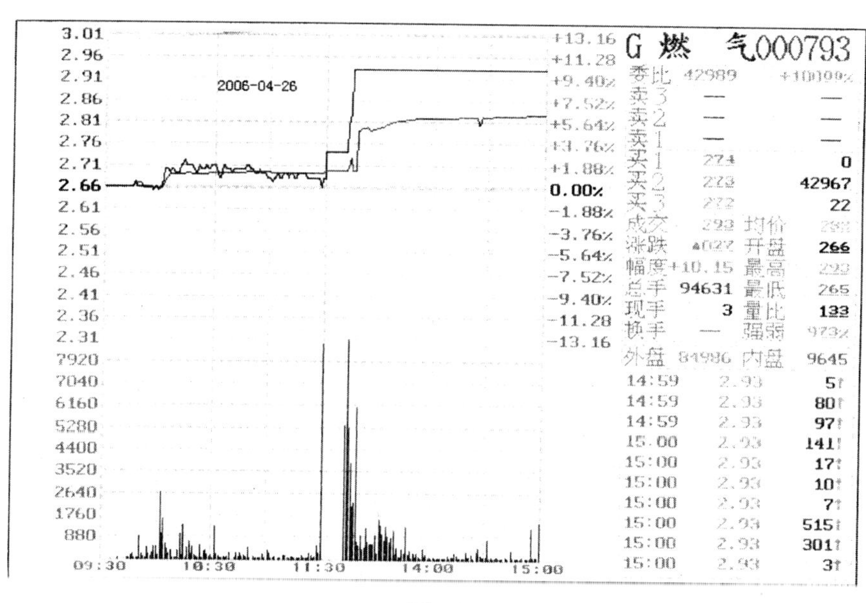

（图二）

很多人在股票的买进上，只会挂单，不会敲单。如果股价一路上涨，他就会一路挂着下去。其实，对一只正在上涨的股票，只要形态符合要求，就要敢于大胆敲进。相反，当交易系统发出卖出的指令时，要追着向下敲，而不要一味地去卖高价。从挂单到敲单不仅是操作模式上的重大变革，更是理念上的重大突破。

炒股别怕失败，技术不是障碍，挑战无处不在，动作一定要快。别管你是做中线，还是做长线，平时应注意训练自己的快速反应能力，进出动作务求准确迅速。

2006年4月27日，股价以涨停板开盘，5分钟以后，涨停板被撕开。

急速下跌，快速拉升，再急跌，再拉升，经典的震仓手法。股价走势验证了我们的第二种分析，这不正是我们所期待的吗？涨停板上的两个缺口，酷似两颗老虎牙，稍不小心就会成为老虎口中的美餐。知道庄家的凶悍了吧。

涨停板打开有量，封停无量，说明绝大部分筹码控制在庄家手里。K线图上留下的【拖泥带水】，是庄家震仓时留下的尾巴，由于股价位置较低，出货嫌疑基本可以排除，因此资金安全暂时没有问题。见图三。

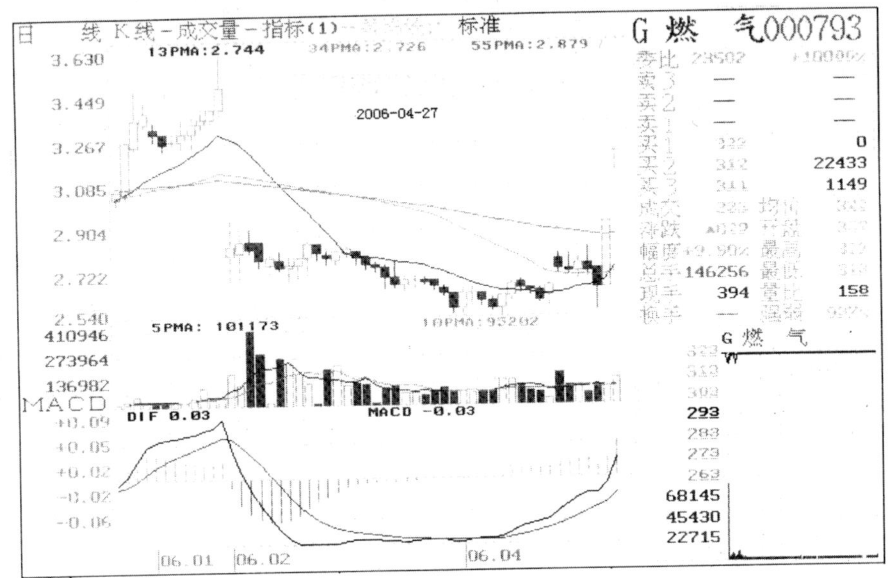

（图三）

科学家研究发现，人的大脑皮层内拥有 140 亿个神经元，但能有效工作的只有 7 亿左右，占总数的 5%；如果能激活 10%的神经元，人就会变得非常聪明；如果能用上 20%的神经元，他就是天才了。可是，布留斯·米列尔博士又研究发现，人的大脑里有一个“天才区域”，这个区域的作用，就是阻止人们成为天才，如果能将这个区域打开，人的才能就会得到充分的发挥。

压制天才区域的是一种内部预防机制，不让人们的行为举止偏离常规，每当你异想天开时，就会进入不允许的制约状态，使你觉得这种想法毫无意义，从而对其失去兴趣，如果这种机制出了毛病或受到损害，天才区域的才能就会源源不断地涌现出来。很多人的投资之所以不是很成功，主要是没有打开自己的天才区域，而制约打开天才区域的最大障碍，就是你的理念问题。理念问题解决了，一切问题都会迎刃而解。每个人都是天赋潜能的，只要认真挖掘，就能释放出能量，就能在自己身上创造奇迹。

2006年4月28日，股价高开两个点，瞬间下探后即被拉到均价线以上成交，然后三波封停。可惜好景不长。1分钟后涨停板被打开，但回调不碰均价线，说明仍属强势整理，既然庄家还在玩猫腻，预示行情尚未结束，等等吧。看看狗嘴里究竟能不能吐出象牙？

13时40分，股价在犹豫中缓慢爬升，经过20分钟的艰难跋涉，股价终于重新登上了涨停板，也许庄家刚才折腾得太累了，直到收市，趴在涨停板上一动不动，如昏死一般。

红红的大阳线留下一个小尾巴，第二个【拖泥带水】出现了。关键看明天怎么走，高开高走，回调不破昨日收盘，说明上升仍将继续。无论怎么样，庄家非常体察民意，在“五一”即将到来之际，给了人们一个好心情。但不关心股民疾苦的东西多的是，不信你就看看跌幅榜上那一长串戴着绿帽子的歪瓜裂枣们。见图四。

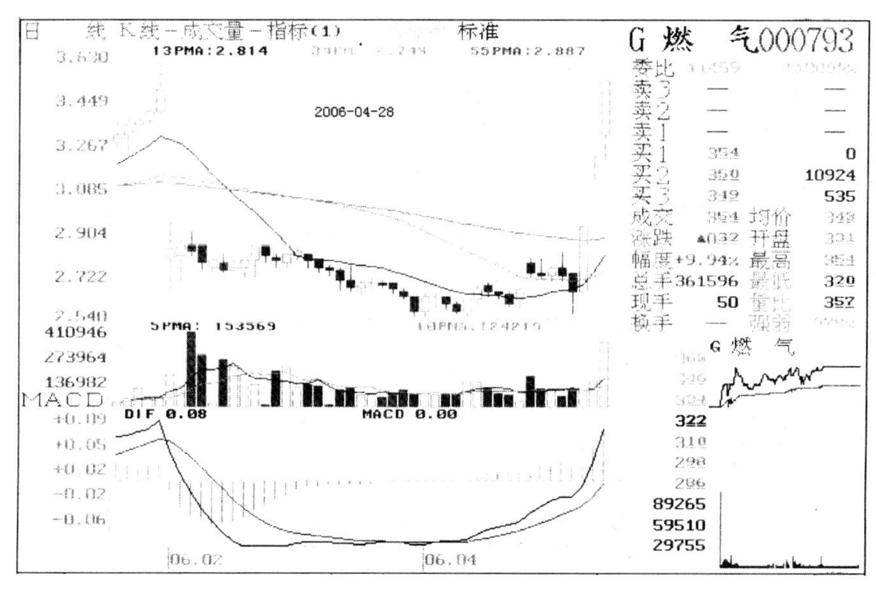

（图四）

从梦想到现实，究竟需要多长的时间？实现梦想需要几个步骤？采取什么手段？在实现梦想的过程中会遇到什么障碍？准备用什么办法克服它？目前的有利条件和不利因素是什么？为了实现梦想需要作哪些准备？这一连串的问题，趁着“五一”长假都想想清楚。

一般人买股票之前，会习惯地调出 F10，翻翻它的相关资料。比如，亏不亏呀，有没有好题材，具备不具备投资价值呀？这都没错。但是，一只股票能不能涨，与它的业绩没有必然联系，不是说绩优股一定会涨，垃圾股必然会跌。在目前情况下，股价本身并不能够真实地反映企业的赢利水平和经营业绩，决定股票价格的主要因素是市场的供求关系。换言之，股价的涨跌与它的技术形态有着密不可分的联系。严格说来，股票没有好坏之分，只有强弱之别，做股票关注基本面是对的，但不能过分依赖它，因为基本面比技术面更骗人。我们应该消除对任何板块、任何个股的偏见，严格按照交易系统发出的指令进行操作。因为，任何一个技术形态都是庄家精心运作的结果，所以，当交易系统发出买进信号时，就应该毫不犹豫地展开实战操作。炒股的目的是为了获利，而不是为了股票本身的业绩。想想看，在你过去的操作中，绩优股是否都给你带来丰厚的回报？

2006 年 5 月 8 日，鞭打快牛的现象在股市也不鲜见。G 燃气由于连拉 3 个涨停板被停牌 1 小时。复牌后，股价大幅高开，庄家想把刚才的损失夺回来。股价快速下探，然后急转向上，大角度直奔涨停。成交量比上个交易日小 1 倍，但盘口封单却比上个交易日大了 7 倍多，暗示股价仍将继续向上拓展空间。见图五。

同样，垃圾股未必就不能带给你收益。价值投资不太适应中国股市，起码现阶段是这样。那些倡导价值投资的人如果不是别有用心，一定是对中国股市的无知。因为他们把方法和目的给混淆了，价值投资仅仅是众多投资方法的一种，但绝不是我们的投资目的。有价值但不能给你带来收益的投资就是失败的投资。相反，没有价值却能带来丰厚回报，一样把它视为成功的投资。就股票而言，能上涨的就是好股票，不管它是绩优股还是垃圾股；反之，下跌的股票就是坏股票，同样不管它是垃圾股还是绩优股。

2006 年 5 月 9 日，股价开盘即停。上午 10 时 10 分，涨停板被打开，巨大的成交量顺流而下。如果股价不能迅速地拉上去，持股就有风险了。虽然股价接下来没有大幅跳水，但在涨停板不远的地方放量滞涨，图表上

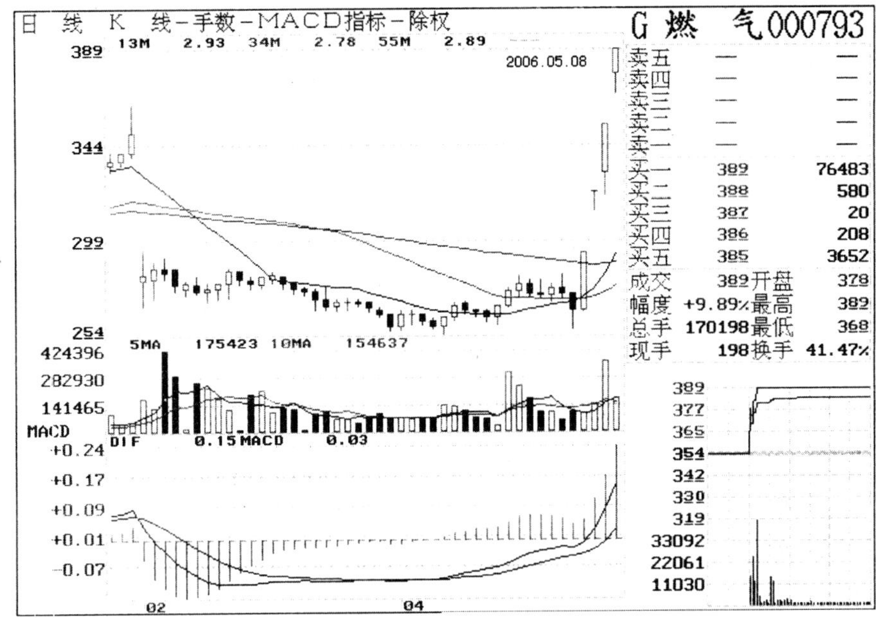

（图五）

出现了【狗急跳墙】形态，这是庄家集中派发的标志，即使股价最后被拉上去，也会形成第4个【拖泥带水】，还是出局信号。上午收盘时，股价没有被重新封停，但成交量已经超过昨天全天的成交量，这不是个好兆头。

下午开盘后，股价被拉到均价线以成交，但却一直没有触摸涨停的勇气，庄家气数已尽，继续耗下去已毫无意义。可庄家还是做出一副要涨停的态势，既然如此，就再陪你一会儿，如果尾市不封停，就立马撤退。见图六。

不同的时期有不同的市场热点，是否出击将由交易系统发出的信号而定，而不是胡乱瞎猜。混迹股市，应该变得现实起来，要不受任何消息和传统投资理念的羁绊。这是从预测性到应变性的重大转折，是衡量投资者是否成熟的标志。所有的操作都被交易系统里的信号联结，虽然有的持股时间极其短暂，但却非常有效。这种“说风是雨”的操作方式，看起来有些飘忽不定，但却与千变万化的技术形态形成了绝非偶然的某种暗合。只有“心随股走”，才能“股随心愿”。

在操盘上一向我行我素的我，也常常有反躬自省的举动。这种看似矛盾的性格，却使我一次次获益匪浅，老实说，我几乎总是能够从每次的操

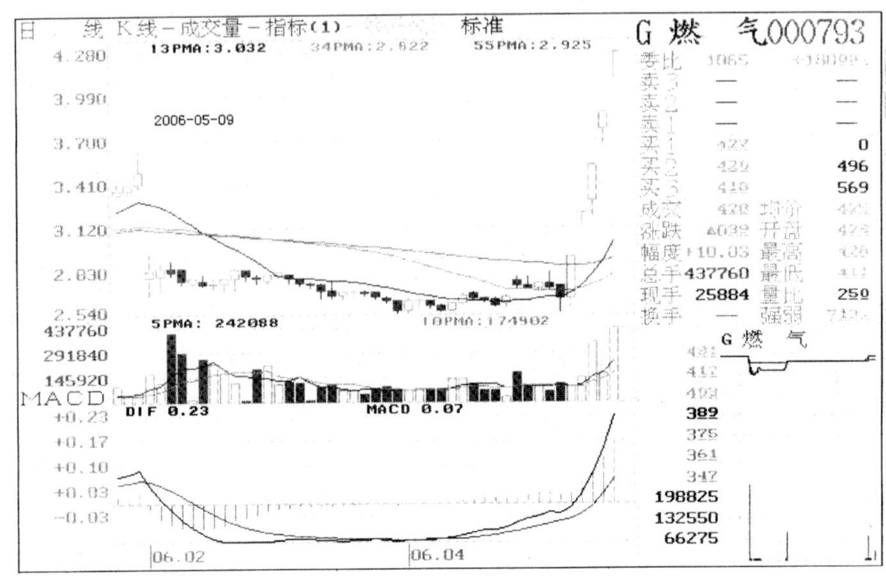

（图六）

作失败中，找到打开一次行动之门的钥匙。

自从我不看股评以后，开始变得耳根清净，那些来自股市内外的唠叨絮语，我尽可能拣接近股市现实的去听，然后严格按照交易系统发出的信号去做。比如一只个股的利好满天飞，但技术形态尚不到位，我宁肯去看蚂蚁搬家。相反，如果一只个股利空消息接踵而至，但只要形态完美，就照做不误，起码会轻仓试探。一副将在外君命有所不受的派头。残酷的现实，使我变得更加现实起来，在不断否定自己的前提下，强制自己严格按照 135 战法给出的提示，重复着一次又一次的“黑客”行动。

2006 年 5 月 10 日，股价依然高开高走，离涨停板只差一分钱，可就是不封停，这是股价大幅跳水前的预兆，是该急流勇退的时候了。

股价在 4.70 元附近徘徊了几分钟之后，突然壁削式的下跌。真的好玄，总算又躲过一劫。成与败往往是一念之差，一分之差，容不得半点马虎和侥幸。

图表上那个不伦不类的【一剑封喉】，干起坑人的勾当一点不比正宗的差。【一剑封喉】是股价转势的临界点，千万不要轻视它。见图七。

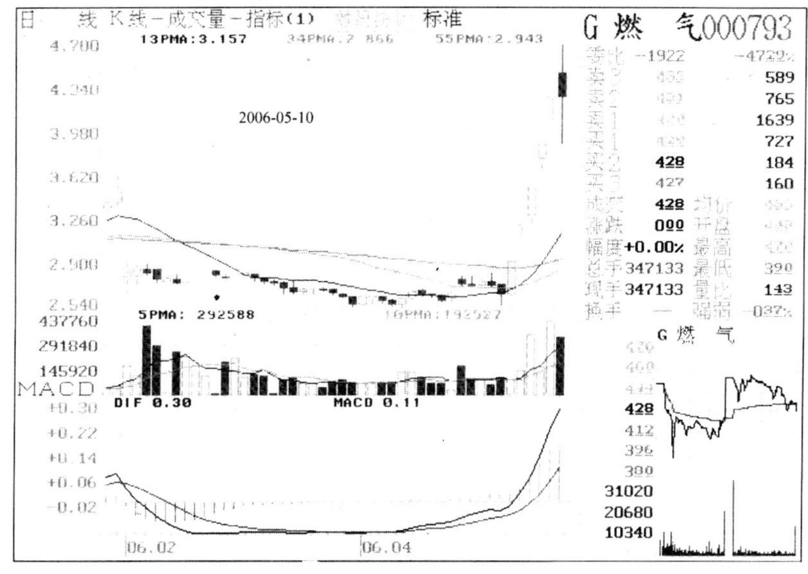

（图七）

凡是主观臆断、违背原则的操作都会留下一大堆问题。用传统的投资理念看，一只亏损累累，基本面堪忧的股票，不符合价值投资的选股理念，但我们不能单纯以上市公司的基本面去衡量一只股票的价值，而应该把自己的精力从对基本面的研究转移到对技术形态的研究上来。因为未来的获利机会只能在背离传统的赢利模式后诞生。那些因循守旧者永远是股票的消费者。我们无意伤害那些至今依然深度被套的人们，只是希望他们抛弃自我，更新理念，与时俱进，然后随着交易系统给出的节奏，大踏步地进退。

狙击G燃气，都是在学员们的眼皮子底下展开和结束的，很多学员都直接参与了这次狙击战，他们感到震撼，他们亲自体验到了【一阳穿三线】带给他们的刺激与欢乐。尽管135战法还有许多需要完善的地方，可它不正向神秘诡谲的股市洞开了它的第一扇大门？

当我们试图通过已经发生的战例去谈论什么是技术和战法时，狙击G燃气给学员们提供了实战的机会。学员们说，在他们的炒股生涯中，狙击G燃气是唯一的、也是最经典的一次操作，因而他们认为，不经过严格系统的专业训练，不掌握一套正确的交易方法，是根本无法与庄家进行周旋的。

也许是胜利过于轻而易举，学员们欣喜若狂。一些头脑发热的学员由此开始杜撰 135 战法的神话。虽然我无法准确估价这次狙击对于他们今后操盘的意义，但我清醒地意识到，这一次成功地狙击 G 燃气，充其量不过是严格地执行了交易指令而已，不值得夸夸其谈，却需要冷静思考：凡是按原则、按计划、按交易指令进行操作，获利都不成问题？

DIANFENG DUIJUE

没有犹豫，不再迟疑

——点击G双良（600481）

如果你期望自己将来取得什么样的成功，也许你就一定会取得什么样的成功。这里面有两个关键词。第一，敢想；第二，敢干。如果你希望自己成为股市赢家，那么努力加机遇就会帮你实现这一切。人要得到他所想得到的一切，一定要尽最大的努力去掌握一切有用的知识，然后下大功夫去消化它，把它变成自己的实际操盘能力，这种努力不仅会使你得到财富，而且会塑造你的完美人格。

2006年4月10日，经过长期下跌和反复筑底的G双良，终于从55日均线上【揭竿而起】，这是股价拉升的重要标志，也是庄家发动突然袭击时经常采用的一种攻击手段，在这里勇敢地追进，就等于买在了股价的起涨点上，短期内将有不菲的斩获。从“量、价、线、形”四个硬件来看，【揭竿而起】完全符合进场要求，重仓出击。见图一。

任何一只股票在起动之前都会程度不同地向我们传递某种信息。比如量的放大、比如均线的穿越、比如股价的涨幅、比如K线的组合，把这些东西经过“技术合成”，就会变成栩栩如生的技术形态。然后再用均线把这些形态联结起来，就会变成不同的交易指令，然后再根据指令做出轻仓试探、半仓跟进、重仓出击等资金布局，然后再用“心随股走，及时跟变”调控全局。炒股看似复杂，实则有章可循。对于那些技术功力好的人来说，他们从股价的即时图上就能发现庄家的意图，这种操盘直觉一次又一次地把他们送入胜利的轨道。股票的质变往往是在瞬间完成的，只有那些盘感好、动作快的人才能在第一时间捕捉住这个转瞬即逝的机会。通过

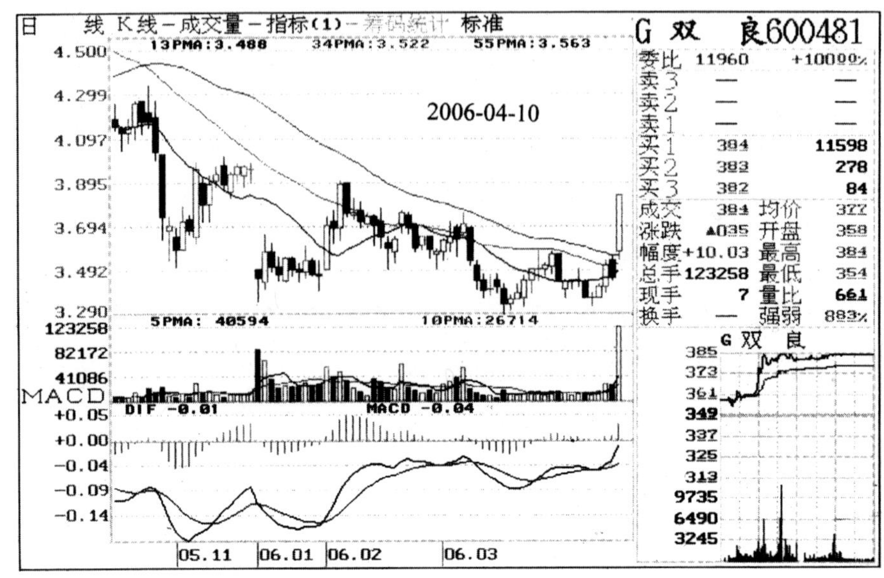

（图一）

分析下面这张小图，希望你能从中发现股价起涨前的奥秘。

股价小幅开盘后，回调不破昨日收盘，这是股价开始走强的前提。股价线从均价线上【揭竿而起】，典型的【眼镜蛇】走势，是拉涨停的强烈信号。股价封停—打开—再封停—再打开，但始终不碰均价线，说明庄家旨在震，并非真要洗。再看股价的位置，尚未脱离底部区域，因此可以断定这个带量的涨停板完全属于强行收集性质。不排除明天股价低开低走，那更加证实了庄家的收集意图，经验丰富的，不仅不会抛出，反而会加大持仓比例。遗憾的是，股价在涨停板附近徘徊了一阵就封住了涨停的大门。等你想明白是怎么回事，已经丧失了进场的良机。见图二。

2006 年 4 月 11 日，股价小幅高开瞬间下探，即被拉到均价线以上成交，但股价始终在前高点附近小幅波动，很显然庄家是在引诱高点的人下山。放量滞涨，旨在收集。且不理他，让他自由自在地穷折腾去吧！

2006 年 4 月 12 日，股价平开高走，经过一波快速拉升，股价顺势回落，庄家继续大赦套牢盘，涨时有量，跌时缩量，控盘特征极为明显。半小时以后，股价突然发力上攻，可惜股价冲到 7 个多点的时候突然停止了前进的脚步，然后转身向下，股价走势一波弱于一波。K 线上那个长长的上影线说明股价冲高受阻，【一剑封喉】及时发出了即将调整的信息。为

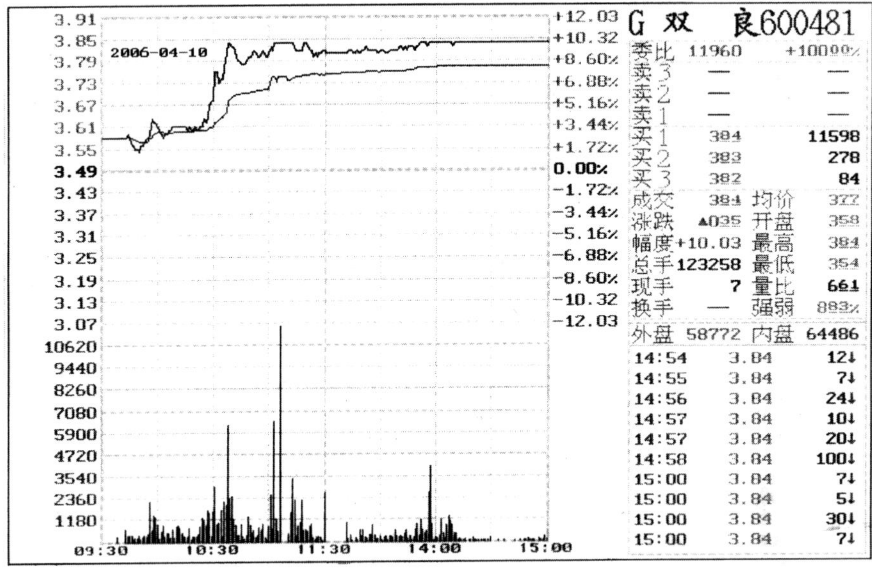

（图二）

了争取主动，盘中应择高点抛出一部分，然后在调整结束的时候再把筹码捡回来，这样可以大大降低持仓成本，重要的是为了培养自己按指令操作的好习惯。炒股的大忌是，该动的时候不动，不该动的时候瞎动。见图三。

2006年4月13日，股价小幅低开，稍作上冲便掉头向下，股价走势一波弱于一波，盘中连触摸均价线的勇气都没有。从盘口看，留在场内的有点沉不住气了，恐慌盘开始涌出，不过现在再走，已经晚了。经验丰富的，如果昨天没走了，今天就干脆不走了，因为现在已经没有差价可做，与其灰溜溜地抛出，不如再潇洒地买一些。因为13日均线已经开始上穿55日均线，【黑客点击】即将形成，在这个点位上抛出，如果不是无知，就是心态有问题，因为【黑客点击】是股价的缩量跌点，股价很快就会反转向上。那根阴森森的大黑棒，看似凶神恶煞，怪吓人的，实际上是庄家正在【暗度陈仓】。在拉升途中，庄家经常利用它来清洗获利盘，利用收阴急跌的心理，迫使人们在恐慌中落荒而逃，自己再顺势捡回一些散落的筹码，股价一般在第二天就能止跌企稳。判断出货与洗盘的简单办法：高位小阴巨量是出货，低位大阴缩量是洗盘。见图四。

日 线 K 线－手数－MACD指标－除权
13M 3.56 34M 3.53 55M 3.57
G 双 良600481
2006.04.12
415
386
357
329
卖五 401 3829
卖四 400 2244
卖三 399 2921
卖二 398 1460
卖一 397 892
买一 396 210
买二 395 350
买三 394 593
买四 393 791
买五 392 1290
成交 396开盘 395
幅度 +0.25%最高 415
总手 82279最低 393
现手 329换手 2.69%
129582 5MA 75461 10MA 47038
86388
43194
MACD DIF 0.06 MACD -0.01
+0.14
+0.08
+0.02
-0.03
-0.09
02
03
04
415
410
400
395
394
393
392
44890
29219
14609
任何位置的上影线，都说明股价冲高受阻，主动回避是上策。等股价止跌企稳后再悉数把它捡回来。炒股贵在做出差价。

（图三）

日 线 K 线－手数－MACD指标－除权
13M 3.58 34M 3.53 55M 3.57
G 双 良600481
2006-04-13
415
386
357
329
卖五 375 283
卖四 374 501
卖三 373 359
卖二 372 350
卖一 371 290
买一 370 713
买二 369 526
买三 368 203
买四 367 113
买五 366 87
成交 370开盘 392
幅度 -6.57%最高 396
总手 47002最低 366
现手 129换手 1.54%
129582 5MA 79731 10MA 50388
86388
43194
MACD DIF 0.07 MACD 0.01
+0.14
+0.08
+0.03
-0.03
-0.09
03
04
426
416
406
396
386
376
366
20921
17309
2653
在上升途中，庄家经常采用[暗度陈仓]这种极端手段来清洗获利盘，迫使人们在惊恐中落荒而逃，股价一般在第二天就能止跌企稳。

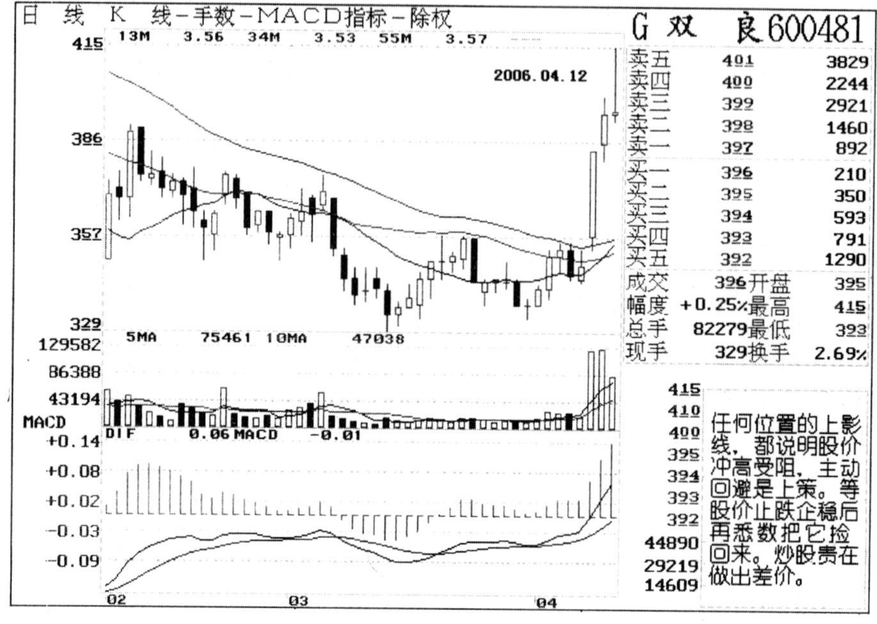

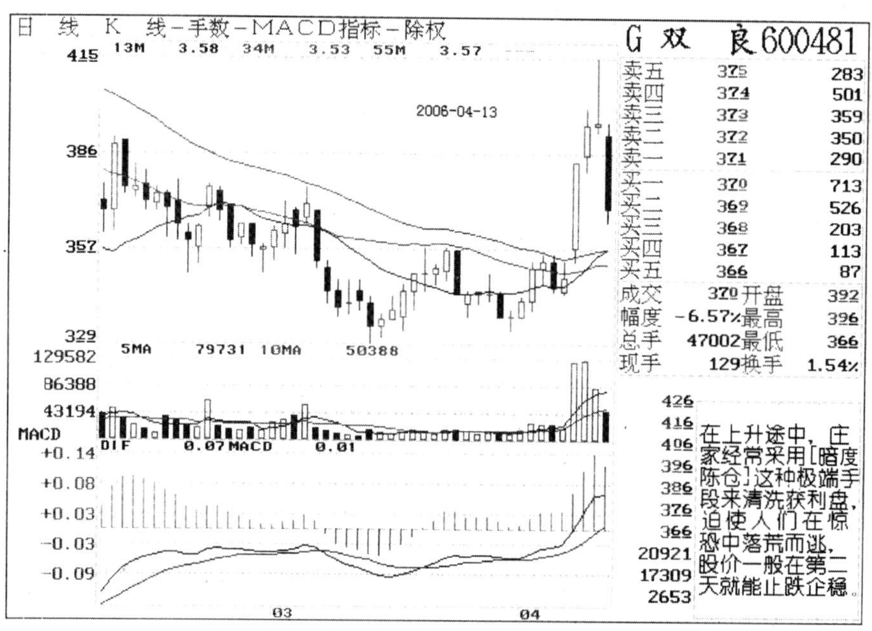

（图四）

庄家都是“出色的精神病大夫”，没病的把你治病，有病的把你治死。如果你既不想病也不想死，就学着用135战法给庄家把脉，而且要敢于下猛药，当你把庄家也能折腾成“精神病”的时候，你就是一个出色的投资大师了。

2006年4月14日，股价小幅低开，然后小幅推高，稍作回抽，便开始在均价线上方一浪高过一浪地向前推进。昨天不幸出局的，就不要再想那些伤心事了，赶紧把筹码补回来。认错需要勇气，改错凭的是能力。

下午开盘后，股价懒洋洋地在均价线上方躺了一会儿，13时45分突然一个鲤鱼打挺，转身就往上拉，股价收复昨日失地后，向下猛地来了一个俯冲，就像大夫用小锤在你的某个穴位上猛击了一下。于是，又有人开始变得浮躁起来，看看脚下的成交量就知道当时的分贝系数有多大。10分钟以后，股价重新走上涨停板，那些被关在缺口里面的人想必会气疯的。趁还没疯的时候，赶紧想一个问题：庄家收复失地，是为了天下的劳苦股民都得解放吗？见图五。

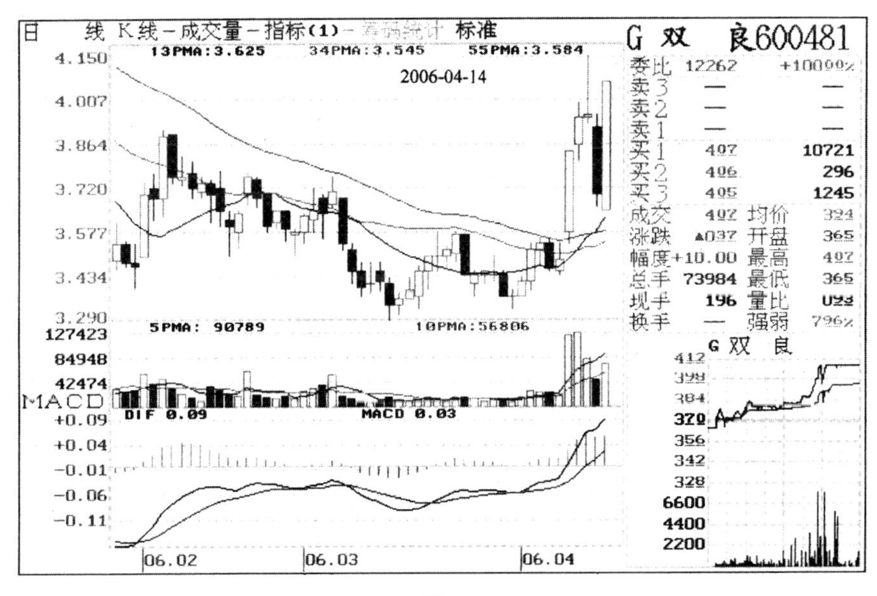

（图五）

拖延是实战中的死敌，也是成功的死敌。拖延会使机会变成陷阱，会使我们失去利润而永远生活在等待解套之中。拖延的恶性循环使我们养成懒惰的习性、犹豫的心态，这样就会沦落成一个永远只知抱怨的失败者。

成功学创始人拿破仑·希尔说："生活如同一盘棋，你的对手是时间，假如你行动前犹豫不决，或拖延行动，你将因时间过长而痛失这盘棋，你的对手是不容许你犹豫不决的!"雷厉风行，令行禁止，这不仅是军人的作风，更应该成为每个股民的必备素质。

2006 年 4 月 19 日，股价跳空高开，稍微上冲，便开始打压，股价走势显得拖泥带水，很不流畅，庄家刚刚拉出一个涨停板，就开始算计别人已经挣了多少钱，这未免太小气了吧。设身处地想一想，庄家也没错，人家总不能辛辛苦苦地把你抬到山顶，让你尽情地领略旖旎风光吧。所以，在上山途中总会变着法子折腾你，让你知道登山的辛苦。

2006 年 4 月 25 日，股价干脆像缩头乌龟一样，躲在昨日阳线的上影线里面不出来了。股价在整理中向上爬升了不少，却也让人们付出了 4 天的忍耐，面对这种不阴不阳的庄家，除了耐心加耐心，实在想不出更好的办法。仔细想一想，这样的庄家很不简单，不知不觉中使筹码进行了换手，不显山露水地就能使股价涨上去很多，不像有的庄家，股价一起动，涨停板一个接一个地往上拉，他把出货考虑得太简单了。凡是拉升时简单的，出货时会变得复杂；凡是拉升时复杂的，出货时就会变得相对简单。

2006 年 4 月 27 日，股价小幅跳空高开，然后直线向上拉高，在均价线附近爬行了一阵，犹如一条被激怒的【眼镜蛇】，股价猛地翘头向上，大角度直奔涨停板，然后顺势回调，但第二波的攻击力度明显减弱，而向下俯冲的劲头越来越足，虽然退得很有节制，但庄家的做多欲望已开始减弱。对于一个攻击力消失的股票，不管有无明显的见顶形态，都应该主动回避。

下午开盘后，股价继续向上攻击，可是力度不够，然后股价一直在均价线上方摇摆不定。K 线图上留下一个不甚规范的【一枝独秀】。我承认庄家操盘非常老到，但不适合我的操作风格，恕不奉陪了。再见哥们儿。见图六。

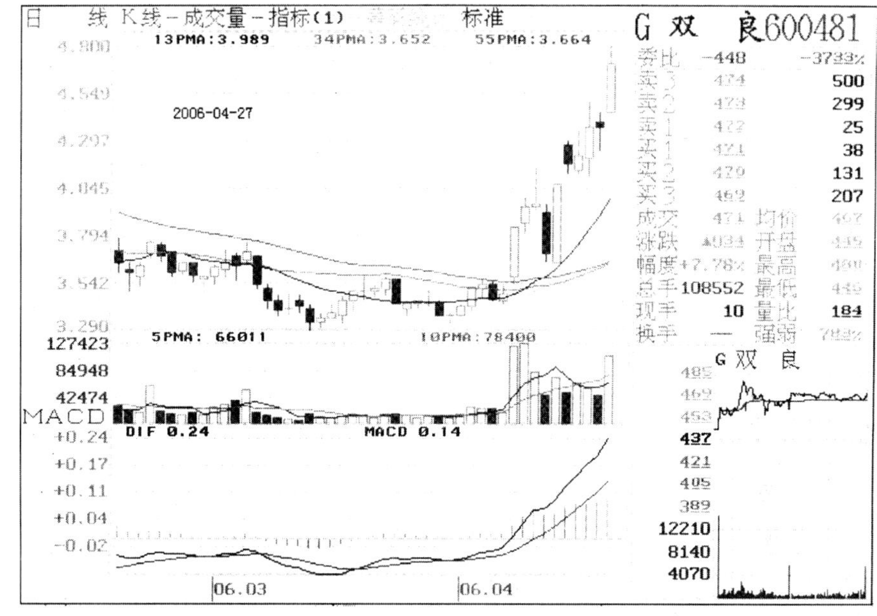

（图六）

刚把股票抛出，桌上的电话就响了。是上海的一个读者打来的，他说："宁老师，您能走到今天，都读过哪些证券书？哪一本对您的影响最大？"我略微沉思道："国内的证券书籍，我基本都读过。对那些理念独特、实战价值强的，不仅反复地读，不停地悟还不断地抄。港台的主要是张龄松、邱一平、黄柏中的。国外的主要有约翰·迈吉的《股票趋势技术分析》，比尔·威廉姆的《证券混沌操作法》，索罗斯的《金融炼金术》，维克多·斯波朗的《专业投机原理》，江恩的《华尔街 45 年》，《空间通道》，《股票趋势测市法》，罗伯特的《直觉交易商》，艾略特的《波浪理论》，本杰明·格雷厄姆的《证券分析》，格兰威尔的《每日股票市场最大利益之战略》以及《道氏理论》……对我影响最大的不是哪一本证券书籍，而是毛泽东杰出的军事思想。比如，保存自己，消灭敌人；不打无准备之仗，不打无把握之仗；打得赢就打，打不赢就跑；集中优势兵力，各个歼灭敌人；加强纪律性，革命无不胜……它使我从中悟到许多东西，因而少走了许多弯路。"电话那端出现了短暂的沉默，然后是嘟嘟的忙音……

我还想对他说：读书只是一种阅历。只有把书本上的东西转化为自己的东西的时候，知识才能变成财富。好读书不求甚解，即使不得要领地照抄照搬一百次，对于实战也毫无益处。

三天后，一个陌生的年轻人出现在我面前，态度异常坚定地请我收他做徒弟，并说那个很不礼貌挂断电话的人就是他。

我感到很意外……

第10节

DIANFENG DUIJUE

将操作和指令紧紧地连在一起

——点击中国卫星（600118）

炒股真累，站着想睡；看盘疲惫，被套受罪；吃饭没味，喝酒老醉；抢劫不会，输赢纳税；稍不小心投资就会变消费。

为了不使投资变消费，必须掌握一套正确的交易方法，实战中要绝对地尊重股价的客观走势，坚决地、无条件地与庄家在思维和行动上保持高度一致。归根结底一句话：将操作和指令紧紧地连在一起。

前不久，【黑客点击】曾把中国卫星送上了天。股价经过一个多月的缩量整理，精力和体能都得到了较好的恢复和补充。于是，2006年3月28日，庄家又开始发起一轮新的攻击，【红衣侠女】及时地向我们发出进场指令。见图一。

我对【红衣侠女】这个买点格外青睐，它色彩明快，热情奔放，富有朝气，一如茫茫雪地里漂亮姑娘的大红昭君装，那是最配【红衣侠女】的颜色啊！对它情有独钟的另一个原因是：持股时间短，获利快，成功概率高。我们知道，均线的任何一次金叉穿越，都说明有一股新的力量在涌动，实战意义非同一般。在均线的结点处，股价之所以收阳线而不是收阴线，表明庄家做多欲望强烈，从这个点位切入，一般都能踏准庄家的进攻节奏。

随后，碎步攀升的股价与量区里的【步步高】相映成趣，完全有理由相信中国卫星的二次发射已经为时不远了。

2006年4月25日，股价开盘即停。庄家采取跳跃式攻击一步到位，这样反而省去了很多麻烦。前高点被困的人们，看到股价被封得死死的，

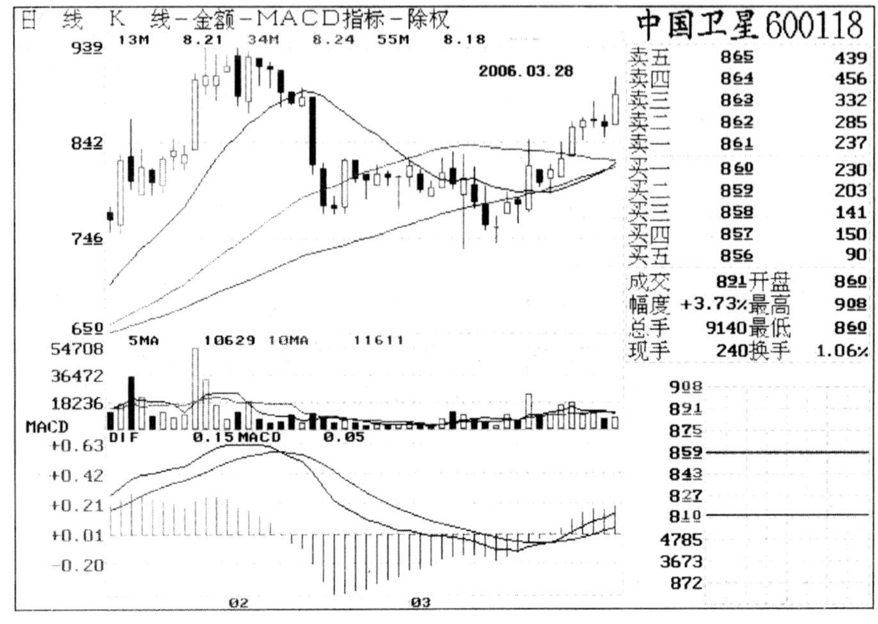

（图一）

预期有所提高，这样一来，股价的拉升阻力不但没有增加反而减轻了许多。股价的上涨空间已被打开，看来好戏还在后头。见图二。

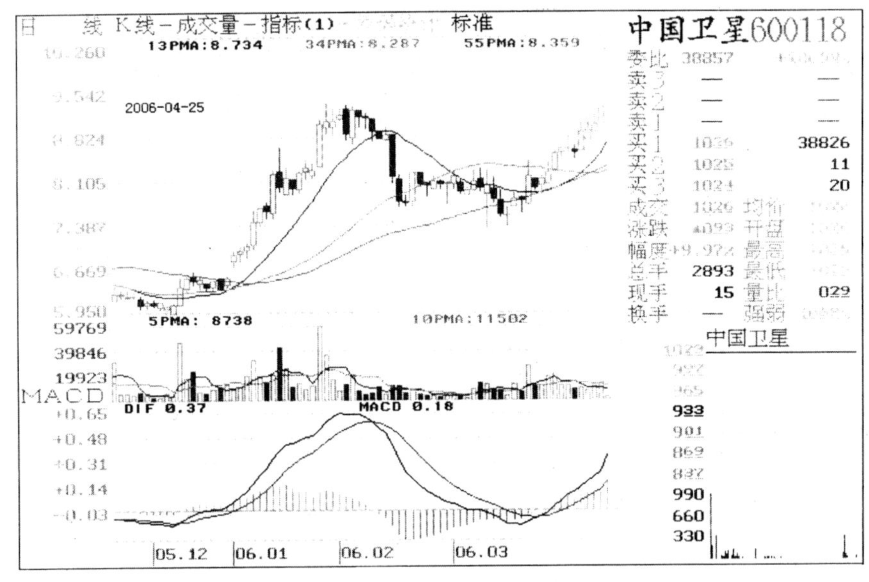

（图二）

很多人都想赚大钱，想法并没有什么错，但必须先学会挣小钱，只有学会了赚小钱，才能逐步学会赚大钱。如果一来就想挣大钱，把目标定得太高，不但于事无济反而会挫伤积极性。

股市里许多的大户都是从散户做起的，他们先从小额交易开始做起，从每次挣10块钱开始，通过逐步积累经验，锤炼技艺，不断提升自己的操盘水平。如果凭运气去致富，那么钱来得快，去得也快。

很多将军是从士兵做起的，很多企业家是从打工开始的，很多投资大师也都是从小散户和经纪人开始的。初入股市，由于没有多少证券知识和操盘技巧，先从小额交易开始，就不会造成太大的心理压力。当你没有多少实战经验的时候，股市里的机会就像满天飘洒的雪花，看着美丽诱人，却总是难以抓住。

为什么要从赚小钱开始？赚小钱的最大好处是可以在低风险的情况下积累操盘经验，强化心理素质。当你把小额交易做得得心应手时，就可以扩大交易规模。小额交易既然没问题，那么大额交易就不会太难。何况小钱赚久了，也可以累积成大钱。

学会赚小钱，可以培养自己踏实做事的态度和对金钱的认识能力，对日后运作大资金有着非常大的帮助。

被誉为股神的巴菲特，也是从赚小钱起家的。巴菲特在11岁开始买第一只股票，把自己和姐姐的一点小钱都投入股市。刚开始一直赔钱，他的姐姐一直骂他，而他坚持认为持有三四年才会赚钱。结果，姐姐把股票卖掉，而他则继续持有，最后证明他是对的。

巴菲特20岁时，在哥伦比亚大学读书，在那段日子里，很多同学只会玩游戏，或读一些休闲书，但他却大啃金融学书籍，并且泡在图书馆翻阅各种保险业的统计资料。当时他的本钱不多，又不喜欢借别人的钱，但是，他通过自己的刻苦努力，他的钱还是越赚越多。

1954年，他如愿以偿地到葛莱姆教授的顾问公司任职，两年后，他向亲戚朋友集资10万美元，成立自己的顾问公司。1969年，当公司资产增值30倍时，巴菲特宣布解散公司，退还合伙人的钱，然后把精力集中在自己的投资上。

巴菲特从11岁进入股市，几十年坚持不懈，所以才赢得投资大师的桂冠。他说："我今天之所以能靠投资创造巨大的财富，完全是靠近60年的岁月慢慢地创造出来的。”

不要总想着挣大钱而对小钱不屑一顾，一个连小钱都挣不来的人是挣不来大钱的。不要认为每股挣一分就瞧不上眼，金钱需要一分一厘去积攒，而操盘经验也需要一点一滴积累。如果总抱着赚大钱的心态去炒股，就会变成一个赌徒，而赌徒的下场是十分凄惨的。

2006 年 4 月 26 日，股价又是开盘即停。这是给忠于指令者颁发的奖金。谁能坚持“进退有据”，谁就能早日进入股市赢家的行列，这是已被无数事实证明了的一个结论。见图三。

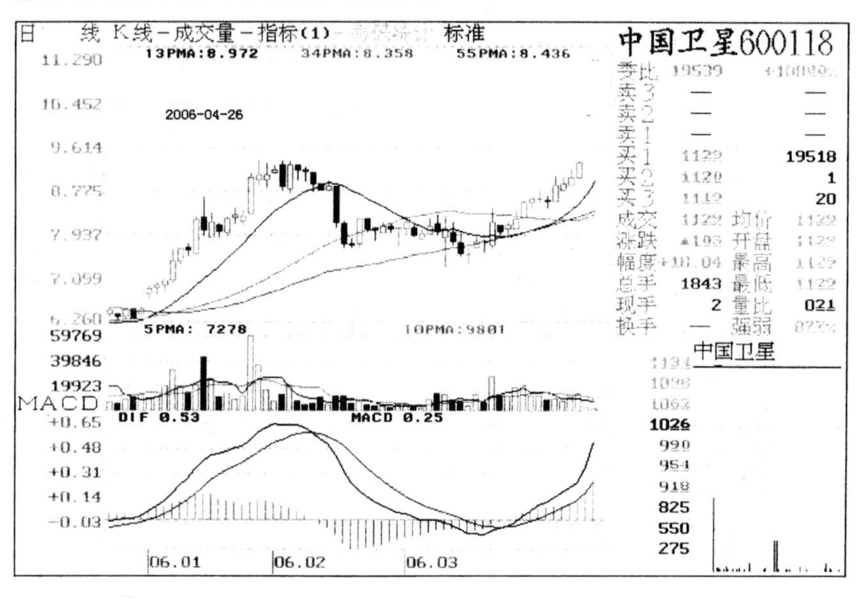

（图三）

很多人都在问同一个问题：“散户亏损的原因是什么？怎样才能扭亏为盈?”这个问题带有普遍性，但原因却异常复杂。有技术方面的，也有心态方面的，归纳起来有四点：一是没有一个正确的投资理念。人云亦云，亦步亦趋，对大势对个股没有自己的独到见解。二是没有一个正确的交易的方法。有人征战股市多年，各种股票做了一大堆，但始终没有建立起自己的实战体系，买和卖不是以技术形态为依据，而是跟着感觉走，操作上带有很大的盲目性。三是资金分散。散户资金本来就不多，更应该集中使用。千羊在望，不如一兔在手。有人认为分散持股也就分散了风险，但分散了资金，也就意味着分散了利润。100 万元以下的资金原则上不应超过两种股票，这样更有利于资金的布局和战术的展开。四是不会空仓。许多投资者一年四季总是满仓运转，忽视了股市的季节变换。

实现扭亏为盈，重点解决四个问题：一是树立正确的投资理念并建立起自己的交易系统，克服浮躁心理，培养节制能力，然后严格按照交易指令操作；二是掌握相关知识，有条件的可以参加一些专业培训，这样可以少走弯路，少花时间；三是调整战术，合理布局资金；四是大胆出击形态完美的个股。

证券公司往往根据资金量的大小，把股民分成大户、中户和散户。其实，资金量只是一个价值符号，并不意味着操盘水准的高低。有的大户之所以成为大户，那是因为财富的转移，并非实战中的自然晋升。大户们在其他领域里取得过成功，积累了许多丰富的经验，金融意识也很强，但这不是取胜的关键。有的散户尽管只有区区几万元，但每次操作都有一个详细的计划，少有散户的心态，他们不安现状，主动地去学一些东西，参加专业培训，把投资当成事业来做，这种人不管目前处境如何，走进大户室只是个时间问题。

2006 年 4 月 27 日，股价还是开盘即停。然而好景不长，一刻钟后，涨停板被撕开，盘中筹码泥沙俱下。出其不意，攻其不备的孙子兵法被庄家运用得炉火纯青。但对于一个实战经验丰富的人来说，庄家这一招就未必奏效。这是庄家拉出的第三个涨停板，但被打开却是第一次，庄家的目的很明显，利用涨停板派发部分筹码，让市场进行充分换手。时间不长，股价重新封停。在以后的时间里，庄家总是耍点小聪明，使个小绊子什么的，吓吓那些胆小的。什么叫庄家？庄家就是从不按规则办事且在股市兴风作浪的寡头。谁要和他作对，他立即就会让你明白谁才是市场上真正的老大。如果谁一意孤行的话，就会把你打得体无完肤，然后再把你送入十八层地狱。而且庄家的这种强盗行径不在法律的制裁范围。见图四。

炒股犹如炒菜，要勤翻动，既要掌握火候，又要动得恰到好处，有个八九成熟就赶紧出锅，然后再接着炒下一个，千万不要把菜往锅里一扔就不管了。

2006 年 4 月 28 日，股价平开，瞬间下探，然后就直线上攻涨停板，被罚停牌一小时的庄家，做多的气焰反而更加嚣张。很多人对这样的个股

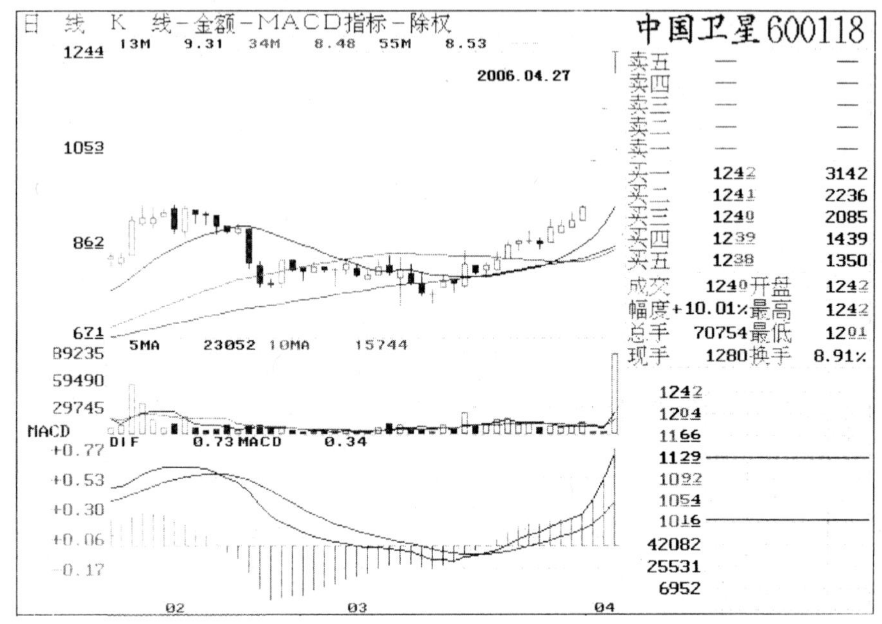

（图四）

都会敬而远之，其实，这样的个股往往更加慷慨，只要你敢于接近它，绝对不会让你空手而归，可是，庄家在给钱的时候，多数人都不敢要，人性的这种弱点往往把我们逼进了那些毫无阳刚之气的个股里面。别人把一波行情都做完了，他依然躺在那里睡大觉。炒股炒股，重在炒，而不是像腌萝卜一样长时间的腌。遗憾的是，很多人被腌了好几年，肚子里倒是灌了不少苦水，可脑袋里总是不进盐。说到底，还是一个理念的问题。

股价何时回调，盘面上都会留下明显的痕迹，即时图上的股价线是股价的日常波动，切不可把它当成操作的重要依据。如果你是一个短线高手，做的又是权证，我极力提倡按即时图进出。可目前除了权证实行 T+0 以外，其他的还是 T+1。倘若进点把握不好，当天就有被套的可能。因此，在运用即时图的时候，一定要和日线结合起来，最起码要和 60 分钟线结合起来，如果 60 分钟的指标线出现卖出信号，无论输赢，都必须坚决出局。见图五。

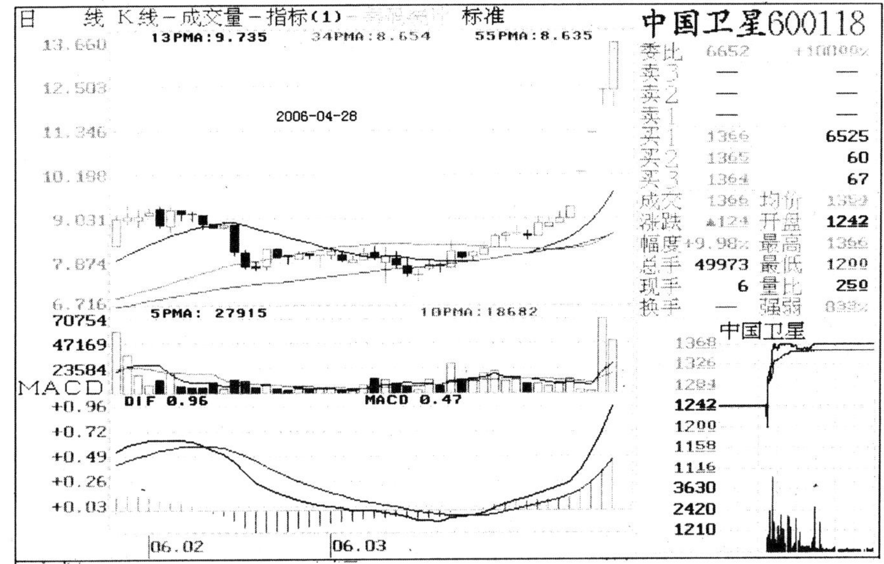

（图五）

对于那些攻势凌厉的个股，一定要牢牢地捂住，只要交易系统不发出明确的交易指令，无论盘中如何震荡，绝不轻易地交出筹码。这时候，往往是获利速度最快的。有时看一根阳线非常漂亮诱人，可是阳线的形成过程却经历了太多的波折。一只正在拉升的个股，盘中回调，如果不碰均价线，或者不破昨收盘，就没有必要急急忙忙地将它卖出。

2006年5月8日，股价跳空高开，曾一度摸至涨停板，但第二波的攻击力度明显减弱，仓位太重，先匀给庄家一点吧。

下午开盘后，股价继续下探。13时20分突然跳起来，急跌并不可怕，因为庄家经常采取快速急跌来震仓，关键在于能不能迅速地拉上去。从K线形态看，有点【狗急跳墙】的意思，却又不是【狗急跳墙】，因为经典的【狗急跳墙】通常伴随着巨大的成交量。可交易时间将近3个小时，而成交量却不足昨日的一半，庄家可能会趁机派发一些，但不是集中派发。不是集中派发，说明股价还会继续上涨。说它是【一枝独秀】，也很勉强，同样是形态具备，量能不足。由此可以判断，庄家这是震中带派，以洗为主。

股价线开始翘头向上，如果回调不创新低，不妨做个T+0，把抛出的筹码再捡回来权当练兵。如果走势继续恶化就继续抛出，反正主动权在自

己手里。直到收市，庄家没有再干什么越轨的事。见图六。

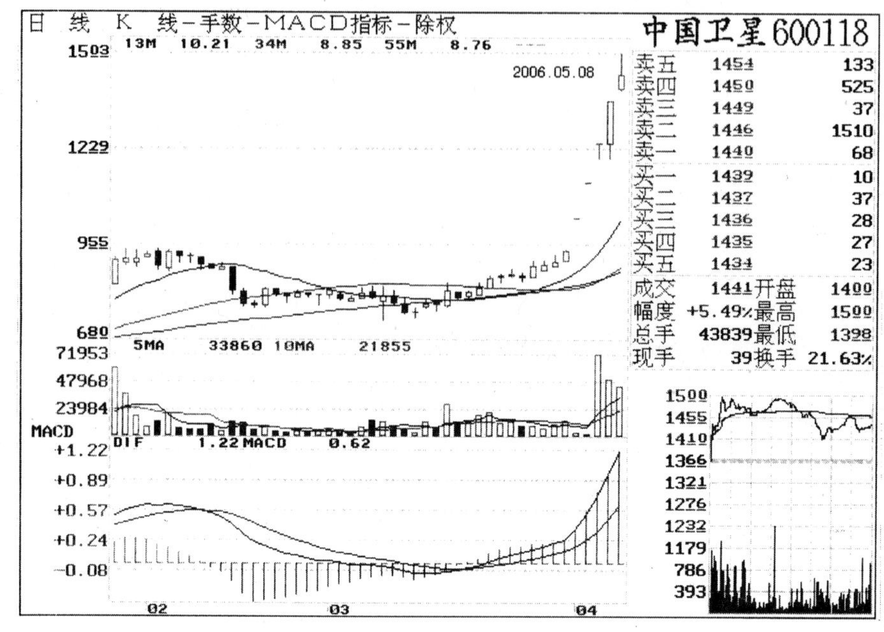

（图六）

2006 年 5 月 9 日，股价低开低走，情况有些不妙，如果不能迅速拉上去，很可能会形成阶段性顶部。股价使劲往下刺了一下，就迅疾转身向上，然后火箭发射似的把股价送到均价线以上成交，又是有惊无险。但千万不要麻痹大意，毕竟股价已进入高空飞行。股价很快冲过昨日高点，说明上涨的空间又被拓宽了。如果今天能涨停，无论明天股价怎么走，回旋余地就大多了。庄家真是善解人意，在收市之前，果然把股价送到了涨停板。

股价的涨幅已经不小，但依然没有明确的出局信号，这时候，绝不能认为获利已丰或内心恐惧就提前退场，壮着胆子再捂一下吧。见图七。

2006 年 5 月 10 日，股价跳空高开，然后急速下挫，然后转身上拉，然后……如果庄家改变一下模式，让市场都来积极参与岂不更好。动不动就把股价推上涨停板，那不叫本事，只要有资金，散户也能做到。真正的本领是吸引更多的人来参与，把市场激活，不显山不露水地把股价拉上去，然后再不显山不露水地把筹码派发出去。

股价最终还是封停了，但交易系统发了卖出指令。股价也许还会创新

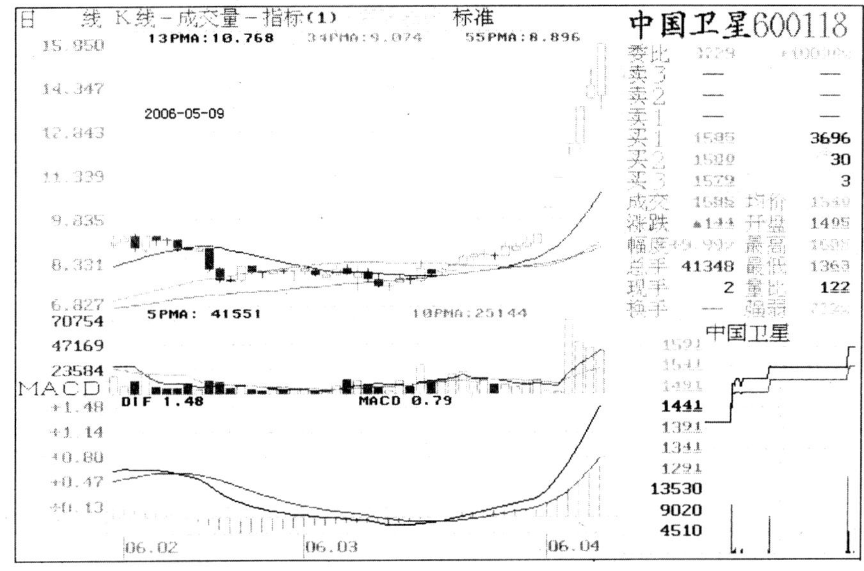

（图七）

高，但毕竟是也许。【拖泥带水】站到了，有在【拖泥带水】站下车的股客请赶紧下车，列车马上就要开到悬崖了。见图八。

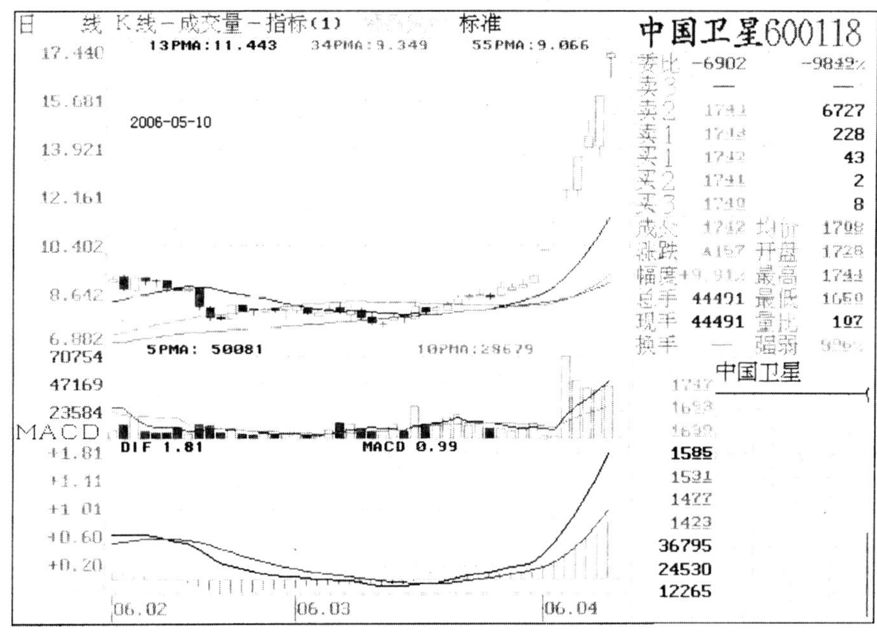

（图八）

收盘以后，接到不少外地学员的电话和短信，有的说已经卖出了中国卫星，有的问还能不能继续持股……总之，他们都发现了【红衣侠女】这个买点，而且也能严格执行交易指令，看到他们在这样短的时间内有如此进步，真是感到欣慰。只有学会了识图，才能按图索骥，寻找到那些已经起动或行将起动的个股；只有学会了识图，才能用“守株待兔”的精神节制自己的行为，摆脱过去那种一年四季总是满仓的自杀式操作。“按图索骥，守株待兔”是135战法的一个重要原则，这个原则揭示的内涵是：一年中大部分时间都在不停地寻找，大部分时间都需要耐心地等待。因为，股价绝大多数情况下都处在量变过程中，质变只是短暂的一瞬。随着操盘水准的提高，操作模式应从“抢”变为“等”，再从“等”转变为“追”。很多学员在运用135战法之初，往往不等形态最后确认，就急急忙忙地进去抢点，结果，要么股价不涨，要么被庄家“拘留”。对任何形态，都必须通过“技术合成”之后再决定取舍，条件不具备就先放弃，耐心等待形态完美后再奋勇直追，这样虽然价位高了些，但你乘坐的是直通车，它能把你迅速安全地送达目的地。

第11节

DIANFENG DUIJUE

庄家不相信弱者的眼泪

——点击锦州六陆（000686）

从人们进入股市那一天起，这辈子就像是加入了一场没有终点的马拉松。日复一日地看盘，不停地追涨杀跌，不知疲倦地看股评，甚至做梦也不间断。有谁想到过让自己暂时地离开股市一段时间，让激动的心、痛苦的心静一静，让发热的脑袋冷一冷呢？在股市逃命比拼命重要，放弃比挣扎重要。混迹股市，更多时候我们应该思考的不是要得到什么，而是会失去什么或者即将失去什么？

2006年4月4日，锦州六陆继【破镜重圆】之后，【梅开二度】再次发出买进指令。指令就是命令，违令者不一定斩立决，但机会会飞走，懊丧会袭来。衡量一个人的操盘水准，不是看他拥有什么绝技，而是看他在交易指令出现时，敢不敢断然一击。见图一。

行动是成功的最高准则。接到交易指令就立刻行动，一刻也不要拖延。世界首富比尔·盖茨说：“凡是有力量、有能耐的人，总是能够在对一件事情充满热忱的时候就立刻去做。”在实战中，要注意养成严格按指令操作的习惯和限时观念。

在指令面前，很多人总是提心吊胆，犹豫不决。“在机会面前为什么总是不敢下手？”心理学家把这种现象称作“目的颤抖”。在给小小的缝衣针穿线的时候，你越是全神贯注地努力，线越不容易穿入。这说明了什么？说明了目的性越强就越不容易成功。

实战中经常遇到类似问题，越是想赢，操作上越容易出错。当对某件事情过于重视时，心理就会紧张；一紧张就会出现心跳加速，精力分散，

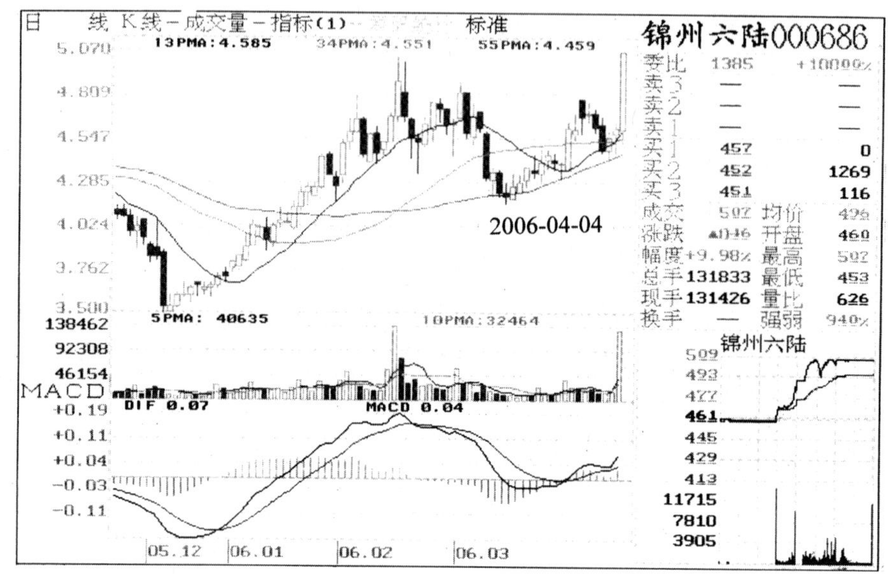

（图一）

动作失调等不良反应。有时候，实战前你准备得再充分，但依然不能保证每次实战都百分之百的成功。既然如此，我们何不给失败一个心理准备。

美国著名高空走钢丝表演者瓦伦达，在一次重大的表演中不幸失足身亡。他的妻子在事后说："我知道这一次一定会出事，因为他上场前总是不停地说：'这次太重要了，不能失败，决不能失败。'而以前每次成功的表演，他只想着走钢丝这件事本身，而不去管这件事可能带来的后果。"在实战中，只要交易系统发出交易指令，就应该先投入真正的战斗，然后再看结果。如果在指令面前犹豫不决，患得患失，就容易错失良机，陷入危机。

2006年4月5日，股价小幅高开，稍破昨收盘即被拉到均价线以上成交，股价行至前高点的时候一直带量小幅波动，很显然庄家是在稀释前期套牢筹码，同时给有缘者一个进场的机会，通过盘中的反复换手，垫高市场的平均持股成本，减轻以后的拉升阻力。这时候，就需要增强一下自己的抗震仓功能，无论盘中怎样震荡，只要不出现【一枝独秀】或【一剑封喉】等见顶形态，就没必要离场，心浮气躁是做不好股票的。临盘博弈，既要清心寡欢，又要随机应变。将近收盘时，股价在前高点上方报收一根阳线，庄家当了一回"解放军"，但绝不是解救被套者于水深火热，而是为了自己获得更多的超额利润。

从成交量来看，前期那些备受煎熬的被套者，看到“亲人解放军”个个激动得热泪盈眶，于是，他们欢呼雀跃地冲下山丘，量区里那根巨大的红柱体上倒映着鱼贯而入的“难民”。

2006 年 4 月 6 日，卸下“难民”包袱的股价，上涨也变得轻盈起来。昨天出局的人们，看到那根红彤彤的阳线，是不是有一种被愚弄的感觉？你可否想过：庄家为什么要去救你？只有少数人想明白了是怎么回事，他们被庄家欺骗过以后，没有声讨庄家的不义，而是擦干了血迹，掩埋了委屈，然后大踏步地返兵追赶，而不像绝大多数人那样只会蹲在那里生闷气。

2006 年 4 月 9 日，经过连续的拉升，庄家也颇感身心疲惫。开盘以后，股价向上伸了一个懒腰，然后就没精打采地趴在均价线附近打盹。成交量比周五略有减少，现在无法确定庄家是“震”还是“洗”。

2006 年 4 月 10 日，股价低开一分，然后迅速被拉至均价线附近成交，现在可以断定，昨天的阴十字星是震仓。如果今天股价低开低走，就可能变成洗盘了。股价在均价线上方平行移动，显示出庄家高超的控盘能力，但也暗示大部分筹码已被庄家锁定。

10 时 40 分，股价突然向上发起攻击，然后小幅回落，20 分钟后，股价线突然翘头向上，但后来显得有些犹豫，也许庄家在观察市场的反应。我们不知道庄家得出的结论是什么，但下午开盘以后，庄家发起了开盘以来的第三次攻击，这一次终于把股价推上了涨停板。不管庄家采取什么手段，花费多长时间，凡是能把股价推上涨停板的，我们就应该向他表示致意，没有庄家的辛勤劳作，谁的资金也不会快速增值。让我们尊重庄家、善待庄家、成为庄家的好朋友吧。见图二。

在指令面前去冒险，同蛮干完全是两回事，因为指令是规律的图化表现，是进退的重要依据。不能严格按交易指令行事，主要是心理素质不过关。一行动就立马想到失败，这种恐惧心理会摧毁你的自信，封闭你的潜能，束缚你的手脚，使你在指令面前变得摇摆不定。因为行动意味着风险，所以才会左顾右盼。车尔尼雪夫斯基说：“实践，是个伟大的揭发者，它暴露一切欺人和自欺。”医治恐惧的唯一良方，就是按照指令大胆地去

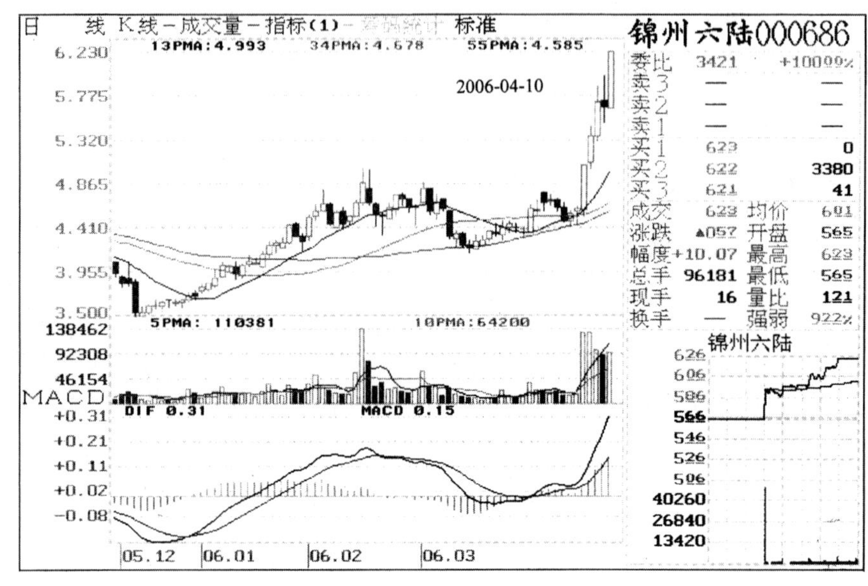

（图二）

行动，障碍只有在不断的行动中才能够彻底清除。

晚饭散步回来，顺便打开邮箱，发现4封未读邮件，其中一封让我的心情格外沉重：

宁老师，您好！

首先，我怀着无比崇敬的心情冒昧地给您写信，希望没有打扰您！为了不耽误您的宝贵时间，我尽量长话短说。

其次，我更是怀着非常非常痛苦的心情求救于您！真的，在这茫茫的股海中，也只有您能帮我了！

正如您所说，每个股民来到这个市场，总是有着自己的梦想的。我是一名在农村服务的政府人员（不是公务员，是事业编制），每月只有700余元的工资，由于单位穷没什么奖金，加上妻子的父母没工作跟着我们，所以妻子也在打工。看着年迈的父母跟着我们过着清贫的生活，我和妻子也总想想个办法让他们过得舒服一点。我们合计了无数次：做生意，现在什么都做烂了，我们又抽不出时间，放弃；我是西南财大毕业的，对财经方面要懂一点，加之前年听人说大盘差不多到底了，所以我们决定利用业余时间炒炒股票，贴补家用。于是，我们满怀希望地将自己的2万余元存款，再找亲朋好友借了4万多元，总共7万元全部投入了股市。满以为炒股就是低买高卖，虽说“股市有风险”，但只要自己注意点就行了。可谁知炒股光注意还是万万不行的，半年就亏了1万多元。这时才明白光有热情还不行，还必须有专业知识。于是我又买了许多关于证券方面的书来学习，可照着书上的“理论”来操作，还是亏了近1万元。这下，我不敢再动了。

怎么办呢？这时，我经常看到电视上的证券分析师一个个说自己推荐的股票涨得怎么样怎么样，我动心了，心想自己没这个能力，何不花钱请专业的机构、专业的人士帮自己达成愿望。为了妥当，我还专门找了看起来战绩不错、资深品牌的大机构来参加。没想到，按他们的指示一只股票一只股票地买，全套；一成一成地买（他们的指示），还是全套。只有一次买入了一成上港集箱赚了9%。折了一个季度的会费5000元不说，还亏了5000多元。他们也许觉得不好意思，又优惠了一个月的资讯给我，可我还是没赚钱。唉，我真倒霉！

思来想去，看样子还是要靠自己。于是我又掉头钻研自己的股票，可不幸的是，在去年4月至今年1月这段时间里，我继续亏损了1万多元。这时，我绝望了。这股票怎么比大学的任何一门学科还难弄啊？而且是怎么弄怎么错！还有，当初借的钱说好了两年还，今年年底很快就要到期了，而我却还看不到一丁点希望！我该怎么办？

一个网友听说了我的遭遇，让我看看您的《胜者为王》，也许有帮助。我半信半疑地买了一本，开始读。不看不知道，原来读的书总是将股票涨势倒着推，并将涨的理由说得我摸不着头脑，可您的不一样，您的书就像侦探追踪案情一样，慢慢发现线索、步步推理、层层求证，让我的头脑一下子清晰了起来。我反反复复地将您的书看了一遍又一遍，经过近一个多月的操作，我的市值总算止跌了。但又出来一个问题，凡是我按您的理论买入的，它就不涨了，可卖了的却一根长阳接着一根长阳。我知道，虽然我看懂了您的理论，但要应用于复杂的实战中，没人指点肯定还有一段很长的弯路要走。我也知道，按您的方法，经过刻苦的学习和锻炼，总有一天会挽回我的损失。但我耗不起了，年底所借的钱就要还了。

为此，我没有办法，只好恳请宁老师您救救我，指导我在操作中尽量不犯大错，恳求您帮我！

我之所以用红色的字，就是以此向您表示：如果可能的话，我会用写血书的方式向您求救！我真的需要您，宁老师！

此致

敬礼

湖北　姜晓波

（拜求）

2006年4月10日

看罢姜先生的遭遇，就像又经历了一次我自己。他的遭遇是中国股民的一个缩影，哪一个股民没有这样一部血泪史，哪一个股市赢家没有一段不堪回首的悲惨记忆。但我更想说，没有失败，没有痛苦，就没有托举成功的沃土。失败是一种悲壮的美，只要不在失败的现实上加上悲观的观念，失败就没有我们想象的那样可怕。我帮姜先生分析了失利的原因，也提出几点参考建议，还把我和我助手的联系方式告诉了他，然而一个多月过去了，直到我写这段文字时，依然没有一点姜先生的音信，不知道他现在怎么样了？

我在忧虑，我在担心……

2006年4月11日，股价平开高走，顺势回落后的再攻击，力度明显减弱，攻击力一旦消失，不管是否出现明显的见顶信号，都要进行相应的减仓操作，然后视情况再说。

2006年4月12日～13日，股价连续调整两天，不过都在前天的大阳线里面进行，如果翌日调整继续，股价势必触摸13日均线，那就在13日均线处伏击它吧。

2006年4月14日，股价低开。股价线在即时图上画了一个圆弧底以后，即被拉到昨收盘以上成交，然后温和放量上攻。股价的发展趋势很可能演绎成【一石两鸟】，上午临近收盘时，把抛出的筹码又如数捡了回来。

下午开盘后，股价醒了又睡，睡了又醒。直到14时45分才磨磨蹭蹭地爬上了涨停板，可两分钟后又被打开，尾市虽然强行拉起，但差一分没封停，预示着明天的调整已不可避免。但已经失去了出局的机会。见图三。

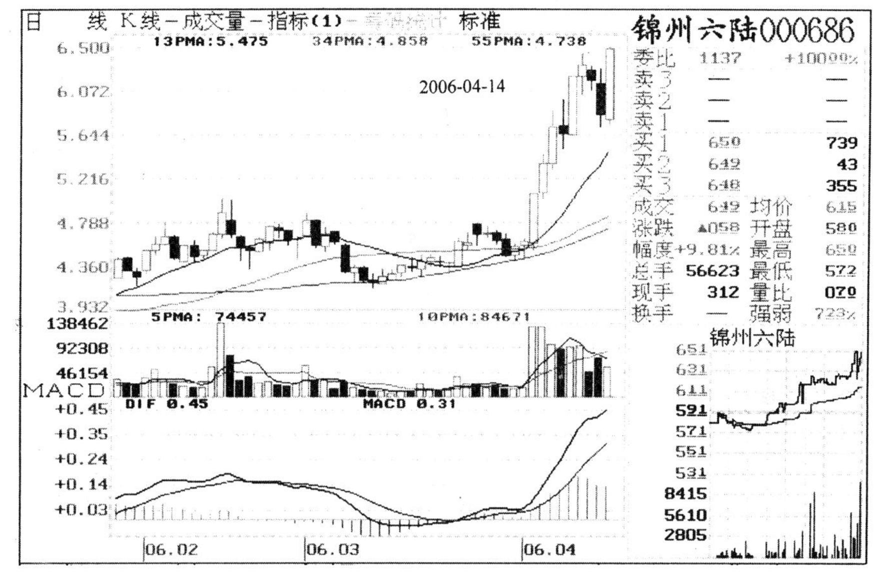

（图三）

2006 年 4 月 15 日，股价大幅低开，然后使劲向下打压，转眼工夫，股价已吞噬昨日阳线的 2/3，盘中震荡加剧。庄家在这个位置进行清仓的可能性很小，但换手意图显而易见。打得太平的顶不是顶，因此不用担心庄家会跑，但庄家还会闹点地震什么的，总之，他不会那么轻易地让你把钱赚走。

庄家采用【一石两鸟】震仓后，股价重拾升势。

2006 年 4 月 25 日，股价大幅跳空高开，然后大角度直奔涨停板，随后转身向下，再转身向上，庄家的动作好敏捷。但第二波攻击力度明显不济。股价走势一波弱于一波，情况有点不妙，如果股价不能尽快地被拉到均价线以上成交，就要考虑出局了。

上午 11 时，股价线作了一个“W”底后开始发力上攻。下午开盘后，股价始终在均价线上方小幅度波动，说明庄家做多欲望依然。14 时 20 分，股价携量上攻，总算把股价送上了涨停板。根据庄家拉一个涨停板就回调的操盘手法，股价明天调整的可能性很大，与其被动挨打，不如主动换股操作。主意已定，抛出后顿时感觉轻松了许多。见图四。

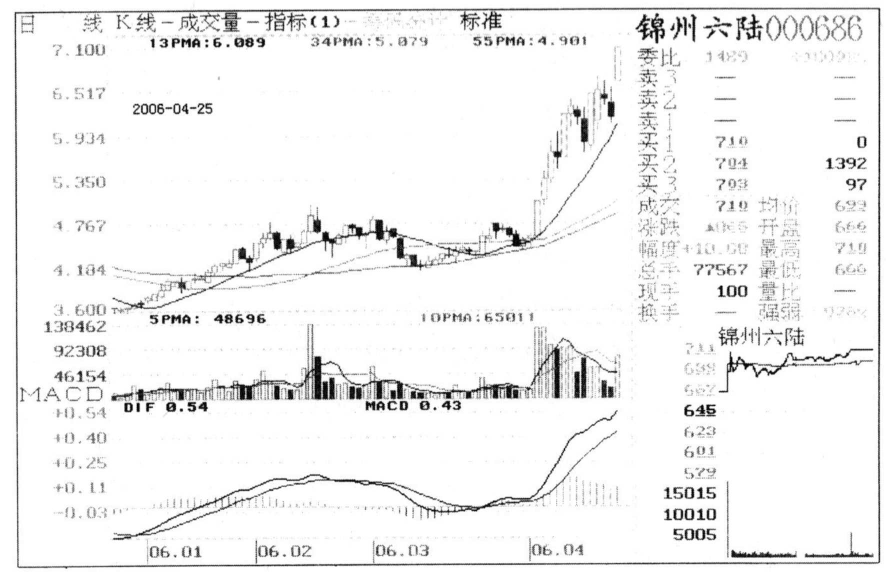

（图四）

对于一个投资者来说，能够在投资旅途中不断成长、不断完善，真的是件幸事，因为并不是每个人都能享受到自我提升带来的喜悦。这份喜悦，来自不断改正自己的缺点，弥补自己的不足，达到更高的人生境界。但你是否意识到，人无法改变自己认识不到的缺点。那么，如何才能成为一个善于发现自己缺点的人呢？

相信很多人都有过用放大镜观察物体的体验，在放大镜下，平时不易察觉的东西会变得清晰可见。在投资过程中，如果能对每一次失误都用放大镜照一照，然后用自省的态度解剖自己，就能及时发现并改正平时难以察觉的缺点和不足。如果你想在股市获得持续稳定的收益，就要虚心寻找自己的不足，善于用积极的态度面对投资过程中出现的失误，并努力寻求解决之道，这是每个人走向成功的必经之路。提升操盘水准，勤奋努力十分必要，自省的态度也不可或缺。忙碌了一天后，要对自己的操作做一个评估，然后给自己留出一点自省的时间，最好能经常问自己两个问题：“还有什么需要改进？”“怎样才能做得更好？”这种自我剖析的方式，开始可能觉得别扭，但只要坚持下去，就会形成一种习惯，而这种习惯会使你受益无穷。

把放大镜带在身上，经常自省，唯有如此，才可能在投资中少犯错误，创建辉煌业绩，拓展卓越人生。

第12节

DIANFENG DUIJUE

股市只迎接强者的崛起

——点击云铝股份（000807）

任何一位经历过股海沉浮的人都明白这样一个浅显的道理，股市是一个鲜花与眼泪齐飞，机遇与风险并存的世界。在这个世界里，可能留下笑声，也可能带来不堪回首的记忆。常言道，不经历风雨怎么见彩虹？如果不经历那种从峰顶到谷底的感觉，就不会成熟。但是，这种刻骨铭心的感受，只会不断侵袭你脆弱的心灵，使你感到一种孤独与无助，苍白无力。在这样的世界里，最重要的是要相信自己、克制自己、战胜自己。

2006 年 3 月 21 日，股价从 13 日均线上【揭竿而起】，它的“量、价、线、形”全部符合进场要求，指令就是命令。重仓出击。见图一。

在有色金属主导行情的背景下，云铝股份曾创造过连拉 21 根阳线的战绩。股价经过 1 个多月的缩量整理，获利盘已经被清洗得所剩无几。股价在 55 日均线附近获得强力支撑之后，于 2006 年 3 月 15 日重新带量站上 13 日均线，说明庄家意犹未尽，还想再折腾一次。两天后，股价重上 55 日均线，庄家的做多意图越来越清晰。但由于没有明显的技术形态，所以只能暂时观望。2006 年 3 月 21 日开盘以后，股价就紧锣密鼓地频频向上发起攻击，量价齐升，股价走势异常强劲流畅。此时进场正是时机。

注意安全是对的，但如果把安全看得太重，就会失去很多机会。况且股市本身就是个有风险的地方，绝对安全的地方几乎没有，要想获得高额利润，总是要接受随之而来的风险。看过这样一个故事：

杰克住在英格兰的一个小镇上，他一直喜欢大海，一个偶然的机

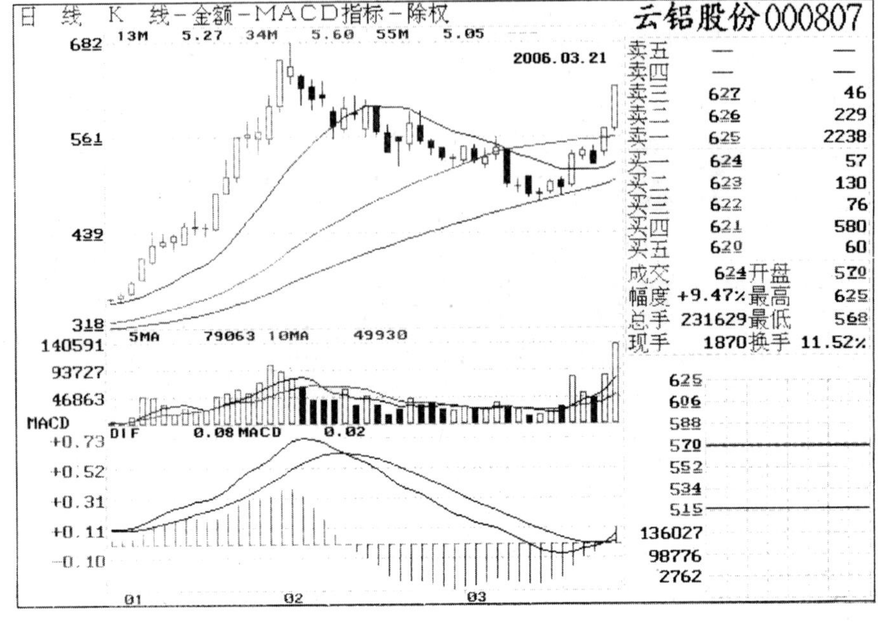

（图一）

会，他来到了海边，那里正笼罩着大雾，天气寒冷。他怎么也想不到这就是自己向往已久的大海！他失望极了，他想：我再也不喜欢海了。幸亏我没有当一名水手，如果是一名水手，那真是太危险了。

在海岸上，他遇上一个水手，他们交谈起来。

“你怎么会爱海呢？”杰克问，“那儿弥漫着大雾，又那么寒冷。”

“海不是经常都冷和有雾的。有时候，海是明亮而美丽的，但在任何天气，我都爱海。”水手说。

“当一个水手不是很危险么？”杰克问。

“当一个人热爱他的工作时，他不会想到什么危险。我们家里的每一个人都爱海。”水手说。

“你的父亲现在何处呢？”杰克问。

“他死在海里。”

“你的祖父呢？”

“死在大西洋里。”

“那你的哥哥？”

“他在印度洋里游泳时，被一条鲸鱼吞食了。”

"既然如此，"杰克说，"你为什么还要到海里去呢?"

水手反问杰克："你愿意告诉我，你的父亲死在哪儿吗?"

"他死在床上。"

"你的祖父呢?"

"也是死在床上。"

水手说："如果我是你，就永远也不到床上去。"

凡是来股市的人都是在冒险，除非你不进来。其实，风险不是股市的专利，生活的每一个角落都潜藏着风险。在路上行走够保险吧，偏偏有一辆飞车冲你而来；躺在床上保险吧，谁知道哪一天会发生地震呢。风险无处不在，关键在于你如何化险为夷。

许多人习惯于买那些在底部瞎折腾的个股，从来就没有想过要冒风险买那些形态完美或正在上涨的个股，他们把冒险理解得太狭隘了。想一想，当你横穿马路时、当你游泳时、当你驾驶汽车、当你乘坐飞机时，都潜藏着风险。地震把唐山毁掉了，但幸存的人们依然不愿意离开，而是留下来重建家园。

我们必须想清楚，有些险是非冒不可的。比如，我们必须横穿马路才能回到家里；我们必须依靠汽车、轮船、飞机等交通工具才能把我们从一个地方送到另一个地方。

富豪艾尔宾·菲特纳说："无论是获得财富或其他各领域的成功，冒险都是不可避免的。"许多成功者之所以成功，就是因为他们敢想敢做，只有敢想才能敢做，只有敢做才有成功。

与其不尝试而失败，不如尝试了再失败，不战而败是一种极端怯懦的行为。如果想成为一个股市高手，就必须具备顽强的毅力、临危不惧的勇气和胆略。当然，敢冒险并非铤而走险，这种冒险是建立在对股市规律的把握之上，建立在完美的技术形态之上的。顺应股市发展，加上主观努力，力争从风险中获得收益，这是成功者必备的心理素质。

股价经过三天的整理，于2006年4月24日开盘即停。如果你前几天对股价的走势还持怀疑态度的话，那么，今天走势明朗以后，你敢在开盘即停之后大胆排队买进吗？你还买得进去吗?

135 战法的每个技术形态，都是根据股价的运行规律，在大量实战积累的基础上归纳提炼出来的，具有相对稳定性。可靠性的东西，严格照着去做，大赢小亏。如果你是个有心人，就请你花点时间，运用 135 战法，透过历史的硝烟，窥视隐藏于血腥格杀之中的股价究竟有没有规律可循？

从图表上可以看出，13 日均线已经开始上穿 34 日均线，【梅开二度】再次发出进场信号，遗憾的是，庄家已经把涨停板封得死死的，买进的可能性微乎其微。即使如此，也要大胆挂单，争取最后一丝机会。请大家思考一个问题：庄家为什么要用涨停板的形式过前高点？见图二。

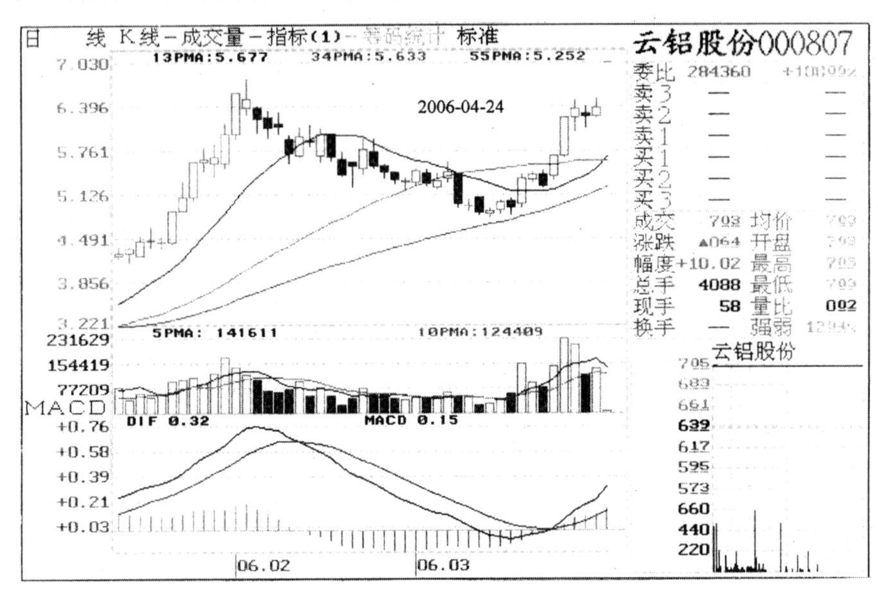

（图二）

2006 年 4 月 25 日，股价开盘即停，看着股价线和均价线的天地合一，告诉我，你在想什么？是不是觉得很沮丧，抱怨自己很晦气，总也抓不到强势股？除了庄家的狡猾刁钻，我们自己该承担什么责任？就没想到过反省一下吗？

漂荡在春夏秋冬的岁月轮回里，每个股民都在执拗地涂画着属于自己的那一抹色彩；但有的人不管他怎么努力，却无法改变结局，因为有的操作，从开始买进就已经注定了失败，比如，在【一剑封喉】这个位置，很多人看到放量上攻，就以为股价还会长驱直入，于是，奋不顾身替代了冷静思索。如果你劝他不要买，他敢跟你急，自己非要坚持走完这一程。等待解套是痛苦的折磨，是拼死的挣扎，是漫长的窒息。一次次的被套无异于一次次濒死的过程。这过程使每一个人都刻骨铭心，但却不能使每一个人都变得清醒。见图三。

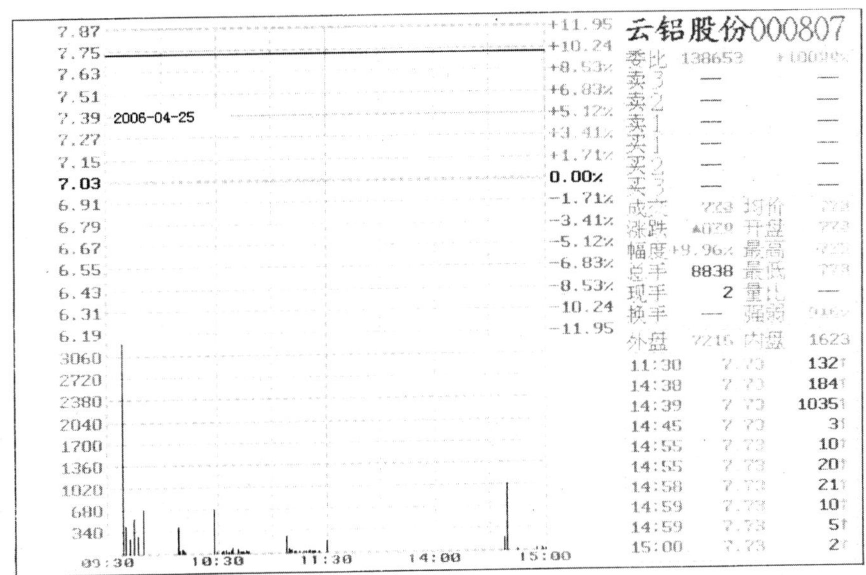

（图三）

看着远远被踩在脚下的山丘，会不会有一种腾云驾雾的感觉。图表上的“一”字线，像不像拾级而上的台阶？但每一个台阶上都记载着攀登者的艰辛和智慧。如果你也想像他们那样登上顶峰，领略旖旎风光，那就从现在开始苦练登山的技艺和耐力吧！

混迹股市这几年，给我触动最大的不是那些赫赫有名的投资大师，也不是那些遐迩闻名的股市高手，而是那些屡战屡败，却又屡败屡战的普通散户们，面对一次又一次的失败，纵然有一千个理由悲伤抱怨，可他们都选择了默默地承受。他们把失败看作是投资过程中的驿站，或认真分析原因、刻苦学习相关知识，或积极参加专业培训，总之，他们已经把炒股当成了事业。这种人，无论上天如何对他不公，不管他目前境遇如何，但成为股市赢家只是个时间问题。见图四。

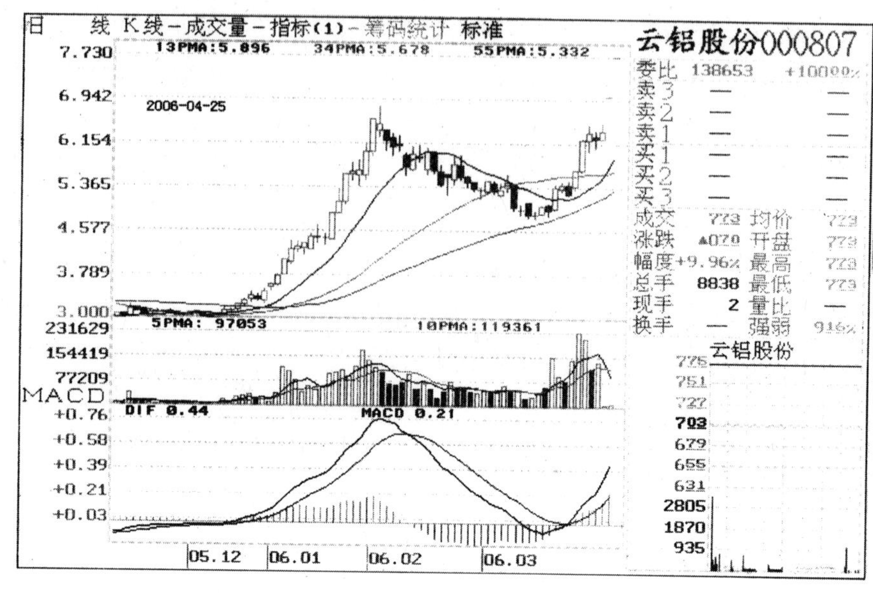

（图四）

股市和自然界一样，也有着自己的四季。只有熟悉每个季节的变化和特点，才能采取相应的操作策略。一年四季满仓运转，显然不符合股市的运行规律。在股市，由于违背规律而造成的悲剧比比皆是，古今中外，上至投资大师，下至普通股民，多少股林高手，一次次重复着同一种人生的轨迹而惨遭失败。其实，难就难在不知道什么是规律，也不知道该如何灵活地运用规律。足见把握股市规律之难。135 战法把股价的运行规律归纳成不同的技术形态，形成了一套完整的实战操作体系，具有易辨、可操作之特点，只要能够严格按照交易系统发出的指令进行适当操作，一般都能避免投资过程中大的悲剧。

新疆乌鲁木齐的刘景春先生，以自己的亲身经历谈了半年的感受，对于喜欢 135 战法的有缘者或许有所启示。

宁老师：

您把自己的 135 战法喻为雕虫小技，可就是这个雕虫小技改变了我的命运。我被它的精确定位、操作原则和投资理念深深地震撼了。这不是什么雕虫小技，而是与庄家进行周旋的绝技。因为 135 战法的每一个技术形态，都准确客观地反映了庄家的意图，揭示了市场的含义。学会了135战法，就等于找到了一套破译庄家密码的办法。

我知道自己对135战法的理解还很肤浅，但我按着它的提示试着操作了几次，基本上都是大赢小输。我不想去神化它，但它的实战性确实令我欣慰。这次培训的最大收获，就是彻底改变了我的炒股理念。也理解了宁老师讲的“炒股的成功，不是技术上的提升，而是理念上的突破和行为上的节制”这句话的真正含义。

根据教学安排，回来以后，我把135战法的每个技术形态特征、形成机理、买卖时机和注意事项这四部分的内容，工工整整地抄了10遍。我不敢说已经对它倒背如流，但对每一个技术形态都能够做到呼之欲出。我发现，每抄写一遍，都会有不同的感受，而且越抄越觉得自己需要理解的东西就越多，这可能就是古人说的“学然后知不足”吧！我突然意识到，技术好学，而技能只能慢慢提高。比如说“进退有据，速战急归”、“心随股走，及时跟变”，这不单单是个理念问题，更是实战中必须恪守的原则。

我现在每天都在电脑前工作10个小时以上，按照您给我制定的训练计划，每天把两市所有的个股都认真地扫描一遍，然后把符合“量、价、线、形”的个股挑出来放到周线中去验证，然后制定模拟操盘计划。一天下来，累得腰酸背痛，两眼发涩，但我终于挺过了疲劳关。我知道您这是在培养我的意志和耐力。在今后的岁月里，我会一如既往地坚持下去。同时我还把一些经典攻击形态，像【一阳穿三线】、【揭竿而起】、【红衣侠女】等打印成册，每天不停地看，认真地想，深刻地悟，开始明白相同形态在不同位置的市场意义，发现了不同周期技术形态的连接和转换的奥秘。我不再奢望战胜庄家，只想做一个“心随股走，及时跟变”的追随者。

半年后，连我自己也震惊了，这还是原来那个已经被市场判了死刑的我吗？在这半年时间里，我成功地操作了华胜天成、中关村、G申龙、农产品、东盛科技等个股，自己竟然毫发无损，这一切胜利都是由于严格执行了135战法的结果。记得您给我说过这样一句话：“我可以毫无保留地把技术都给你，但我不能够替代你去成功。”回想自己熬过的一个个不眠之夜，我仿佛看到您在研究这套战法时所付出的艰辛，也明白了成功所必须付出的艰辛。宁老师，如果不遇上您，我不知道自己还要在股市里摸索多久，真诚地谢谢您。

您的学生：刘景春

2006 年 4 月 20 日

每天，都会收到这样的邮件，有要求培训的、买书的、咨询的、求助的……只要时间允许，我都一一回复。能给大家做一点有益的事情真的感到很欣慰。在这里，我想对那些渴望成功的未来的股市赢家说一句："如果你真的喜欢炒股，而不是来碰运气，那就沉下心来把它当作事业去经营。"因为证券投资是一门非常专业的学问，以业余的心态去对待，很难收到预期的效果。股市是能够改变人的命运的，但在改变命运之前，你首先要改变你自己。

2006 年 4 月 26 日，股价依然开盘即停。"若想欲其亡，必先欲其狂"。这是庄家派发前的征兆，盯住盘口，密切关注量能变化。缩量，表明股价仍会继续拉升，增量，暗示庄家正在悄悄出货。

3 个小时过去了，涨停板依然像铁板一块。但成交量却比上个交易日大了许多，说明庄家利用涨停板在"偷梁换柱"。14 时 40 分，涨停板被撕开一个小口，上万手的大卖单毫不客气地甩了下来，庄家猛泻了一阵，顿感轻松许多。于是又转身向上，重新封住涨停板。但庄家正式派发的序幕已经拉开，25 万手的交易量庄家应占到 7 成以上，除去庄家的重复交易，庄家今天起码派发出去了 10 万手以上。股价依然会有新高，但持股的风险也在增大，仓位重的，应该减仓操作才是。见图五。

2006 年 4 月 27 日，由于股价出现异常波动，云铝股份被停牌一小时。复牌后，股价小幅高开，在均线下方稍作整理，便急吼吼向上冲，庄家开始了最后疯狂。

在交易过程中，股价一度摸至涨停板，但很快被撞开，然后一直在高位维持震荡格局，庄家赤裸裸地进行派发了，但形态仍以【明修栈道】列示，这个美丽温柔的陷阱，不知道又给多少天真善良的人带来灭顶之灾。见图六。

每一个在股海拼搏的人，都能深刻地感受到股市的神奇。它可以让一贫如洗的散户变成百万富翁，也可以把腰缠万贯的大户变成倾家荡产的乞

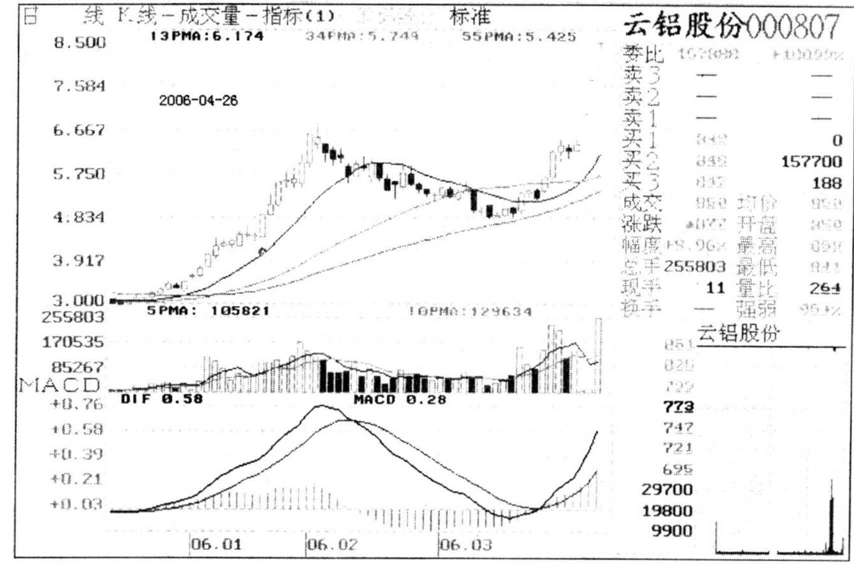

（图五）

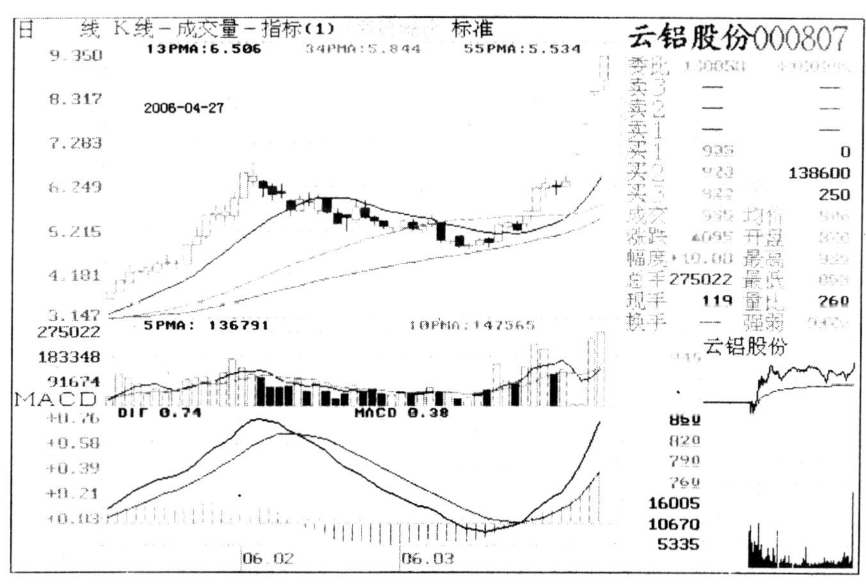

（图六）

丐。相信没有人敢说，生活中还有哪个领域比股市更加惊险刺激，还有哪个领域比股市更加直截了当地改变着人生。

后　语

DIANFENG DUIJUE

改变使你成为最大的赢家

在危机四伏、险象环生的股市，若想生存和发展，我们能够采取的唯一对策就是改变。可是，由于人性上的护短和大意，使得那些本来各方面都非常优秀的人，从此变得平庸了。

多年的股市经历让我深知自我剖析的残酷与艰难，它需要足够的勇气，敢于赤裸裸地把自己内心深处的想法拿出来曝光，这些东西虽然使你羞愧万分，无地自容，但却能给人以清醒和警示。如果迈不过这个坎，就找不到走向成功的路径。改变是痛苦的，但却是必需的。

勃朗宁说："当一个人开始和自己作战的时候，这个人就是有价值的人了。"在与股民聊天时，听过他们无数被套的经历，听过太多失利的借口，"我不买它非让我买，我不卖它非让我卖"；"我觉得它能涨，没想到跌这么惨"；"股市太坑人了，等我的本全回来了，看哪个龟孙再去炒股"。

他们在抱怨的声浪中离成功越走越远，在自以为是的泥潭里越陷越深。很多人被套以后，不是立即寻找原因，然后采取相应的解救措施，而是固执地严防死守，并且天真地认为掉下来的股票还会奇迹般地恢复到原来的价位。这种自欺欺人的做法，实际上是一种自我毁灭的行为。出于对未知的恐惧，他们不愿去改变，不管对自己的操作状况多么的不满意，他们总是安于现状，这种本能上的拒绝，人为地把自己挡在了成功的大门之外。

改变从理念开始。人和人之间，能力上没有多大差别，他们的差别就在于他们的思考方式不同。有什么样的理念，就有什么样的行动，有什么样的行动，就有什么样的结果。任何失败都可以从理念中去寻找原因，因为所有的失败都是在大错误的理念指导下酿成的。

什么是理念？理念就是对股市的根本看法，就是能够正确地反映客观实际，指导你展开正确行动的观念。理念制约行为，行为决定成败。有人说，套住了别动，只输时间不输钱。这是劳民伤财，把人往火坑里推的理念。

“常捂资金短捂股，强做弱休常空仓”是一种理念，它揭示了中国股市的运行规律，告诉我们持仓不再是一年四季。

“进退有据，速战急归”也是一种理念，它要求我们严格执行交易指令，克服操作上的盲目和随意，告诉我们股价一旦失去攻击力，无论有无见顶信号，都应该先行跳出三界外。

“心随股走，及时跟变”还是一种理念，它要求我们绝对尊重和服从股价的客观走势，使主观想象符合股价的变化。它告诉我们在实战中要及时地修正和调整操作计划，在思想和行动上无条件地和庄家保持一致。

理念来自学习和实战。没有经过实战验证的理念都是靠不住的。只有改掉自己身上那些与市场不和谐的东西，自觉地、心甘情愿同市场融为一体的时候，才有可能树立起正确的投资理念。一个人无论做什么，只有思想上先通了，做起事来才会心情舒畅，行动才会有方向感。

选股上的自以为是，操作上的随心所欲，被套后的严防死守，执法上明知故犯，对自己的自我宽容，这些是导致亏损的五大因素。但根源还是理念。比如，有时我们也能发现强势股，由于自己满手都是套牢的筹码，最后只能眼睁睁地看着财富与自己擦肩而过。为什么不立即斩掉手里的股票换成强势股？勇气是一方面，重要的还是受理念的制约。“卖出看成本，卖掉就亏了”的理念已经在脑子里根深蒂固，这种理念束缚了他们的手脚，可是不卖就不亏吗？理念问题不解决，赢利就只是一句空话。

越是亏损严重的人越是幻想着一夜暴富。如果给他荐一只股票，你知道他最关心的三件事是什么？第一，这只股票里有没有庄家？第二，这只股票亏不亏？第三，这只股票能不能翻番？如果答案是肯定的，他会毫不犹豫地去买，如果答案是否定的，他会当机立断地拒绝。他根本不去关心目前股价的位置和技术走势。最该关心的却漠不关心，不该关心的倒是非常上心。其实，炒股的成功，不是技术上的提升，而是理念上的突破和行为上的节制。

研究发现，实现赢利有两个办法：一是改变自己、提升自己和超越自己。所有的股市赢家都具备这个特点，他们遵守规则，但从不做规则的奴隶。二是找到投资路上的引路人。这个人不一定是世外高僧，也不一定是著名的经济学家，而是在投资过程中结识的良师益友。读万卷书不如看张图，看万张图不如名师点拨。他点拨一下，你立刻茅塞顿开，省得走很多弯路。

改变从自身开始，夫妻间、朋友间、同事间以及上下级之间的很多争吵，都是因总想改变对方引起的。在结婚以前或结婚以后，如果你发现你的另一半有缺点，无论你想着什么法子去改变他（她）都无济于事。而且我还告诉你，孩子在7岁以后，你再想改变他（她），基本没有什么可能。知道你的投资为什么总是不成功吗？就是因为你不想改变自己，却总想改变股市。股市不是为哪个人设计的，因此不会以人的意志为转移。若想在股市生存下去，就要去服从它、适应它，绝不是让它反过来适应你。如果你觉得这样很不舒服，有两个办法可供选择：要么快点离开，要么下决心改变自己。

我有幸参加过中国系统运作第一人、企业训练专家、著名演讲大师骆超先生的培训会，他把培训集中在两天时间，而且是全天候的。后来我才明白，他在竭力营造一种气氛，让每个人的内心都受到震撼，然后产生一种强烈的改变欲望。培训的价值，不在于传授多少知识，而是在改变一个人的观念。通过洗脑和编程，燃起人们的奋斗激情，然后把激情聚焦成一个欲望，当欲望变得十分强烈时，人就会果断地作出一个决定，这个决定，可能就是一个奇迹。

改变从小事开始。炒股的成功取决于五个条件：情绪控制，身体健康，纪律观念，资金管理，时间管理。这五个方面都做得很好，成功就变得非常容易；如果一个方面出了问题，成功就变得非常不易；如果两个方面出了问题，成功就变得基本没有可能；如果三个方面出问题，说明你不具备做股票的潜质，应该考虑退出了。

成功是一种控制，控制的核心就是自己的情绪。虽然我们对买卖股票有着绝对的控制权，但并不意味着就可以随心所欲。只有坚持“进退有据”，才能做到该买时买，该卖时卖。如果没有一套严密的操作程序去控制，操作上难免盲目和随意。

健康是事业的资本。没有一个健康的体魄，什么事情都干不成，也做不大。身体是1，金钱是0。当1倒下了，后面的0再多也将变得毫无意义。珍惜身体，善待生命的最好办法，就是做自己喜欢做的事。研究表明，成功者比不成功者和准成功者的寿命长1/3。

纪律是把双刃剑，它给懦弱者以坚强，给坚强者以财富。充分尊重股价的客观走势，严格按照交易指令操作，没有纪律作保障是根本不可能的。纪律是投资的生命，容不得儿戏。

资金是一种宝贵的资源，既不可随意滥用，也不能肆意挥霍。在股市不赚就是赔，因为资金也是有成本的。一个人只有当他对资金有了较强的认知能力以后，才知道如何合理使用和配置资金，把每一分钱的巨大潜能都最大限度地发挥出来。积累比拼杀重要，管钱比挣钱重要。

世界上唯一对人平等的就是时间了。让有限的时间创造出巨大的效益，必须对其进行严格管理。每周的交易时间，满打满算也不过20个小时。把思考的时间和战前准备工作都放在交易时间以外去做，绝不在交易时间内做那些与实战无关的事情。每天睡觉以前，拿出10分钟左右的时间，写出明天的操作计划，第二天你就会节约1个小时的选股时间，在每月的最后一周拿出2～3个小时，对前段操作进行总结，然后制定下月操作计划，第二个月就会节约5～7天的时间。学会给自己的大脑投资，给大脑的投资回报率是百分之一千，百分之一万！

改变从现在开始。如果你认为自己今天的投资不是很成功，原因何在？有的认为是态度，有的认为是性格，有的认为是思维，有的认为是技术。究竟是什么决定了你今天的命运呢？我认为是态度。态度决定一生。如果你对自己的操作不满意，为什么不去改变它？如果你持有一只正在下跌的股票，为什么不去斩掉它？如果发现一只形态完美或正在加速上扬的股票，为什么不去逮住它？因为你不愿意去改变！

每个人都是天赋潜能的，如果你能把这种潜能挖掘并释放出来，带给你的将是财富而不是贫穷，是从容而不是迷惑，是平静而不是浮躁，是心

灵的慰藉而不是痛心的打击。

值得欣慰的是：每个人都拥有这种能够改变自己的力量。当你意识到并且开始运用这种力量的时候，就可以彻底改变过去的自己，使它朝着你所期望的方向发展。到那时，危机四伏的股市就会变得鲜花盛开，付出的艰辛就会结出丰硕的果实，过去那些令你苦恼和恐惧的东西，就会变成一笔宝贵的财富。这就是改变的力量，改变使你成为最大的赢家。

欢迎读者来函来电交流。

请联系我们

交流电话：（0310）2038773　15830008880

电子邮箱：tnjlmf@sohu. com

网　　址：http://www. sq135. com